NEUSEELAND

Zeit für das Beste

HIGHLIGHTS | GEHEIMTIPPS | WOHLFÜHLADRESSEN

»Aroha-ki-te-tangata –
Respekt und Achtung für andere«

Weisheit der Maori

BRUCKMANN

NEUSEELAND

Zeit für das Beste

Anja Schönborn
Sönke Dwenger

BRUCKMANN

INHALT

Strand und Wasser sind nie weit, Wassersport ist dementsprechend populär.

Rund 31 Millionen Schafe kommen auf die 4,6 Millionen Einwohner Neuseelands.

WELLINGTON: TOR ZUR SÜDINSEL

NÖRDLICHE SÜDINSEL

MEHR WISSEN

Diese Häuser sind dem rauen Meeresklima der Okarito Lagoon ausgesetzt.

MEHR ERLEBEN

CANTERBURY

S. 1: Das Wappen Neuseelands verweist auf die ethnische Vielfalt des Inselstaats.
S. 2/3: Segeln ist der beliebteste Freizeitsport.
S. 5 unten: Dieses Straßenschild gibt es nur in Neuseeland – der Kiwi wurde zum Nationaltier.
Links: Ausdrucksstarker Kriegstanz der Maori
Rechte Seite: Robben waren fast ausgerottet, sind aber heute wieder oft zu beobachten.

DIE WESTKÜSTE DER SÜDINSEL

DER SÜDEN DER SÜDINSEL

Auch Kunst oder Handwerk beziehen ihre Motive vom Leben mit dem Meer.

REISEINFOS

DAS SOLLTEN SIE SICH NICHT ENTGEHEN LASSEN

1 Auckland-Stadt (S. 30)
Die Millionenmetropole bietet nicht nur Geschäfte in der Shoppingmeile, Skytower und Harbour Bridge, ihre eigentliche Attraktion liegt in der Vielseitigkeit des Umlandes – ein Neuseeland im Kleinformat. Die Region vereint Sehenswertes auf kleinstem Raum, wie die vorgelagerte Vulkaninsel Rangitoto, Weinreben auf Waiheke, Meeressäugetiere im Hauraki Gulf und die wilde Surfküste von West Auckland. Im Süden liegen Nationalparks, entlang der Northshore warten Tauchriffe und traumhafte Badestrände. Mehr als nur einen Durchreisetag einzuplanen, lohnt sich!

2 Northland (S. 58)
Ganz im Norden wachsen seit 150 Millionen Jahren majestätische Kauribäume. Ebenso interessant wie das Prachtexemplar Tane Mahuta im Waipua Forest sind die Swamp-Kauris, über 200 000 Jahre alte, im Sumpf konservierte Urwaldriesen aus Gondwanaland. Sie sind perfekt konserviert und für internationale Klimawissenschaftler von größter Bedeutung. Manchmal werden die Swamp-Kauris sogar mit grünen Blättern geborgen, die dann binnen weniger Minuten unter Sauerstoffeinfluss zu Staub zerbröseln. Das weltweit gefragte Edelholz ist

Blick vom Mount Victoria auf die Skyline von Auckland

Hot Water Beach auf Coromandel – heiße Quellen treffen auf Meerwasser.

durch starken Harzanteil konserviert. Im Gumdiggers Park sieht man die Stämme in den Erdschichten, bei Ancient Kauri Kingdom werden viele Kauriprodukte zum Kauf angeboten.

3 Coromandel (S. 120)
Auf der Coromandel-Halbinsel geht der dichte, urtümliche Bewuchs der Wälder in goldgelbe Badestrände über. Ein besonderes Erlebnis ist der Hot Water Beach: Heiße Quellen aus den Bergen sprudeln am Strand an die Oberfläche. Gräbt man sich an der richtigen Stelle ein Loch, erhält man eine natürliche Badewanne, in der sich die heiße Quelle mit dem kühlen Meerwasser mischt und eine perfekte Badetemperatur ergibt. Das gleiche Phänomen gibt es mit weniger Touristen auch im Kawhia Harbour, im Westen der Nordinsel.

4 White Island (S. 129)
Vulkane und Geothermik gehören fest zu Neuseelands Geografie. Ein Besuch von White Island gleicht der Landung auf einem fernen Planeten. Den Besucher erwarten blubbernde Schlammlöcher, zischende Fumarolen und bunte Schwefelablagerungen. Mit Gasmasken ausgestattet, geht es zum aktiven Vulkan in ein unvergessliches Abenteuer. Auch im Tongariro National Park mit drei Vulkankegeln sieht man die Nähe zur Erdmitte.

5 Eastland, East Cape (S. 130)
Im touristisch unentdeckten Osten der Nordinsel leben viele Maori traditionell an einer Bilderbuchküste im Einklang mit der Natur. Schnitzer erschaffen Kunstwerke, die von Mythen und Legenden erzählen. In der Manuka-Öl-Manufaktur wird der heilende Manuka-Honig zu Ge-

sundheitsprodukten verarbeitet. Wer mit der Gastfreundschaft der Ureinwohner und ihrem Alltag hautnah in Berührung kommen will, ist hier genau richtig.

6 Wellington (S. 166)

Wellywood ist das Zentrum der neuseeländischen Filmindustrie. Die Requisiten-Gurus vom Weta Workshop erlauben Blicke hinter die Kulissen von epischen Leinwandstreifen wie »Der Herr der Ringe«, »Tim und Struppi«, »Avatar« und »Der Hobbit«. Ein Minimuseum, Drehorte, Filmtouren und Insidergespräche mit den Mitarbeitern vom Workshop sind ein unvergessliches Erlebnis für alle Filmfans!

7 Kaikoura (S. 208)

Blau-, Pott-, Buckelwale: In der Tiefseespalte vor der Küste Kaikouras finden die beeindruckenden Meerestiere einen hervorragenden Lebensraum. Mit dem Boot oder Flugzeug können die Giganten beobachtet werden, wie sie prustend auftauchen. Wenn die majestätische Schwanzflosse absinkt, verschwinden die größten Säugetiere der Welt wieder in den Tiefen des Meeres – faszinierend!

8 Franz-Josef-Gletscher (S. 234)

Die südlichen Alpen sind mit 16 Gipfeln über 3000 Meter das höchste Gebirge des austroasiatischen Raums. Besonders spektakulär sind die Gletscher um Franz Josef. Ein Hubschrauber setzt Wanderer in der bizarren Eislandschaft aus, wo sie die Gletscherwelt aus blauen Eishöhlen und endlos scheinender, schroffer Eiswüste entdecken können. Die Touren sind zwar nicht billig, aber unvergesslich.

9 Fiordland National Park (S. 256)

Das Fiordland ist noch so unerschlossen, wie es Captain Cook 1773 vorfand. Die uralten, von Gletschern geformten Buchten treffen auf hohe, schroffe Klippen, Inseln, majestätische Gipfel und üppigen Bewuchs. Hier leben neben Keas die größten Papageien der Welt, die Kakapos. Wanderungen und Bootstouren im Milford- und Doubtful Sound führen tiefer in die isolierte Wildnis und bleiben ganz sicher als Highlight im Gedächtnis.

10 Otago Peninsula (S. 258)

Die Otago-Halbinsel vor Dunedin ist das Zuhause von Robben, See-Elefanten, Pinguinen und der einzigen Festlandsbrutkolonie von Albatrossen. Hier können die Wildtiere ganz ohne Zaun und Eintritt hautnah beobachtet werden. Ob per geführter Tour oder in Eigenregie: Dieses Wildlife in freier Natur sehen zu können, ist ein echtes Privileg.

Gollum-Nachbildung in den Weta Caves, einem kleinen Filmmuseum in Wellington

WILLKOMMEN in Neuseeland

Eingebettet zwischen der Tasmanischen See und dem Pazifik scheint es am Ende der Welt zu liegen – Neuseeland. Mit über 18 300 Kilometer Distanz ist es das von Deutschland am weitesten entfernte Land. Die vielfältige Natur, eine einzigartige Tierwelt und die Kultur der Maori, eines der letzten Urvölker der Erde, versprechen wirklich unvergessliche Momente.

In Neuseeland ist die Landschaftsvielfalt auf engstem Raum so ausgeprägt wie nirgendwo sonst auf der Welt, weshalb viele auch vom »Land der sieben Kontinente« sprechen. Bei einer Flächenausdehnung ähnlich der Größe der alten Bundesrepublik findet man die Alpen Österreichs, die Fjorde Norwegens, die Palmenstrände der Karibik und die weiten Dünen der Sahara. Die geografische Erstreckung über mehrere Breitengrade und die Lage auf dem Pazifischen Feuerring bringt eine ganze Reihe an Vegetationszonen und unterschiedlichster Geologie hervor. Majestätische Berggipfel thronen über steppenähnlichem

Sandy Bay auf der Coromandel-Halbinsel

Flachland, Gletscher aus blau schimmerndem Eis gehen in Urwald und wilde Meeresküsten über.

Goldgelbe Badebuchten, dampfende Vulkane, heiße Quellen und blubbernde Schlammlöcher liegen nur wenige hundert Kilometer von bizarren Dünenlandschaften und unberührten Fjorden entfernt. Die Landschaftsvielfalt brachte in Neuseeland eine ganz spezifische Tier- und Pflanzenwelt hervor und überrascht mit immer neuen Gesichtern. Auch das Licht zeigt sich – anders als in Europa – nicht nur für Fotografen als ein magisches Farbenspiel. Kiwis nennen ihr Land auch stolz »Godzone«, »God's Own Country«.

Kiwis sind relaxte, offene und ausgesprochen freundliche Zeitgenossen.

Evolutionsgeschichte

Vor rund 80 Millionen Jahren brach die Landmasse des heutigen Neuseelands vom gewaltigen Urkontinent Gondwanaland ab und driftete in südlicher Richtung. Das einstige Zealandia kannte keine Säugetiere, Flora und Fauna unterschieden sich gravierend von denen anderer Kontinente, denn es gab lange keine Menschen. So entwickelte sich ungestört in der absoluten Isolation über Jahrmillionen ein außergewöhnliches und einzigartiges Naturparadies. 80 Prozent aller blühenden Pflanzen existieren nirgendwo sonst auf der Erde.

Andere Formen neueren Lebens drifteten oder wehten von den pazifischen Inseln nach Neuseeland wie beispielsweise eine baumgroße Fuchsie oder ein Mistelzweig, der seine Blüte nur öffnet, wenn ein Nektar trinkender Vogel landet. Auch der über 50 Meter hohe Urwaldriese Kauri oder der rot blühende Pohutukawa gehören zu den endemischen Pflanzen.

Farne

So entstanden auf der isolierten Landfläche 523 Moosarten und etwa 200 Farn-

Endemischer Zeitzeuge – der rot blühende Pohutukawa Tree

spezies – kriechende und kletternde Astfarne und imposante Baumfarne. Der Black Fern Tree, Mamaku, ist mit über 20 Metern einer der größten Farne der Welt. Der wohl bekannteste Farn Neuseelands ist der Ponga, der Silberfarn, der zum Nationalsymbol des Landes wurde. Die Schneckenform der jungen, eingerollten Triebe nennen Maori »Koru«. Sie stehen für die Entfaltung neuen Lebens und sind in zahlreichen Schnitzereien dargestellt.

Regenwald

Der Regenwald Neuseelands wächst bei gemäßigtem Klima auf mehreren Ebenen. In den dichten Untergewächsen wie dem Kawakawa-Pfefferblatt und den aufsitzenden Orchideen, Ranken und Kanapees konnte sich eine einmalige Tierwelt entwickeln. Die bis zu 75 Zentimeter große Tuatara-Echse hat noch Gene des Dinosauriers und wird deshalb als Halbdinosaurier oder »lebendes Fossil« bezeichnet. Sie lebt in Erdhöhlen, kann eine Stunde die Luft anhalten und wird bis zu 250 Jahre alt.

Kiwi und Kakapo

Aufgrund der fehlenden Säugetiere hatten viele Arten Zealandias keine Feinde, unzählige Tiere verlagerten ihren Lebensraum auf den sicheren Boden. Im Laufe der Jahrtausende verstümmelten die Flügel vieler Vögel, wie die des Nationaltiers Kiwi (siehe S. 66) oder des Eulenpapageien Kakapo – sie wurden flugunfähig. Gerade die Vogelwelt ging während der Evolution ganz ungewöhnliche Wege.

Neuseelands lebendes Fossil: Tuataras sind Halbdinosaurier aus der Urzeit.

Ngatokimatawhaorua: 35,7 mal 2 Meter Holzwaka für 80 Paddler und 55 Passagiere

Moa und Haast Eagle

Der Moa, einer der größten Laufvögel der Erde, streifte einst durch die neuseeländischen Buschwälder. Er war dreieinhalb Meter groß und konnte an die 230 Kilo wiegen. Neun Moa-Arten lebten in Neuseeland. Auch der größte Adler der Welt, der bis zu 15 Kilogramm schwere Haast Eagle, zog früher mit einer Flügelspannweite von drei Metern seine Kreise durch die Lüfte. Maori-Überlieferungen erzählen sogar von Angriffen des Riesenadlers auf kleine Kinder.

Ankunft der Menschen

Als die ersten Polynesier über Asien in den Pazifik kamen, ließen sie sich um 1200 v. Chr. auf Fidschi, Tonga, Samoa und Tahiti nieder. Um 400 n. Chr. zogen sie weiter nach Hawaii, zu den Osterinseln und nach Neuseeland. Nach archäologischen Funden datiert man ihre Ankunft 700 bis 1000 Jahre zurück. Da sie als erste Menschen in Neuseeland lebten, bezeichnet man sie heute als Ureinwohner. Sie besaßen die erstaunliche Gabe, ihre Wakas, die traditionellen einfachen Holzkanus, anhand der Gezeiten, des Siebengestirns Matariki, der Beobachtung von Seevögeln und Meeresströmungen zu navigieren. Wenn sie glaubten, in Inselnähe zu sein, setzten sie Schweine ins Wasser. Witterten diese Land, fingen sie sofort an, in die richtige Richtung zu paddeln.

Die neuen Einwohner brachten jedoch, ohne es zu wissen, den Tod für viele neuseeländische Tiere mit sich. Vor allem Nagetiere wie Ratten, die mit von Bord gingen, vermehrten sich ohne natürliche Feinde blitzartig und brachten den am Boden lebenden und nistenden Vögeln den Tod. Die Menschen bejagten den

Während der Holzfällerära wurden Kauri-Bäume radikal als Nutzholz gefällt.

Moa bis auf das letzte Exemplar und nahmen so auch dem Haast Eagle seine Nahrungsgrundlage – beide Tierarten starben aus, viele andere Spezies wurden drastisch dezimiert.

Die Siedlergeschichte

1642 entdeckte der Holländer Abel Tasman Neuseeland als erster Europäer. Erst mehr als ein Jahrhundert später, 1769, traf Captain James Cook auf seiner ersten Weltreise auf Maori. Um 1800 wanderten dann die ersten Wal- und Robbenfänger aus Australien ein, es folgten Missionare. In den 1830er-Jahren kamen schließlich weiße Siedler ins Land, Pakeha-Farmer und -Händler aus Europa. Neuseeland wurde als letztes Land der Welt besiedelt und wird deshalb mitunter als »jüngstes Land der Erde« bezeichnet, auch wenn seine Flora und Fauna uralt sind.

Großbritannien begann 1840 mit einer strategischen Besiedlung der Kolonie. Die Migranten schleppten neben Hunden und Nutztieren auch Nagetiere wie Hasen, Wiesel und Hermeline ein, die sich rasant vermehrten und die Balance des fragilen Ökosystems aus dem Gleichgewicht brachten. 1837 begann die Regierung gezielt, australische und tasmanische Possums auszusetzen, um eine kommerzielle Pelzindustrie zu etablieren. Die Nager fraßen Vogeleier und Jungvögel, die jahrtausendealte Tierwelt Neuseelands war ihnen schutzlos ausgeliefert. Viele Arten wie die Laughing Owl oder der Huia starben aus, andere Populationen sind bis heute extrem gefährdet.

Gold und Holz

Der Goldrausch auf der Südinsel zog Tausende Menschen aus Europa, Australien und Asien an. Nur wenige Jahre später begann die Holzfällerära im Norden. Besonders das gerade Holz des Urwaldriesen Kauri wurde aufgrund seiner Größe, Beschaffenheit und Stabilität für den Schiffs- und Hausbau geschätzt. Rund 97 Prozent aller Kauri-Wälder fielen so den Sägen zum Opfer. Gigantische Dämme halfen, die tonnenschweren Stämme über die Flüsse bis zum Meer zu transportieren und zu den Sägewerken zu flößen.

Treaty of Waitangi

Das Zusammenleben der Siedler mit Maori gestaltete sich vielerorts schwierig, Enteignungen und bewaffnete Übergriffe führten zu gewalttätigen Auseinandersetzungen. Der Treaty of Waitangi sollte Frieden stiften. Der wichtige Vertrag wurde am 6. Februar 1840 von Maori-Häuptlingen und Vertretern der britischen Krone in Waitangi unterzeichnet. Er gilt als die Geburtsstunde einer gemeinsamen neuseeländischen Nation. Bis heute hat der Vertrag Bestand und ist Basis für viele Ausgleichszahlungen des neuseeländischen Staates an Maori. Die Wurzeln kann man heute wunderbar bei einem Besuch in Waitangi auf den Treaty Grounds erkunden.

Department of Conservation

Ein erstes Erwachen der Nation in puncto Naturschutz begann 1947: Organisationen und die Regierung riefen dazu auf, Pesttiere zu bekämpfen, um ein gänzliches ökologisches Desaster zu verhindern. Mittlerweile gab es allein 70 Millionen Possums. Diese Kehrtwende dauert bis heute an. Noch immer kümmert sich das Department of Conservation (DOC), die Naturschutzbehörde der Regierung, um die aktive Bekämpfung schädlicher Einflüsse und unterhält vielfältige Programme für bedrohte Tier- und Pflanzenarten.

Tierwelt

Besucher finden vielerorts noch das Inselidyll vergangener Tage. Etliche Rekorde in der Tierwelt werden von neuseeländischen Bewohnern gehalten. 120 behäbige Kakapos sind noch übrig. Sie leben heute im isolierten Fiordland und auf Naturschutzinseln. Mit bis zu vier Kilogramm und 64 Zentimeter Länge sind es die größten Papageien des Planeten. Flinke Kaka-Papageien haben hingegen auf Great Barrier Island einen Lebensraum gefunden, während man Keas, die einzigen Bergpapageien der Welt, dort findet, wo die Gletscherzungen bis an den Urwald der Südlichen

Clevere, freche Kerlchen – Kaka-Papageien sind neugierig.

Alpen heranreichen. Die einzige Festlandsbrutkolonie von Königsalbatrossen liegt auf der Otago-Halbinsel. Dort leben auch seltene Gelbaugenpinguine und die kleinsten Pinguine im Tierreich – die nur 30 Zentimeter großen Little Blue Penguins.

Die Tölpelkolonie in der Hawkes Bay ist ebenso spektakulär wie die Pelzrobben und Wale vor der Küste Kaikouras. Wenn riesige, 20 Meter lange Pottwale neben dem Whalewatch-Boot auftauchen, fühlt sich das an wie in einer winzigen Nussschale. Aber auch die 1,80 Meter hohe Rückenflosse eines Orcas wirkt gewaltig, wenn sie auf einmal neben dem Kajakfahrer aus dem Wasser aufragt. Vor Taranaki sind die neuseeländischen Maui-Delfine beheimatet, von denen nur noch 53 Exemplare existieren. Im Hafengebiet von Akaroa leben ihre bedrohten Verwandten, die mit nur einem Meter kleinsten Delfine der Welt. Die Hectors lieben die klassische Musik der Touristenboote.

Kiwi-Farmer – auch am Ende Ihres Arbeitstages entspannt und lebensfroh

Neuseeland ist auch der einzige Lebensraum für Wetas, die größten Landinsekten der Welt. Der harmlose Giant Weta ist so schwer wie drei Mäuse, sieht aus wie eine überdimensionale Heuschrecke und kann zehn Zentimeter groß werden – ohne Beine und Fühler. Auch der nachtaktive Kiwi, Saddlebacks, Kererus und Bellbirds stehen unter Naturschutz. Engagierte Brutprogramme, Wildlife-Reservate und pesttierfreie Inseln vor den Küsten sollen helfen, die Populationen mit menschlicher Hilfe wieder aufzustocken. Für Besucher eröffnen sich unzählige Möglichkeiten, die einmalige Tier- und Pflanzenwelt Neuseelands zu entdecken – ohne Mauern und Eintritt.

Maori heute

Die jahrhundertealte Kultur der polynesischen Ureinwohner lebt heutzutage auch in der modernen Gesellschaft weiter. Maori gelten als eines der letzten Urvölker der Erde. Mit zunehmendem touristischem Interesse an Neuseeland begannen Ende der 1980er-Jahre weite Teile der Gesellschaft und die Regierung, Maori-Kultur als wichtigen Bestandteil der neuseeländischen Herkunft, Historie und Kultur zu fördern und zurückzugewinnen. 1987 wurde Te Reo Maori neben Englisch zur zweiten offiziellen Amtssprache erhoben. Bei offiziellen gesellschaftlichen, kulturellen und politi-

In Whakarewarewa lebt die Maori-Kultur wieder auf.

schen Veranstaltungen gehört heute eine Begrüßung auf Maori zum guten Ton (siehe Seite 146).

Kiwis – ein ganz eigenes Völkchen

Sieben Grad Außentemperatur: kurze Hose, barfuß, aber ein Beanie (Wollmütze) auf dem Kopf. So sieht der klassische Neuseeländer im Winter aus – im Sommer auch. Sie sind ein bisschen verrückt, Fremden gegenüber ausgesprochen offen und hilfsbereit. Das kleine Völkchen am Ende der Welt ist eine Multikulti-Nation, bei der Toleranz, soziales Miteinander und nationales Gemeinschaftsgefühl ganz großgeschrieben werden. Neuseeland ist kinderreich und extrem kinderfreundlich, eine Agrarnation, die sich selbst nicht immer ganz ernst nimmt.

Des Kiwis liebste Freizeitbeschäftigungen sind Sport und Barbecues (BBQs). Europäische Statussymbole wie Autos, Häuser und Kleidung spielen bei der Bewertung des Gegenübers keine Rolle. Fremde werden neugierig befragt, denn Kiwis sind weltoffen, reisen selbst gern, und wollen stets über den eigenen Tellerrand ihres Inseldaseins hinausblicken. Auch dass sie einen wildfremden Menschen nach Hause einladen, ist keine Seltenheit. Abgeschieden vom Rest der Welt ist man vertrauensselig und legt den Schlüssel einfach unter die Muschel an der Eingangstür.

Kiwi-Lifestyle

Was auf den ersten Blick europäisch anmutet, zeigt sich beim zweiten Hinsehen doch ein wenig anders. Kiwis sind ein extrem entspanntes Volk. Vor dem Job geht es zum Surfen, zum Meeting trifft man sich in einem der unzähligen Cafés, und nach Dienstschluss wird geangelt. Man arbeitet hier lediglich, um leben zu können. Genügsam, was das tägliche Leben anbelangt, halten Kiwis jedoch große Stücke auf ihre Freizeit. Und die wird in der wunderbaren Natur Neuseelands, »the outdoors«, genossen. Wassersport jeglicher Art, biken, trampen (wandern), rennen und reiten, den denkbaren Beschäftigungen sind keine Grenzen gesetzt.

Mit der »She'll be right!«-Mentalität geht man ausgesprochen entspannt durchs Leben. »Warum Sorgen machen? Es wird schon alles gut gehen!« Urlauber können sich dieser Lebensweise unkompliziert anschließen und werden von der Abenteuerlust geradezu angesteckt. Wer möchte, kann einen Aktivurlaub der Extraklasse verbringen – mit Eisklettern, Fallschirmspringen, Surfen, Mehrtageswanderungen in die Wildnis oder Delfinschwimmen. Outdoor-Fans liegen die weite Natur und ihr einzigartiges Wildlife geradewegs zu Füßen.

Ruhe und Erholung bringt die unberührte Natur ohnehin mit sich. Am Abend werden dann bei Ebbe Pipi oder Clam Shells, Muscheln, am Strand gesammelt und zu einer frischen Pasta verkocht. Unter dem magischen Sternenhimmel mit einer beeindruckenden Milchstraße geht der Tag zu Ende. So herrlich einfach kann das Leben sein – oder wie die Kiwis bescheiden sagen würden: »Sweet as!« – »Passt alles!«

Flyboarding in Queenstown – kein Sport ist dieser Nation zu extrem oder verrückt.

Sir Peter Jackson etablierte Neuseelands Multimillionen-Dollar-Filmindustrie.

Wellywood

Als die Tolkien-Verfilmung »Der Herr der Ringe – Die Gefährten« am 10. Dezember 2001 weltweit in die Kinos kam, brach ein unbeschreiblicher Hype um Neuseeland, seine Drehorte, Schauspieler und Filmemacher aus. Neuseeland wurde über Nacht zu »Mittelerde«, der von Schriftsteller J. R. R. Tolkien erdachten Fantasiewelt, und Wellington, das Zentrum der Filmindustrie, zu »Wellywood«.

Der Macher hinter der Trilogie, Starregisseur und Ur-Kiwi Peter Jackson, hat einmal mehr dazu beigetragen, dass Neuseeland weltbekannt wurde. Er rückte die Kreativität seiner Heimat ins Rampenlicht. Filmtourenanbieter schossen wie Pilze aus dem Boden, und die internationalen Besucherzahlen haben sich seither mehr als verdoppelt. Fantasy-Fans und filminteressierte Besucher können Neuseeland mit seinen einmaligen Drehorten, die als Naturkulisse dienten, mit seinen Filmsets und seiner Millionen Dollar schweren Filmindustrie in Wellington aus der Kameraperspektive erkunden.

Langusten und Lammfilets

Kulinarische Hochgenüsse lauern in Neuseeland an jeder Ecke – sei es das frischeste Fish 'n' Chips oder das Kontrastprogramm, die kulinarische Bluff-Auster mit dem passenden Sauvignon Blanc aus den Marlborough Sounds. Neuseeländische Küche bedeutet nicht bloß Langusten und Lammfilets. Auf ganz speziellen *food tours* können Gourmets Blicke hinter die Kulissen der Produzenten werfen.

Ebenso multikulturell wie die Bevölkerung zeigt sich die Speisekarte: asiatisches Sushi, indisches Korma oder

Neue neuseeländische Esskultur: Frisches aus Meer und Vorgärten

mexikanische Tacos mischen sich mit der einheimischen Küche. Die Pacific-Rim-Esskultur, ein Cross-over von Gerichten aus Asien, Indien, landestypischen und europäischen Speisen, bietet die feinsten Pinot-Weine, frisches Seafood und hervorragende Eigenkreationen. Wer etwas Typisches probieren möchte, kann die Delikatesse Whitebait versuchen, kleinste Fischchen als *fritters* in Ei gebraten. Oder den schwarzen Saugfuß der Paua, der schillernden Perlmuttmuschel. Ob Latte, Long Black, Flat White oder Cappuccino, die Baristas des Landes verführen die ausgeprägte Kaffeeszene mit prämierten Produkten kleiner Privatröstereien.

Praktische Reisetipps

Wie man Neuseeland am besten entdeckt, ist Geschmackssache, die nötige Infrastruktur befriedigt alle Bedürfnisse. Busreise, Kreuzfahrtschiff, geführte Kleingruppe, Mietwagen und Motel, Zelt oder Campervan-Urlaub, als Backpacker oder golfspielender Luxusliebhaber – Neuseeland hält für jeden pure Lebenslust bereit. Die Straßen sind, wenn auch oft nur einspurig, gut ausgebaut. Allerdings kann durch Geografie und Serpentinen die Fahrzeit erheblich länger sein, als es auf der Karte aussieht. Genaue Zeit- und Kilometerangaben finden Reisende auf der Seite des neuseeländischen ADAC unter www.aatravel.co.nz/main/ time-distance-calculator.php. An Wanderwegen, Parkarealen, Stränden und Kinderspielplätzen sind immer saubere öffentliche Toiletten vorhanden, die umsonst benutzt werden können.

Menschenleere, eine Natur, die ihresgleichen sucht, der nahe Sternenhimmel: Was will man mehr? – Willkommen in Neuseeland!

Steckbrief Neuseeland

Lage: Neuseeland (New Zealand) liegt auf der Südhalbkugel südöstlich von Australien und ist im Westen von der Tasmanischen See und im Osten vom Pazifik umgeben.

Fläche: 268 021 km^2

Küste: 17 209 km Länge (Nord- und Südinsel)

Hauptstadt: Wellington

Flagge:

Amtssprache: Englisch und Te Reo Maori

Einwohner: Neuseelands Population zählt 4,69 Millionen Menschen, davon knapp 600 000 Maori. Gut 1,4 Millionen Bürger leben in Auckland, nur eine Million auf der gesamten Südinsel. Laut der neuesten Statistiken wird Neuseeland immer multikultureller. Auckland hat mit 52 Prozent Ausländeranteil mehr Immigranten als Weltstädte wie London oder New York.

Währung: Neuseeland-Dollar NZD oder NZ$

Zeitzone: MEZ + 12 Std. im neuseeländischen Sommer, MEZ + 10 Std. im Winter

Elektrizität: Die elektrische Spannung beträgt 230–240 Volt. Es wird jedoch ein Adapterstecker benötigt.

Geografie: Neuseeland besteht aus drei Hauptinseln, der Nord-, der Südinsel und Stewart Island. Die Lage auf dem Pazifischen Feuerring machte sich durch die Tektonik der Pazifischen und Australischen Platte über Jahrmillionen bemerkbar und formt die Inseln bis heute. Neuseelands Gesicht ist vielseitig – Gebirge, Ebenen, Vulkane, Strände, Fjorde und Geothermalgebiete liegen dicht beieinander.

Staat und Verwaltung: Neuseeland ist eine unabhängige parlamentarische Monarchie. Der Regierungssitz ist in Wellington. Der Monarch Großbritanniens ist das Staatsoberhaupt, kann jedoch keine Macht ausüben. Der Premierminister und sein Kabinett aus 20 Mitgliedern sowie das Parlament mit 120 Abgeordneten formen die Regierung, die alle drei Jahre gewählt wird.

Wirtschaft: Neuseeland ist eine Agrarnation, der Hauptwirtschaftsfaktor ist die Landwirtschaft, erst danach folgt der Tourismus. Das Ammenmärchen, dass auf jeden Einwohner 20 Schafe kommen, ist schon lange keine Realität mehr, rund 31 Millionen Schafe leben neben den 4,6 Millionen Bürgern.

Neuseeland hat eine 15 811 km lange Küstenlinie.

Geschichte im Überblick

925 Den Legenden zufolge entdeckt der Maori Kupe Neuseeland. Er gilt als einer der großen Häuptlinge vom Mutterland Hawaiki.

1400 Nachfolger Kupes kehren mit weiteren siedlungswilligen Maori zurück nach Aotearoa.

1642 Der Holländer Abel Tasman entdeckt Neuseeland.

1769 Captain James Cook gelangt auf seiner ersten Weltreise auf der »Endeavour« nach Neuseeland und trägt die Inseln auf der Weltkarte ein. Er trifft in der Tolaga Bay auf friedliche Maori und bleibt sechs Tage (Cooks Cove), um Vorräte aufzufüllen.

1837 Die New Zealand Company wird in London gegründet und soll die systematische Kolonialisierung Neuseelands vorantreiben. Im Januar 1840 erreichen die ersten 150 Siedler nach vier Monaten Seereise auf der »Aurora« Wellington.

1840 Am 6. Februar wird der Treaty of Waitangi von Vertretern der britischen Krone und Maori-Häuptlingen unterzeichnet. Er soll ein friedliches Zusammenleben zwischen Siedlern und Maori gewährleisten. Russell wird für neun Monate erste Hauptstadt.

1841 Auckland wird Landeshauptstadt.

1858 Der deutsche Geologe Ferdinand von Hochstetter trifft mit dem österreichischen Schiff »Novara« ein und schließt sich mit dem deutschen Wissenschaftler Julius von Haast zusammen. Gemeinsam erstellen sie erste geologische Karten.

1862 Zwei Pioniere finden das erste Gold in Otago und lösen einen Goldrausch aus. Eine Siedlerwelle aus Europa, Australien und China folgt.

1865 Wellington wird Hauptstadt und Regierungssitz. Die Stadt zählt gerade einmal 4900 Bürger.

1893 Nach Aufständen und Lobbyarbeiten der Frauenorganisationen gelingt es mit knapp 32 000 Unterschriften, das Frauenwahlrecht durch das Unterhaus zu bekommen. Im September 1893 wird Neuseeland das erste Land der Welt, in dem Frauen das Wahlrecht bekommen.

1903 Für viele Neuseeländer gilt Richard Pearse als erster Pilot, der einen gesteuerten Motorflug unternahm. Nach Augenzeugenberichten gelingt dem Bastler im März 1903 der erste motorisierte Flug. Das ist neun Monate vor den berühmten Wright-Brüdern, die international als erste Flieger gelten. Die sensationelle Nachricht bleibt jedoch über Jahrzehnte unbekannt.

1914 Neuseeland kämpft an der Seite Englands im Ersten Weltkrieg. 18 500 Neuseeländer lassen ihr Leben, mehr als 41 000 werden verwundet, viele davon in Gallipoli im Kampf gegen die osmanischen Truppen von Atatürk. In der Heimat fordert eine große Grippeepidemie 8500 Menschenleben.

1920 Anzac Day wird etabliert und seither am 25. April gefeiert.

1938 Joseph Savage steht an der Spitze der ersten Labour-Regierung und führt Neuseeland aus dem Konjunkturtief. Sozialer Wohnungsbau, kostenfreie Schulbildung und der Aufbau einer unabhängigen Wirtschaft stehen auf dem Programm. Zwischen 1940 und 1950 gilt Neuseeland als Land mit dem höchsten Lebensstandard der Welt.

1939–1945 Neuseeland kämpft mit seinem Maori-Bataillon im Zweiten Weltkrieg für England. Nach Pearl Harbor werden viele Militärstützpunkte in neuseeländischen Häfen etabliert, aus Furcht vor einem Angriff der Japaner.

1949 Knapp zwei Millionen Neuseeländer feiern ihre offizielle Unabhängigkeit von Großbritannien.

1953 Nationalheld Sir Edmund Hillary besteigt, nach dem Bezwingen des höchsten Bergs Aoraki Mount Cook (3754 m), mit Sherpa Tenzing Norgay als erster Mensch den Mount Everest.

1973 Neuseeland wagt sich das erste Mal in die Opposition und protestiert gegen die Atomtests der Franzosen im Südpazifik. Mit dem Beitritt Großbritanniens zur EU verliert die Agrarnation einen wichtigen Exportmarkt. Eine Energiekrise kommt hinzu und stürzt das Land in eine Wirtschaftskrise. Seither werden der Handel mit asiatischen Märkten und der Tourismus stärker ausgebaut.

1985 Neuseeland bekennt sich zur Anti-Nuklearpolitik. Mit dem Bombenanschlag des französischen Geheimdienstes auf das Greenpeace-Schiff »Rainbow Warrior« sinkt das Vertrauen zu Europa. Der Abnabelungsprozess führt Neuseeland zu eigener Identität.

1987 Te Reo Maori wird neben Englisch offiziell als Amtssprache anerkannt. Neuseeland ist atomfrei. Die Sportnation gewinnt die Rugby-Weltmeisterschaft.

1999 Kiwi-Regisseur Sir Peter Jackson beginnt mit den Dreharbeiten an der »Herr der Ringe«-Trilogie und etabliert eine aufstrebende Filmindustrie. 2001 kommt »Die Gefährten« weltweit in die Kinos, wird zum Kassenschlager, und Neuseelands Filmtourismus boomt.

2011 Neuseeland gewinnt zum 2. Mal den Rugby-Weltcup gegen Frankreich.

2012 Neuseeland ist Ehrengast der Frankfurter Buchmesse und präsentiert der Welt seine einmaligen Landschaften, die preisgekrönte Filmindustrie, Gourmetszene und Maori-Kultur.

2015 Neuseeland gewinnt als einziges Team der Welt zum dritten Mal den Weltmeistertitel beim Rugby World Cup in England und besiegt im Finale den Erzrivalen Australien.

2017 Das Team New Zealand besiegt im Juni das Oracle-Team der USA deutlich bei der traditionsreichen Segelregatta America's Cup.

GROSSRAUM AUCKLAND

Mititai
Te Kopuru
Tokatoka
Glinks Gully
Ararua
Mareretu
Waipu
Bream Bay
Langs Beach
Mangawhai Heads
Mangawhai Harbour
Raupo
Te Maire
Brynderwyn
Huarau
Maungaturoto
Pahi
Kaiwaka
Mangawhai Village
Te Kowhai
Taingaehe
Arapaoa River
Hakaru
Batley
Rototuna
Kellys Bay
Tinopai
Oruawharo
Te Hana
Oneriri
Pakiri
Cape
Leigh
Kaipara
L. Humuhumu
Port Albert
Wellsford
L. Mokeno
Rototuna
Tapora
Pouto Point
Matakana
L. Kanono
North Head
Kaipara Entrance
South Head
Harbour
Warkworth
Kaipara Flats
Kawau Bay
Snells Beach
Rototuna
Ahuroa
L. Kanono
Motuora
Waioneke
Puhoi
Makarau
Shelly Beach
Waiwera
Orewa
Kanohi
Silverdale
Waitoki
Parkhurst
Whangapara
Helensville
Dairy Flat
Northshore
4
Redvale
Albany
Coatesville
Reweti
Helensville
Harbour Bridge
Takapuna
Devonport
Waitemata
Harbour
Muriwai Beach
Waitakere
1
AUCKLAND
Bethells Beach
2
West Auckland
Piha Beach
Waitakere Ranges
Titirangi
Karekare Beach
Laingholm
Puketutu Island
Auckland Airport
Cornwallis
Whatipu
Orua Bay
Manukau Harbour
Manukau
Manukau Entrance
Wattle Bay
Awhitu Regional Park
Matakawau
Clarks Beach
Kingseat
Te Toro
Waiuku R.
Patumahoe
Waipipi
Glenbrook
Awhitu Halbinsel
Waiuku
Taurangaruru
Otaua
Aka Aka
Auckland
Tasman Sea
Wellington
Christchurch
South Pacific Ocean

0 15 km
N
Aiguilles Island
Miners Head
Katherine Bay
Rakitu Island
Cradock Channel
Port Fitzroy
Kaikoura Island
Whakatautuna Point
627
Broken Island
Channel
Little Barrier Island
Whangaparapara
6 Great Barrier Island
Okupu
Shag Point
Tryphena
Tryphena Harbour
Cape Barrier
int
Colville Channel
Channel Island
Cape Colville
Cuvier Island
Kaiiti Point
Port Jackson
Port Charles
892
Matangi
Waikawau Bay
Mercury Islands
Hauraki Gulf
Great Mercury Island
Red Mercury Island
Colville Bay
Colville
The Noises
Rakino Island
5 Inselparadies
Papa Aroha
Atiu Island
Thumb Point
Waiheke Island
Ohinau Island
Oneroa
Coromandel
Kuaotunu
Onetangi
Whanganui Island
Mercury Bay
Coromandel Harbour
Rotoroa Island
Omiha
Whitianga
Mahurangi Island
Tamaki Strait
Cooks Beach
Hahei
Ponui Island
Coromandel Range
Pakihi Island
Tawhitokino
Whenuakite
Coroglen
Clevedon
Tapapakanga
3 Süd Auckland
Pohulukawa Coast Highway
819
Hunua Ranges
Kaiaua
Coromandel Peninsula
Shoe Island
Firth of Thames
Tairua
Tairua Harbour
Hunua
Hunua Falls
Te Puru
Slipper Island
Red Hill
Ngarimu Bay
Hikuai
Tairua Harbour
Paparimu
Kaiaua
Opoutere
Miranda Hot Springs
Thames
Wharekawa Harbour
Bombay
Mangatangi
Miranda
Tairua R.
Mangatawhiri
Pipiroa
Whangamata Harbour
Pokeno
Waitakaruru
Matatoki
Turua
Mercer
Kopuku
Mangatarata
Wharepoa
Kerepehi

Seite 26/27: Ferienhäuser mitten im Busch gibt es auch nahe der Großstadt zu mieten.
Mitte: Millionenmetropole Auckland: unverkennbar mit Skytower und Harbour Bridge
Unten: Die großen Schiffe legen direkt in der City an.

1 Auckland-Stadt

Kosmopolitisches Herz Neuseelands

Traumstrände, Wolkenkratzer, Buschwald und kosmopolitisches Stadtleben – Auckland ist voll von Gegensätzen. In der mit knapp 1,4 Millionen Einwohnern größten Stadt des Landes reihen sich Freizeitmöglichkeiten, Kultur, Shopping und Naturerlebnisse aneinander wie die 49 Vulkankegel, auf denen die Stadt erbaut wurde. Auckland ist mit seiner Vielfalt ein Neuseeland im Kleinen und die perfekte Einstimmung für eine Rundreise.

Aucklands Topografie ist auffällig, die City liegt eingebettet auf der Landenge zwischen Waitemata und Manukau Harbour. Viele kleine Inseln ruhen im Hauraki Gulf vor dem Festland, ein Mantel aus dichtem Regenwald überzieht die Hügel. Das aktive Vulkanfeld, auf dem die Metropole erbaut wurde, liefert einen wahren Abenteuerspielplatz für Unternehmungen. Bei Lifestyle-Studien erntet Auckland im internationalen Städtevergleich deshalb und wegen seines milden, fast schon subtropischen Klimas und der Küstenlage einen konstanten fünften Platz auf der Weltrangliste.

Sky Tower und Mount Eden

Ein klassischer Aussichtspunkt und das Wahrzeichen der Stadt ist der 328 Meter hohe Sky Tower mit seinen gläsernen Böden in der Aussichtsplattform, von der sich beim Sky Jump Mutige in die Tiefe stürzen. An schönen Tagen reicht der Blick bis zu 80 Kilometer in jede Himmelsrichtung. Nachts ziehen Restaurants, Kinos und das Casino die Massen an. Wer lieber eine kostenlose Aussicht

sucht, sollte den Mount Eden erklimmen. Der erloschene Krater im gleichnamigen Stadtteil ist der höchste Vulkan Aucklands. Die Ausmaße der City erscheinen riesig, und tatsächlich hat Auckland eine Flächenausdehnung ähnlich der von Berlin. Nur ein vergleichsweise kleiner Stadtkern beherbergt die Hochhauskulisse. Viele der Sehenswürdigkeiten können zu Fuß erkundet werden.

Eine Stadt entsteht

Auckland ist ein Schmelztiegel aus vielen Nationen – Europäern, Asiaten und Bewohnern der südpazifischen Inseln. Obwohl der Einfluss der anderen Einwanderer groß ist, bleibt der Kulturbesitz der Maori doch bis heute dominant: Das Herz der City schlägt in einem polynesischen Rhythmus, 25 Prozent der Bevölkerung sind Ureinwohner. Nach archäologischen Funden ließen sich Maori hier bereits im 14. Jahrhundert nieder. 1840 verkaufte der Stammesführer Kiwi Tamaki dann das Areal für nur einen Beutel Gold und ein Sortiment an Äxten, Decken, Tabak und Alkohol an die europäischen Siedler. Unter dem heutigen Namen Auckland, in Maori »Tamaki«, florierte die City 1842 zur vorübergehenden Hauptstadt Neuseelands.

Einfach gut!

KLETTERTOUR AUF STAHL

Die Auckland Harbour Bridge ist mit ihren 1020 Meter Länge und gut 243 Meter Breite eines der Wahrzeichen Aucklands. Sie führt 43 Meter hoch über den Waitemata Harbour und verbindet City und North Shore. Bereits 1860 projektierte ein Farmer eine schwimmende Brücke, in den 1950er-Jahren wurde sie dann doch aus Stahl erbaut. Zuvor musste stets ein langer Umweg über Vororte in Kauf genommen werden. Die einzige Möglichkeit, die Autobahnbrücke zu begehen, ist der Harbour Bridge Climb: Anderthalb Stunden lang erklettert man das Bauwerk, wer es wagt, kann sich per Bungeesprung 40 Meter in die Tiefe stürzen.

AJ Hackett Bungee Auckland Bridge Climb. Ab 7 Jahren/35 kg, $ 125, Shuttlebusse vom Maritime Museum, Westhaven Reserve, Herne Bay, Tel. 0800/286 49 58, www.bungy.co.nz

Geheimtipp

SCHAFE IN DER GROSSSTADT

One Tree Hill Domain und der Cornwall Park bilden zusammen einen ausladenden Park um den neben der Insel Rangitoto größten intakten Vulkankegel der Stadt, der mit seinen 183 Meter Höhe fantastische Ausblicke bietet. Im 19. Jahrhundert siedelten auf dem Areal Maori. Einladend sind die vielen Spazierwege, Alleen, alten Steinmauern, Picknickplätze und Barbecues, ein Pflanzenlehrpfad führt in die Botanik der südlichen Hemisphäre ein. Verblüffend sind die Weiden mit Schafen und Rindern, die einen inmitten der Großstadt ans Landleben erinnern. Im Park liegt auch ein Planetarium.

One Tree Hill Domain & Cornwall Park. 7 Uhr–Dunkelheit, 670 Manukau Rd., Epsom, www.cornwallpark.co.nz
Stardome Observatory. Kernöffnungszeit Mo–Fr ab 10 Uhr, Sa/So ab 11 Uhr, Mo abends geschlossen, Eintritt ab $ 2, Tel. 09/624 12 46, www.stardome.org.nz

Wer kulturell interessiert ist, sollte dem Auckland War Memorial Museum in der Domain einen Besuch abstatten. Es werden kostenfreie Aufführungen von Maori gezeigt, und man erfährt einiges zur vulkanischen Entstehungsgeschichte der Landenge. Ein weiterer historischer Meilenstein abseits der Touristenroute ist das Pacific Events Centre im Süden Aucklands. Dort steht die größte Maori-Schnitzerei »Pou Kapau«, geschnitzt aus einem jahrhundertealten Kauri-Baum, 20 Meter groß und über 20 Tonnen schwer. Sie erzählt die Geschichte der Einwanderung der Maori und der Besiedlung Neuseelands, die in einer Ausstellung vertieft wird.

Für Kunstfreunde ist die Auckland Art Gallery ein Muss. Ihr historischer Bereich wurde restauriert, später eine moderne Erweiterung angebaut, die mit einigen Design-Awards prämiert wurde. Die Auckland Art Gallery beherbergt 15 000 Kunstwerke, Wechselausstellungen zeigen historische und zeitgenössische Kunst. Das Alter der Drucke, Skulpturen und Gemälde umfasst die große Zeitspanne von 1376 bis heute. Der Eintritt ist frei!

»Shop until you drop«

Das heutige Stadtzentrum um den Sky Tower ist nicht nur Business District, mit der Queen Street verfügt es auch über eine ausgedehnte Einkaufsmeile. Neben Souvenirshops, Kaufhausketten, Outdoor- und Sportläden gibt es viele Cafés und Food-Courts für einen kleinen Imbiss. Wer dem Touristenstrom entkommen will, kann durch Seitengassen wie die exklusive Vulcan Lane schlendern, in der sich internationale und neuseeländische Designer niedergelassen haben und unzählige Cafés, Bars und Restaurants mit Plätzen im Freien locken. Etwas künstlerischer ist das Shoppingviertel Newmarket. Secondhandläden,

Aucklands Zentrum ohne Touristenbrille

- **A** **Auckland Art Gallery** – Architektonisches Meisterwerk mit Themenausstellungen
- **B** **Auckland Town Hall** – Neorenaissancegebäude (1911) für Kulturveranstaltungen, größte Orgel Neuseelands
- **C** **Sky Tower** – Aussichtspunkt, Cafés
- **D** **Queen Street** – Shoppingmeile
- **E** **Chancery Square** – Zeit für Eis oder Kaffee
- **F** **Vulcan Lane** – Exklusive Boutiquen und Designerläden
- **G** **Maritime Museum** – Geschichte zum Anfassen und Option auf Segeltörns
- **H** **Britomart** – Einkaufszentrum
- **I** **Queens Wharf** – Fähranlegestelle
- **J** **Auckland War Memorial Museum & Domain** – Das Museum zeigt Kultur-, Wirtschafts- und Geografie-Historie.
- **K** **St. Paul's Church (1841)** – Zufluchtsort während der Neuseelandkriege
- **L** **Albert Park** – Historischer Park

Oben: Kunstsammlung im Designmantel – Auckland Art Gallery
Mitte: Hippe Restaurantmeile am Wasser – der Viaduct Harbour ist mehr als nur ein Hafen.
Unten: Einkaufsmeile: Reges Treiben in der Queen Street

Boutiquen und ein überdachtes Einkaufszentrum bieten eine hervorragende Alternative bei Regen.

Hafenleben der »City of Sails«

Direkt am Ende der Queen Street liegt der Viaduct Harbour. Im Viaduct Basin bieten mehrere Firmen Segeltörns an. Angesichts der Hunderten von Segelmasten wird verständlich, warum Auckland den Spitznamen »City of Sails« trägt – manche behaupten, die Stadt habe mehr Boote als Einwohner. Sicher ist, dass Segeln der Freizeitsport Nummer eins ist und seit der Austragung des America's Cup in Neuseeland noch an Popularität gewonnen hat. Wer selbst einmal auf einer echten America's-Cup-Jacht segeln möchte, kann einen Törn auf einem der ehemaligen Grandprix-Boote buchen oder alternativ den Hafen per Fährrundfahrt, Delfinbeobachtung oder auf einem historischen Replica-Zweimaster unter die Lupe nehmen.

Freizeit

Ein schöner stadtnaher Ausflug ist ein Strandbesuch der Mission Bay. Entlang der Küste wird der Weg mit Rollerblades zum sportlichen Abenteuer, mit einem Kajak lassen sich die vielen Buchten erkunden. Der Auckland Zoo ist einer der schönsten Tierparks des Landes. Gleich daneben befindet sich das Motat Transport Museum, in dem Fahrzeuge aller Art im Mittelpunkt stehen. Auch die Indoor-Skihalle sorgt für Abwechslung. Besonders attraktiv für Kinder und Jugendliche ist Kelly Tarlton's, ein Aquarium, in dem man neben der Unterwasserwelt Neuseelands Pinguine und eine Ausstellung zu Antarktis-Expeditionen sehen kann. Auckland feiert gerne. Cocktailbars, Nightclubs und Food-Courts haben in der Innenstadt bis spät in die Nacht geöffnet. Die Ponsonby Road hat sich zum Tummelplatz für Nachtschwärmer entwickelt.

Infos und Adressen

SEHENSWÜRDIGKEITEN

Auckland Art Gallery. Tgl. 10–17 Uhr, Eintritt frei, Kitchener Ecke Wellesley St., Tel. 09/379 13 49, www.aucklandartgallery.com

Auckland War Memorial Museum. Tgl. 10–17 Uhr, Eintritt $ 25, Domain, Parnell, Tel. 09/309 04 43, www.aucklandmuseum.com

Maritime Museum. Tgl. 9–17 Uhr, Eintritt $ 20, Quay Ecke Hobson St., Viaduct Harbour, Tel. 09/373 08 00, www.maritimemuseum.co.nz

Motat Transport Museum. Tgl. 10–17 Uhr, Eintritt $ 19, 805 Great North Rd., Western Springs, Tel. 09/815 58 00, www.motat.org.nz

Sky Tower. Mai–Okt. tgl. 9–22 Uhr, Nov.–Apr. So–Do 8.30–22.30 Uhr, Fr/Sa 8.30–23.30 Uhr, Eintritt Erw. $ 29, Federal Ecke Victoria St., Tel. 09/363 60 00, www.skycityauckland.co.nz/attractions/sky-tower/

ESSEN UND TRINKEN

Chancery. Courtyard mit trendigen Cafés, Restaurants und Shops, versteckt in einem Seitenareal der Queen Street. www.chancerysq.co.nz

Dining Viaduct Harbour. Cafés, Restaurants und Pubs mit Meerblick. »Portofino«, und »Lava Dining« sind besonders angesagt. Viaduct Harbour, http://viaduct.co.nz/dining-out/

Neuseelands größtes Transport- und Technologiemuseum auf über 16 Hektar Fläche

The Occidental. Belgisches Bier-Café in historischem Gebäude (1870). Mo–Fr 7–14 Uhr, Sa/So 9–14 Uhr, 6–8 Vulcan Lane, Tel. 09/300 62 26, www.occidentalbar.co.nz

ÜBERNACHTEN

Queen Street Backpackers. Preiswerte Unterkunft im Mehrbettzimmer für junge Reisende. 4 Fort St., Tel. 0800/89 97 72, www.qsb.co.nz

Quadrant Hotel. Hippes Vier-Sterne-Hotel, ruhig, aber zentrumsnah. 10 Waterloo Quadrant, Tel. 09/984 60 00, www.vrhotels.co.nz

AKTIVITÄTEN

America's Cup Sail Auckland. In der Hochsaison findet der Segel-Cup dreimal täglich statt. Kinder ab 12 Jahren, Erwachsene $ 170/2 Std., Buchung/Abfahrt Viaduct Harbour, Tel. 0800/39 75 67, www.exploregroup.co.nz

Auckland Harbour Cruise. Fullers-Ferry-Hafenrundfahrt. Tgl. 10.30 und 13.30 Uhr, $ 42, Abfahrt Ferry Terminal Ende Queen St., Tel. 09/367 91 11, www.fullers.co.nz

Sky Jump & Skywalk. Am Seil vom Sky Tower springen: Tel. 09/75 95 86, darauf balancieren: Tel. 09/74 99 25, www.skyjump.co.nz

Auckland Zoo. Sommer tgl. 9.30–17.30 Uhr, Mai–Ende Aug. tgl. 9.30–17 Uhr, Eintritt $ 28, Busse 010, 030, 048–189, 191–199: Stopp 8124, Motions Rd., Western Springs, Tel. 09/360 38 05, www.aucklandzoo.co.nz

Fergs Kayak & Roller Skates. Tgl. 9–18 Uhr, Kajaks ab $ 20/Std., Skates ab $ 15/Std., Fahrräder ab $ 15/Std., 12 Tamaki Dr., Okahu Bay, Tel. 09/529 22 30, http://fergskayaks.co.nz/

INFORMATION

Auckland i-Site Visitor Information Centre. Tourbuchungen, Souvenirs. Mo–Fr 8–18 Uhr, Sa/So 9–17 Uhr, 137 Quay St., Princes Wharf, Tel. 0800/28 25 52 63, www.aucklandnz.com

Mitte: Auch die Deutsche Monja lernt am legendären Surfstrand von Piha Wellenreiten.
Unten: Das Arataki Visitor Centre ist einem Marae nachempfunden, spektakulär und informativ.

2 West Auckland

Der Wilde Westen einer Großstadt

West Auckland ist nicht nur etwas für Wassersport-Enthusiasten, Abenteuerlustige und Wanderer, auch Erholungsbedürftige kommen hier – 30 Autominuten von der Millionenmetropole entfernt – auf ihre Kosten. Kilometerlange einsame Sandstrände, schroffe Steilküsten, tosende Brandung, Wasserfälle und ein urtümlicher Buschwald machen den Reiz der Westküste aus.

West Auckland wird durch eine ungezähmte Küstenlinie zur Tasmanischen See hin begrenzt. Dahinter ragen 459 Meter über dem Meeresspiegel die 16000 Hektar großen Waitakere Ranges auf, eine Hügelkette, die mit dichtem Regenwald überwuchert ist. Die zerfurchte Topografie entstand vor 12 bis 25 Millionen Jahren durch vulkanische Aktivität und jahrtausendelange Erosion. Das Gebiet ist durch seine Anbindung über Highway 16 oder den Vorort Titirangi ein beliebtes Naherholungsziel der Aucklander.

Arataki Visitor Centre

Guter Ausgangspunkt für einen Ausflug in die Waitakere Ranges ist das Arataki Visitor Centre. Das hölzerne Gebäude im Stil eines Marae plante der heimische Architekt Harry Turbott um die bestehenden Baumwipfel herum. Aussichtsplattformen eröffnen fantastische Ausblicke auf den Manukau Harbour und die Ranges. Zur Information gehören kostenloses Kartenmaterial und eine aktuelle Wettervorhersage, darüber hinaus interaktive Bildschirme, Spiel-Lernecken für Kinder

und Faltblätter zur Geschichte, Flora und Fauna. Wer die Natur zu Fuß erkunden möchte, findet mithilfe der Mitarbeiter mehr als 250 Kilometer Wanderwege durch den Wald und entlang der Küstenlinie, die nach Länge, Fitnessgrad und Dauer sortiert sind – von einem Spaziergang bis zur Mehrtageswanderung.

Karekare Beach

Zum Baden und Entspannen ist der Strand Karekare besonders gut geeignet. Wild bewucherte Klippenformationen ragen hinter dem schwarzen Sandstrand auf. Ein Flüsschen, ein Wasserfall und Dünen bieten gute Alternativen bei Wind und starker Sonne, doch Karekare ist ohnehin der »Geruhsame« unter den *west coast beaches*. Nur selten trifft man auf andere Menschen, wenn man weiter Richtung Süden bis zu den Felsen spaziert. In dieser unberührten Kulisse drehte die neuseeländische Regisseurin Jane Campion 1993 ihr dreifach oscarprämiertes Werk »Das Piano«. Der spitze Fels im Wasser ist unverkennbar. Auf dem Rückweg in die Stadt empfiehlt sich ein Zwischenstopp im »Elevation«. Das gemütliche Lokal hat offenes Kaminfeuer und bietet schöne Ausblicke.

Nicht verpassen

SANDSEGELN

Spaß und Abwechslung sind bei dieser Sportart garantiert: Der BloKart ist eine Art Gokart mit Segel, der immer dann in Aktion treten kann, wenn bei niedrigen Gezeiten auf breiteren Strandabschnitten der Wind kräftig zulegt. Am Muriwai Beach verleiht die lokale Surfschule jeweils zwei Stunden vor und nach Ebbe die rollenden Segelschiffe. Je windiger es ist, desto abenteuerlicher die Fahrt, Mindestalter ist neun Jahre und Vorkenntnisse können zwar nicht schaden, sind aber nicht zwingend notwendig. Allerdings sollten unbedingt Kleidung zum Wechseln, ein Handtuch, Sonnenbrille, eine Windjacke und Handschuhe mitgebracht werden – es kann nass und sandig werden!

BloKart-Verleih. Muriwai Surf School, 458 Motutara Rd., Tgl. 10–18 Uhr, 1 Std. $ 60, Tel. 021/47 87 34, www.muriwaisurfschool.co.nz

Oben: Rund 1200 Tölpel nisten von August bis Ende März in der Felskolonie in Muriwai.
Mitte: Grünlippmuscheln als Mahlzeit – essbar, wenn sie sich in kochendem Wasser öffnen
Unten: »Bethells Beach Cottage« mit Staffelei zum Malen

Piha Beach

Piha, Bethells Beach und Muriwai reihen sich nördlich an Karekare. Piha zählt zu den beliebtesten Surfstränden des Landes, Yuccapalmen und Ferienhäuser machen die Idylle perfekt. Die Surfschule bietet neben Unterricht und Ausrüstung auch Fish 'n' Chips. Einer der Finn-Brüder der neuseeländischen Kultband Crowded House besitzt seit vielen Jahren ein Haus in der Bucht und wird ab und an auf seinem Brett in den Wellen gesichtet. In Piha ist Baden allerdings nur zwischen den Flaggen empfohlen, da Brandung und Strömungen lebensbedrohlich werden können.

Bethells Beach

Bethells Beach, auf Maori »Te Henga« genannt, könnte zu Piha konträrer kaum sein, denn hierher verirren sich nur wenige Touristen. Sanft schmiegen sich die Dünen an Felsen, im Dezember leuchten rot blühende Pohutukawa-Bäume an den Hängen. Für einen längeren Aufenthalt empfiehlt sich oben auf den Klippen eines der »Bethells Beach Cottages« von John und Trude. Die gesamte Bucht gehörte einst der Maori-Familie. Trude stammt aus der fünften Generation und bringt den Besuchern ihr Kulturerbe näher. Auf dem eingewachsenen Hochplateau liegen zudem ein wohltemperiertes Spa-Bad und eine kleine Feuerstelle. In jedem Cottage steht eine Staffelei mit Farben, um die Naturidylle einfangen zu können.

Muriwai Beach

An diesem Küstenteil ist eine von zwei Tölpel-Landkolonien Neuseelands angesiedelt. Auf den Klippen und auf Motutara Island reihen sich die Seevögel dicht an dicht – rund 1200 Tiere kehren jedes Jahr ab Juli aus Australien zurück, um ihren lebenslangen Partner wiederzufinden. Nur ein Ei wird gelegt und von beiden Partnern abwechselnd ausgebrütet. 45 Tage später, meist im Dezember, schlüpfen die Jungtiere aus. Ein kurzer Aufstieg auf die Klippen lohnt sich bis spät in den März. Keineswegs tölpelhaft gleiten die Vögel mit einer Flügelspannweite von zwei Metern über die Köpfe. Um den Küken Nahrung zu beschaffen, stürzen sie sich kopfüber mit einer Geschwindigkeit von bis zu 145 Stundenkilometern ins Meer. Am Fuß des Felsens schießt aus einem *blow whole* bei Flut das unterspülte Wasser in einer Fontäne heraus. Die Klippe geht in sanfte Dünen über – Muriwai besitzt mit seinen 50 Kilometern den längsten schwarzen Sandstrand der Westküste.

Klettern und Biken

West Auckland ist durch seine bizarre Natur Anlaufstelle zahlreicher Outdoor-Aktivisten. Ein Mountainbike-Park mit Rampen und Downhill-Strecken lockt Biker in die Region. Kletterer finden in den Baumwipfeln von Tree Adventures waghalsige Parcours unterschiedlicher Level, Drahtseilrutschen und nervenaufreibende Balancierstrecken. Sich in einen Wasserfall abseilen und in den Canyon von Piha klettern können die Gäste von Awhol Adventures. Ob Reiten am Strand oder auf Quadbikes durch die Dünen rasen – Angebote gibt es viele.

Infos und Adressen

ESSEN UND TRINKEN

Elevation Café & Restaurant. Mo 11–16, Do–Fr 11-20, Sa 10–20, So 10–18 Uhr, 473 Scenic Dr., Tel. 09/814 87 279, www.elevationbrasserie.co.nz

ÜBERNACHTEN

Bethells Beach Cottage. Luxuriöse Unterkunft mit Erholungsgarantie. 267 Bethells Rd., Tel. 09/810 95 81, www.bethellsbeach.com

AKTIVITÄTEN

Awol Canyoning Piha. Tagestrip $ 215, 9 Murray Rd., Te Atatu Peninsula, Tel. 0800/46 29 65, www.awoladventures.co.nz

Piha Surf School. Gruppenstunde ab $ 80 inkl. Ausrüstung. 138 Seaview Rd., Tel. 09/812 81 23, www.pihasurfschool.com

Tree Adventures. Kletterpark. Okt.–April Sa/So 9.30–17.30 Uhr, letzter Einlass 15 Uhr, Boundary Rd., Woodhill, Tel. 021/39 37 01, http://treeadventures.co.nz

Woodhill Mountain Bike Park. Über 100 Kilometer Fahrradwege. Tägl. 7–17.30 Uhr, Tagespass $ 10, Restall Rd., Woodhill, Tel. 027/278 09 69, www.bikeparks.co.nz

INFORMATION

Arataki Visitor Centre. Sept.–Ende April tgl. 9–17 Uhr, 300 Scenic Dr., Tel. 09/817 00 89, http://regionalparks.aucklandcouncil.govt.nz/aratakivisitorcentre

Mitte: Landidylle in Großstadtnähe: South Auckland hat viele versteckte Attraktionen.
Unten: Das Kentucky Neuseelands – die »wilde« Gegend Karaka am Waiuku River

3 South Auckland
Die ländliche Idylle

Die südlich gelegene Region um Auckland ist touristisch nahezu unentdeckt. Ein Großteil der Urlauber nutzt durch das Gebiet lediglich die Autobahn nach Coromandel. Für alle, die dem Großstadtrummel entkommen wollen, eignet sich South Auckland jedoch gut als Basis für Ausflüge in die Metropole und das Umland. Hier liegen idyllische, einsame Badestrände, ein Regionalpark und reich bestelltes Farmland.

Die mit vielen Höfen besiedelte Gegend rund 60 Kilometer südlich von Auckland ist eingebettet zwischen dem Manukau Harbour und der Firth of Thames. Man sollte den Trip über den Highway 1 auf einen Sonntag legen – dann haben viele Landlokale geöffnet, und die Bauernmärkte bieten frische Produkte und regionale Handarbeiten an.

Karaka

Hinter Papakura befindet sich im Westen das als »Kentucky Neuseelands« bezeichnete Gebiet Karaka, in dem viele kleine Strände liegen und Pferdezüchter ihre Farmen betreiben. Dort, wo der Manukau Harbour in den Waiuku River übergeht, gibt es interessante Maori-Kultur und Siedlergeschichte. Das Städtchen Waiuku wartet mit einigen alten Cottages und dem Waiuku Museum auf. Das lokale Pub »The Kentish Hotel« wurde 1851 gebaut und ist das am längsten lizensierte Pub Neuseelands. Noch heute steht in Glenbrook eine historische Dampflok, die zu bestimmten Anlässen von Eisenbahnfans aktiviert wird. Am Clarks Beach lassen sich die müden Füße kühlen. Die gewun-

Seevögelbeobachtung bei Miranda

dene Küstenstraße führt weiter auf die Awhitu-Halbinsel, auf der ein Leuchtturm und das historische Brooks Homestead stehen. Der Kauritutahi Beach und der Awhitu-Regionalpark, durch den Wanderwege führen, laden zum Picknick ein.

Pohutukawa Coast Highway

Der Pohutukawa Coast Highway gehört zu den schönsten Küstenstraßen des Landes und führt von Clevedon durch kleine Siedlungen über den Hunua Ranges Regional Park bis nach Miranda und zurück auf den Highway Richtung Coromandel. Nicht nur die einsamen Strände lohnen aufgesucht zu werden, im Farmland liegen auch einige Bio-Weingüter. Im malerischen Clevedon gibt es auf den Bauernmärkten frische Delikatessen aus der Region. Die Omaha- und Duders-Regionalparks eignen sich für einen Spaziergang, während die Hunua Ranges eher für Wanderer ausgelegt sind. Der Whitford Bird Garden ist mit seiner internationalen Vogelvielfalt ein Highlight für Ornithologen, die auch von dem Sumpfgebiet nahe Miranda begeistert sein dürften, in dem viele heimische Vögel leben. Badesachen nicht vergessen, denn in den Miranda Hot Springs kann man ganzjährig ein natürliches Thermalbad nehmen!

Geheimtipp

LEBEN WIE ROBINSON CRUSOE

Ab der Waiti Bay geht es nur noch zu Fuß – bei Ebbe! – weiter, und nach 30 Minuten in Richtung Tawhitokino öffnet sich eine 1400 Meter lange Sandbucht. Zwei kleine Flüsschen rinnen ins Meer, und der Buschwald im Hinterland bietet reichlich Schatten. Flügellose freche Wekas haben hier ihr Zuhause. Der Trip empfiehlt sich als Tagesausflug oder mit einer Übernachtung auf dem urigen Campingplatz. Zelt, Ausrüstung und Lebensmittel müssen mitgebracht werden, es gibt nur kompostierbare Plumpsklos und kein fließendes Wasser. Belohnt wird man aber mit dem ungewöhnlich klaren Sternenhimmel und den geheimnisvollen Geräuschen der Nachtvögel.

Tawhitokino Campground. 20 Fahrminuten von Clevedon entfernt, Reservierung erforderlich, Erwachsene $ 6, http://regionalparks.aucklandcouncil.govt.nz

Oben: 30 Meter rauschen die Hunua Falls im gleichnamigen Regionalpark in die Tiefe.
Mitte: In Kaiaua lässt ein Mann sein Angelboot zu Wasser.
Unten: Zwiebelernte in Karaka: Die frischen Waren füllen die Teller der Aucklander.

Hunua Ranges Regional Park

Auf dem Parkplatz der Hunua Ranges geben Infotafeln einen ersten Eindruck von den Möglichkeiten im Regionalpark. Wanderwege und Mountainbike-Tracks unterschiedlichen Schwierigkeitsgrades und verschiedener Länge ziehen sich durch die mehr als 14 000 Hektar Waldfläche. Besonders schön und auch für Kinder geeignet ist der Weg zu den Hunua Falls, einem Wasserfall, der sich 30 Meter über Gesteinsklippen in die Tiefe stürzt. Der Weg zum Hunua Falls Lookout und der dreistündige Rundwanderweg Cossey-Massey Loop führen entlang des Flusses durch Kauri-Wälder. Farnbäume und Urwaldriesen wie Kahikatea hängen voller Ranken und Flechten und verleihen dem Wald ein nahezu prähistorisches Aussehen. An einigen Stellen der 688 Meter hohen Ranges eignen sich die Flüsse zum Baden, und Mutige können sich mit einem Guide im Wasserfall abseilen.

Campen am Strand

Abgeschieden, direkt am Strand und unbekannt – so zeichnet sich der Tapapakanga Campground aus. Er ist Teil des Tapapakanga-Regionalparks und bekannt für seinen Maori-Hintergrund. Er enthält zwei alte Siedlungsplätze und einen Stonefield Garden, der einst von den Ureinwohnern zum Gemüseanbau genutzt wurde. Näher am Campingplatz befindet sich das historische Ashby Homestead aus dem Jahre 1900, heute ein Künstleratelier. Der Campingplatz ist mit Plumpsklos und Kaltwasseraußenduschen ausgestattet. Wer als Selbstversorger mit einem Campervan unterwegs ist, kann sich auf die eigens dafür ausgewiesenen Plätze in Flussnähe stellen. Der geschützte Badestrand eignet sich zum Schwimmen, Kajaken und Angeln. Am Ende der Bucht liegt ein Süßwasser-Schwimmloch in den Felsen, und von den Bäumen baumeln einige Schaukeln.

Infos und Adressen

SEHENSWÜRDIGKEITEN

Turanga Creek Weingut. Mi–So 11–17 Uhr, Fr 11 Uhr– spät (Pizzanacht!), 133 Whitford Park Rd., Whitford, Tel. 09/530 89 36, www.turangacreek.co.nz

Waiuku Museum. Mi 10–12 Uhr, Sa/So 13.30–16 Uhr, Eintritt $ 3, 13 King St., Tel. 09/235 86 98, http://waiukumuseum.wordpress.com

Whitford Bird Garden. Öffnung auf Anfrage. Eintritt $ 15–20, 100 Trid Rd., Howick, Tel. 09/530 88 07, www.whitfordbirdgarden.co.nz

ESSEN UND TRINKEN

The Kentish Hotel. Bar, Bistro und Restaurant. Mo–Mi 12–20, Do–Sa 11–21, So 11–20 Uhr, 5 Queen St., Waiuku, Tel. 09/235 83 67, www.thekentishhotel.co.nz

ÜBERNACHTEN

Brook Homestead Campground. Reservierung erforderlich. Awhitu Peninsula Ende Brook Rd., Tel. 09/301 01 01, http://regionalparks.aucklandcouncil.govt.nz

»The Kentish Hotel« von 1851: das am längsten lizensierte Pub Neuseelands

Papakura: originelle, urige Lokale für gemütliche Abende

Tapapakanga Park & Campgrounds. Reservierung erforderlich. Anfahrt über SH 1, Ausfahrt Manurewa, ab Clevedon beschildert, Tel. 09/301 01 01 http://regionalparks.auckland council.govt.nz/tapapakanga

EINKAUFEN

Clevedon Farmers Market. So 8.30–13 Uhr, 107 Monument Rd., www. clevedonfarmersmarket.co.nz

Clevedon Village Market. So 8.30–13 Uhr, A&P Showgrounds, 51 Monument Rd.

AKTIVITÄTEN

Glenbrook Vintage Railway. Die historische Dampflok fährt zwischen Glenbrook und Waiuku. Okt.–April, Tel. 09/636 93 61, www.gvr.co.nz

Miranda Hot Springs. Heiße Quellen. Tgl. 9–21 Uhr, Eintritt $ 14, Front Miranda Rd., Miranda, Tel. 07/867 30 55, www.mirandahotsprings.co.nz

Mitte: Historisches Künstlerviertel Devonport – nur zehn Fährminuten von der Innenstadt
Unten: Winterspaß mitten im Hochsommer in der mobilen Schneeglocke in Devonport

4 North Shore

Urlaub vor den Toren der Stadt

Zwischen Auckland Stadt und dem Northland liegt jenseits der Harbour Bridge ein Urlaubsparadies, das sich über 1500 Quadratkilometer erstreckt. Die North Shore ist eine grüne Hügellandschaft mit über 100 Stränden, Flüssen und Buschwald. In dem beliebten Wohngebiet liegen Dörfer, die sich auf Weine, Bio-Waren, Freizeitangebote und Kunst spezialisiert haben. Zudem schlummert hier ein interessantes deutsches Erbe, das bis heute gepflegt wird.

Die östliche Küstenlinie der North Shore wird auch als »Hibiscus Coast« bezeichnet. Mildes Klima, weiße Strände und üppiger Bewuchs kennzeichnen die nahezu subtropische Region. Sehenswert sind das künstlerisch angehauchte Devonport, die historischen Siedlungen Matakana und Puhoi sowie die Küste mit Stränden und Parks. Die Long Bay hat einen schönen Badestrand mit Liegewiese, ist stadtnah und eignet sich für kurze Wanderungen.

Devonport

Devonport liegt am Fuß des North Head, einem der ältesten Vulkankegel Neuseelands, gilt als nobles Pflaster und ist nur zehn Fährminuten von Auckland entfernt. Neben Künstlerstudios und Galerien haben sich hier viele Cafés, Bars und Restaurants angesiedelt, sehenswert ist auch ein historisches Einkaufszentrum. Auf dem Mount Victoria können Artilleriestellungen besichtigt werden, um die sich einige Legenden ranken: So ist die Rede von versteckten Munitionsdepots und einer im Berg begrabenen Boeing. Zu sehen sind auch unterirdische Tunnelsysteme, alte Militäranlagen und der ehemalige Küchenblock einer Gefangeneneinrichtung von 1885. Die ehemalige Steinküche der Anlage wurde als Infocenter umgebaut, in dem Videodokumentationen laufen.

Bereits um das Jahr 1350 ließen sich Maori in der Region nieder, der Boden eignete sich zum Anbau von Kumara, Süßkartoffeln, und die Strände zum Sammeln von Muscheln. Mitte des 19. Jahrhunderts siedelten sich die ersten europäischen Farmer und Schiffsbauer an.

Matakana Village und Puhoi

Matakana Village, 1840 gegründet, lockt mit kulinarischen Köstlichkeiten, wie sie samstags auf seinem beliebten Wochenmarkt angeboten werden. Außerdem gibt es viele Weingüter. Der Ort wurde zur ersten »Slow Food Town« erkoren, Bio-Bauern liefern die besten Produkte für Cafés und Restaurants. Das nahe gelegene Puhoi wurde 1863 von Böhmen besiedelt, auf der Straße hört man teilweise noch Deutsch! Historische Gebäude wie das Puhoi Pub, das Bohemian Museum und eine traditionelle Käserei erinnern an die Vergangenheit.

Für Aktivsportler und Faulenzer

Reiter können am Strand entlanggaloppieren, Aktivsportler im Goat Island Marine Reserve um die Kawau-Insel tauchen, surfen, angeln, golfen oder einfach nur ausspannen. Auf dem Glasbodenboot in Leigh eröffnen sich faszinierende Einblicke in das Leben unter Wasser. Pakiri Beach ist ideal zum Baden und Surfen: Der neun Kilometer lange Sandstrand liegt isoliert in einer Talsenke, ein Campingplatz fängt Gäste auf. Bei schlechtem Wetter bietet das Waiwera Thermal Resort einen Kino-Pool, Wasserrutschen und Thermalbecken.

Infos und Adressen

ESSEN UND TRINKEN

Diehl's Bakery. Deutsche Bäckerei. Mi–Fr 7–15 Uhr, Sa 7–13 Uhr, 5/65 Hillside Rd., Wairau Valley, Tel. 09/443 79 92

Matakana Farmer's Market. Sa 8–13 Uhr, 2 Matakana Valley Rd., Tel. 021/141 43 08, www.visitmatakana.co.nz

Sawmill Café. Uriges Gartenlokal mit leckerem Essen. Sommer tägl. 10 Uhr–spät, 142 Pakiri Rd., Tel. 09/422 60 19, www.sawmillcafe.co.nz

ÜBERNACHTEN

Pakiri Beach Holiday Park. Cabins und Zeltplatz. 261 Pakiri River Rd., Wellsford, Tel. 09/422 61 99, www.pakiriholidaypark.co.nz

AKTIVITÄTEN

Glass Bottom Boat. Tour $ 22–28, Leigh Strand, Tel. 09/422 63 34, www.glassbottomboat.co.nz

Pakiri Beach Horse Rides. Ab $ 65 / Std., 317 Pakiri Rahuikiri Rd., Tel. 09/422 62 75, www.horseride-nz.co.nz

Waiwera Thermal Resort. Fr–So 10–20 Uhr, Eintritt $ 24, 21 Waiwera Rd., Tel. 09/ 427 88 00, www.waiwera.co.nz

INFORMATION

Online Information. www.matakanacoast.co.nz

Informative Webseiten. www.devonport.co.nz, www.puhoinz.com

Mitte: Okahu Bay: Rangitotos konischer Vulkankegel ist aus vielen Blickwinkeln zu sehen. **Unten:** In 35 Minuten Fährzeit ab Auckland erreicht man Traumstrände wie Palm Beach auf Waiheke Island.

5 Inselparadies Hauraki Gulf

So fern und doch so nah

Mehr als 14 Inseln liegen im Hauraki Gulf, dem Meeresabschnitt vor der Skyline Aucklands. Einige davon stehen unter Naturschutz, andere sind in privater Hand, wieder andere unbewohnt und für die Öffentlichkeit nicht zugänglich. Eines haben sie jedoch gemein: Trotz ihrer Nähe zur Großstadt meint man, bei einem Besuch in eine andere Welt zu tauchen.

Ob als Tagesausflug oder mit Übernachtung – einen Trip ins Inselparadies des Golfs sollte man bei einem Auckland-Aufenthalt unbedingt einplanen. Am Ende der Queen Street direkt in Downtown Auckland liegt das Ferry Terminal, von dem mehrmals täglich die Inselfähren ablegen, einige Unternehmen bieten auch geführte Touren an.

Waiheke Island

Angezogen von den weißen Sandstränden und malerischen Buchten leben unter den 8000 Einwohnern der Insel zahlreiche Maler, Bildhauer und Juweliere, die ihr ein unvergleichbares Flair verleihen. Auch Gourmets werden auf ihre Kosten kommen, denn viele Lokale bieten interessante Gerichte an, die mit Spitzenweinen aus dem Umland serviert werden. Wer einen Kurzurlaub im Urlaub machen möchte, kann auf Waiheke auch übernachten. Vor etwa 1000 Jahren wurde die Insel von Maori besiedelt, 40 archäologische Anlagen legen davon noch Zeugnis ab. An der östlichen Spitze befindet sich ein gut erhaltener Verteidigungskomplex aus dem Zweiten Weltkrieg – Stony Batter. Mit dem Stützpunkt sollte

der äußere Hafen gegen eine mögliche Invasion der Japaner abgesichert werden. Die Befestigungsanlage steht für Besucher offen und bietet Zugang zu unterirdischen Tunnelsystemen, die zu Geschützstellungen führen.

Rangitoto Island

30 Minuten von Auckland entfernt liegt die Vulkaninsel Rangitoto, die konträrer zu Waiheke Island nicht sein könnte. Rangitoto ist ein perfekt geformter symmetrischer Kegel und der mit seinen weniger als 1500 Jahren jüngste Vulkan im Kraterfeld der Region. Ab 1930 lebten einige hundert Menschen auf der Insel, doch als sie die Regierung zum Naturschutzgebiet erklärte, mussten die Bewohner weichen. Nur wenige verfallene Fischerhütten sind übrig, Rangitoto Island ist heute unbewohnt.

Ein Netz aus gut beschilderten Rundwegen führt Wanderer über schroffes, schwarzes Lavagestein durch unberührte Natur bis auf den Gipfel des Vulkans. Für weniger Aktive fährt regelmäßig eine kleine Bahn von der Fähranlegestelle auf den Berg. Vom Vulkan aus scheint die Hochhaussilhouette Aucklands mitten im Nirgendwo ange-

Nicht verpassen

INSELSPRINGEN
Die Naturschutzbehörde Department of Conservation organisiert die Dreitageswanderung »Te Haeranga« – was so viel wie Reisen bedeutet – auf den beiden Inseln Rangitoto und Motutapu. Die unterschiedlichen Eilande stehen beide unter Naturschutz und sind unbewohnt. Rangitoto wird von einem Vulkan beherrscht, Motutapu von üppigem Regenwald. Man erfährt nicht nur einiges über Flora, Fauna und geschichtliche Hintergründe, mit etwas Glück zeigen sich auch seltene Takahe, Rallenvögel, während nachts vielleicht ein Kiwi in der Nähe ruft. DOC unternahm größte Anstrengungen, um die ursprüngliche Natur auf den Inseln zum Teil wiederherzustellen und zu schützen.

Department of Conservation (DOC). Auckland Visitor Centre, Nov.–Apr. Mo–Fr 9–17, Sa/So 10–16 Uhr, Tel. 09/3796476, www.doc.govt.nz

Nicht verpassen

AM DRAHTSEIL DURCHS GEÄST

Waghalsige und nicht ganz unsportliche Reisende finden auf Waiheke Island ein Angebot, das sie in einen kleinen Adrenalinrausch versetzen dürfte. An drei verschiedenen Drahtseilbahnen und auf drei unterschiedlichen Routen können Mutige in fünfeinhalb Meter Höhe eine 200 Meter lange Strecke durch den Busch gleiten. Gesichert mit Geschirr und Karabinern startet man von einer Plattform – der Blick aus der Vogelperspektive hält so manche Überraschung parat. Möglich ist auch die Rutschpartie mit einem Partner, parallel am Doppelseil. Zurück geht es zu Fuß, der anderthalb Kilometer lange Pfad führt auch über Planken in die Wipfel des 600 Jahre alten Buschwaldes.

Ecozip Adventures Waiheke. Kinder ab 8 Jahren/30 kg, Erwachsene $ 119, 150 Trig Hill Rd., Tel. 09/372 56 46, www.ecozipadventures.co.nz

siedelt zu sein. Über 200 verschiedene Pflanzenarten wachsen auf Rangitoto, davon alleine 40 verschiedene Farne und unzählige Variationen von Orchideen, außerdem steht hier Neuseelands größter noch existierender Pohutukawa-Wald. Besucher sollten ausreichend Wasser und Essen mitnehmen, es gibt keine Möglichkeit, etwas einzukaufen, Toiletten sind hingegen vorhanden.

Motutapu

Diese hügelige Insel besteht zum Großteil aus Viehweiden. Erst seit einigen Jahren werden aufgrund von Privat- und Firmeninitiativen wieder Buschwald angepflanzt und ehemalige Feuchtgebiete rekonstruiert. Zugleich wurden gezielt Nagetiere gejagt – die Feinde vieler heimischer Vogelarten. So konnten beispielsweise Kiwis ausgewildert werden. Neben archäologisch interessanten Arealen aus der frühen Maori-Besiedelung gibt es auch einige Relikte aus der jüngeren europäischen Siedlerzeit. Die Fähren legen in der Home Bay an, in der sich auch ein einfacher Campingplatz befindet und mehrere Wanderwege starten. Besonders zu empfehlen sind der Motutapu Walkway und eine zweitägige geführte Kajaktour zur Insel.

Tiritiri Matangi

Hier findet man all das vor, was auf Motutapu gerade erst im Aufbau ist – regenerierten Busch und ein nagetierfreies Ökosystem für die heimischen Vögel. Das Naturschutzgebiet ist ein offenes Reservat, das besucht werden kann. Bei Kontrollen werden Schuhe und Gepäck auf ungewollte Tiere, Samen und Pflanzen untersucht. Auf Tiritiri Matangi wurden viele seltene Vögel und Reptilien wiederangesiedelt wie Takahe, Kokako,

Little Blue Penguins, Little Spottet Kiwis oder der Halbdinosaurier Tuatara. Das Visitor Centre liefert alle nötigen Informationen und nützliche Hintergründe, die Wanderwege führen entlang der Küste zum historischen Leuchtturm. Das »Sanctuary« gilt als eines der erfolgreichsten Naturschutzprojekte der Welt gemeinsam mit Little Barrier Island, wo jedoch keine Besucher erlaubt sind. Wer möchte, kann in den einfachen Mehrbettzimmern der Naturschützer Unterschlupf finden oder gleich als freiwilliger Helfer anpacken.

Rotoroa

Diese 82 Hektar große Insel war über 100 Jahre lang ein abgeschottetes Behandlungszentrum der Heilsarmee für Alkoholabhängige. Erst seit 2011 können Besucher das Kunst-, Geschichts- und Naturschutz-Estate betreten, die Anreise per Fähre dauert rund 70 Minuten. Wanderwege durchziehen die Vegetation aus Flachs und führen zum alten Schulhaus, zu der Kapelle, dem einstigen Metzger, den Gefängniszellen und einem kleinen Friedhof. Zudem gibt es feinste Sandstrände und Buchten, von denen die Ladies Bay sich besonders gut zum Baden eignet. Im Visitor Centre von Rotoroa wird die abenteuerliche Geschichte der Insel in einer gut aufbereiteten Ausstellung erzählt. Die Meeresfauna rund um Rotoroa Island ist besonders reich. Neben Stachelrochen, Orcas und Delfinen tummeln sich Herons, Wekas, Pukekos, Austernfische und seltene Shelducks im Wasser.

Kawau

Kawau Island war im 19. Jahrhundert wegen seiner Kupfermine berühmt und ist durch seine besondere Siedlerhistorie interessant. Ein Großteil der 40 Quadratkilometer großen Insel ist in Privatbesitz, nur zehn Prozent werden vom Aucklander

Oben: Ehemals isolierte Alkoholentzugsstation – Rotoroa Islands Natur birgt Geschichte.
Unten: Dolphin Safari: Der Hauraki Gulf bietet Lebensraum für Wale und Delfine.

Oben: Öko-Zipline-Adventures: Planken führen in Baumwipfel.
Mitte: Auckland Sea Kayak Tour: mit Kajaks zu Inseln, wie nach Brown's Island, paddeln
Unten: Persönliche Tour: Picknick, Infos zu Botanik, Tierwelt, Geschichte gehören dazu.

Department of Conservation gemanagt und sind öffentlich zugänglich. Besonders bekannt ist das Mansion House in der Mansion House Bay, heute Teil des historischen Reservats. Einige Ferienhäuschen ermöglichen ein längeres Verweilen auf der Insel, auf der es sich auch gut wandern lässt.

Rakino und Motuihe Island

Die Insel ist in 45 Minuten zu erreichen und bietet mit ihren vielen Ferienhäuschen, die häufig über eigene Strände verfügen, einigen Komfort. Einen öffentlichen Strandzugang besitzen Sandy Bay und Sanford Bay. Von 1862 bis Mitte des 20. Jahrhunderts ging die Insel durch die Hände einiger weniger Privatbesitzer, bevor sie in kleinere Parzellen aufgeteilt wurde. Noch heute ist die welterste solarbetriebene Telefonanlage in Funktion. Motuihe Island ist unbewohnt und liegt 30 Minuten von Auckland entfernt. Einsame Wanderwege führen in das Ökosystem des außergewöhnlichen Reservates, Strände mit feinem, weißem Sand laden zum Baden ein, außerdem gibt es Spuren früherer Siedler und Ureinwohner. In dem ehemaligen Gefangenenlager der Insel saß der deutsche »Gentleman-Pirat« Graf Felix von Luckner (1881–1966) ein.

Brown's Island

Die vulkanische Brown's Island wird auch Motukorea genannt. Sie zählt zu einem der ersten Gebiete, die Siedler 1840 von den Maori abkauften. Deren gut erhaltene Steinfelder, ehemalige Gartensysteme, Fischfallen und Abfallgruben sind heute noch zu sehen. John Logan Campbell (1817–1912), der spätere Stadtvater Aucklands, ließ im Anschluss eine Schweinefarm errichten, um die City mit Fleisch zu versorgen. Besonders reizvoll ist ein geführter Kajaktrip in dieses Naturparadies.

Infos und Adressen

ESSEN UND TRINKEN

Casita Miro. Europäisch-mediterrane Küche. Do–Mo ab 11.30 Uhr, Fr/Sa ab 18 Uhr, 3 Brown Rd., Onetangi, Tel. 09/3727854, www.casitamiro.co.nz

Mudbrick Vineyard Restaurant. Neuseeländische Küche. Tgl. 11.30–14.30 und 18–21 Uhr, 126 Church Bay Rd., Oneroa, Tel. 09/3729050, www.mudbrick.co.nz

ÜBERNACHTEN

Heartsong Retreat. Luxus-Lodge am Meer. 12 Omiha Rd., Waiheke, Tel. 09/3722039, http://heartsongretreat.co.nz

Palm Beach Bungalows. Originelle Bungalows und Baumhaus. 77 Hill Rd., Palm Beach, Tel. 027/3726649, http://palmbeach bungalows.com

Tiritiri Matangi. Schlafsaal des DOC. Wharf Rd., $ 30, Tel. 09/4257812, www.doc.govt.nz/tiritiribunkhouse

AKTIVITÄTEN

Auckland Sea Kayaks. Touren und Kajakverleih. Kostenloses Shuttle von Pier 1, Quay St., 384 Tamaki Dr., St. Helier, Tel. 0800/999089, www.aucklandseakayaks.co.nz

Supporters of Tiritiri Matangi. Gute Infos und interessante Inselführung. $ 5/1,5 Std., Victoria St. West, Tel. 09/4760010, www.tiritirimatangi.org.nz

TRANSPORT

360 Discovery Cruises. Pier 4, 139 Quay St., Tel. 09/3078005, www.fullers.co.nz

Belaire-Fähre. Pier 3B, 111 Quay St., Tel. 09/9518668, www.belaire.co.nz

Fullers-Fähre. Pier 1, 99 Quay St., Tel. 09/3679111, www.fullers.co.nz

Sealink-Fähre. 11 Brigham St., Wynyard Wharf, Tel. 0800/732546, www.sealink.co.nz

Wassertaxi. Auckland Sea Shuttles. Tel. 0508/73274888 53, www.aucklandseashuttles.co.nz

INFORMATION

DOC Visitor Centre. Nov.–Apr. Mo–Fr 9–17 Uhr, Sa/So 10–16 Uhr, Tel. 09/3796476, www.doc.govt.nz

Waiheke Island: Lebensart auf 23 Weingütern, in Künstlerstudios und Galerien

Mitte: Die Awana-Surfbucht auf Great Barrier Island ist ein Naturidyll ohne öffentliches Stromnetz. **Unten:** Naturinspirierte Kunst als Souvenir findet man in der Shoal Bay Pottery nahe dem Typhena Harbour.

6 Great Barrier Island
Ein Stück unberührtes Neuseeland

Die Trauminsel liegt inmitten des Hauraki Gulf 100 Kilometer Luftlinie nordöstlich von Auckland. Kaum ein Tourist plant einen Abstecher in dieses abgeschiedene Naturidyll: Weiße Sandstrände, schroffe Gebirgszüge, subtropischer Regenwald und eine faszinierende Tierwelt machen Great Barrier Island zu einem unberührten Neuseeland von einst.

Auf Great Barrier Island ist die Zeit stehen geblieben, und es herrscht eine erfrischende Einfachheit. Aus dem Domestic Terminal des Auckland Airports fliegen die kleinen Achtsitzer-Propellermaschinen mehrmals täglich in rund 25 Flugminuten zum isolierten Inselparadies vor der Millionenmetropole. Great Barrier ist mit Stewart Island die zweitgrößte Insel nach der Nord- und Südinsel. Sie wurde 1769 von James Cook (1728–1779) entdeckt, auf Maori heißt sie »Aotea«, Weiße Wolke. Türkisblaue Buchten mit kristallklarem Wasser und weißen Sandstränden locken zum Segeln, Tauchen, Baden, Angeln und Kajakfahren. Im Hinterland liegen smaragdgrüne Berge, die überwiegend mit immergrünem heimischem Buschwald bedeckt sind. 2017 wurde die Insel als internationales Dark Sky Reserve ausgezeichnet, weil man hier ohne störende Einflüsse den fantastischen Sternenhimmel beobachten kann.

Inselleben

Nur 700 Menschen bevölkern die Insel. Einige Straßen durch den Regenwald sind ungeteert, es gibt keine Ampeln, kein öffentliches Stromnetz

Bergkette unterhalb des Mount Hobson (621 Meter) mit unerschlossenem Regenwald

und kaum Handyempfang. Selbstversorger können ihre Einkäufe in dem kleinen Minimarkt in Claris erledigen. Wer mit der Autofähre kommt, sollte seine Lebensmittel schon vor der Abreise in Auckland kaufen. Obst- und Gemüsegärten und eine eigene Stromgewinnung mittels Windrad und Solarpanelen gehören zu vielen Ferienhäusern dazu. Für den Notfall gibt es Dieselgeneratoren, gekocht wird mit Gas. Alternativ werden auch Übernachtungen in geführten Lodges und Homesteads, auf Campingplätzen, in Backpackers und Bed & Breakfasts in allen Preiskategorien angeboten. Einige Restaurants, Cafés und Pubs sorgen für das leibliche Wohl.

Inseltour

Tryphena Harbour ist der Anlegeplatz der Autofähre, einige Buchten weiter liegt ein geschützter Badestrand mit der Shoal Bay Pottery. In ihrer Töpferwerkstatt kreiert Sarah Harrison wunderschöne Kunst- und Gebrauchsgegenstände, die sich hervorragend als Mitbringsel eignen. Zum Besichtigen der Insel lohnt sich die Buchung eines Mietwagens oder einer Inseltour. Eine Rundfahrt nimmt mit einigen Stopps einen halben Tag in

Nicht verpassen

DAS BEHÜTETE PARADIES

Um den vom Aussterben bedrohten Spezies Neuseelands einen Lebensraum wie vor 1000 Jahren zu schaffen, hatte Tony Bouzaid 1992 begonnen, ein Naturreservat zu schaffen. Er baute um sein Grundstück auf der Kotuku Peninsula einen zwei Kilometer langen Schutzzaun: Das 230 Hektar große Glenfern Sanctuary war geboren, viele gefährdete Tierarten sind seither zurückgekehrt. Tony starb 2011, doch sein Projekt lebt weiter. In geführten Touren ab sechs Personen gibt es ungewöhnliche Eidechsenarten und die prachtvolle Vogelwelt Neuseelands zu entdecken. Möglich ist auch eine Kletterpartie in die Baumkrone eines Kauri oder der Blick auf das Höhlennest eines Black Petrel.

Glenfern Sanctuary. Reservierung notwendig. $ 40/Person, Übernachtung: Fitzroy House, Glenfern Rd., Port Fitzroy, Tel. 09/429 00 91, www.glenfern.org.nz

Geheimtipp

MONDSCHEINBAD
Der Ursprung von Great Barrier ist vulkanisch – und bis heute treten an einigen Stellen heiße Quellen aus dem Boden. Einer der gut zugänglichen natürlichen Thermalpools ist per 45-Minuten-Wanderung erreichbar. Durch den subtropischen, dichten Buschwald geht es romantisch über Bäche und vorbei an Nikau-Palmen, bis sich im Fluss inmitten von Farnbäumen mehrere natürliche Becken auftun. Gemischt mit dem Thermalwasser der heißen Quellen hat das Flusswasser an dieser Stelle die perfekte Badetemperatur. Das Wasser ist glasklar, und der Grund schimmert in sattem Grün. Einer der größten Pools liegt an einem kleinen Wasserfall, Felsen bilden natürliche Steinsitze, und die Jugendlichen der Insel lieben es, hier im Mondschein zu baden.

Kaitoke Hot Springs. Zugang über den Parkplatz an der Whangaparapara Road, Hinweisschild!

Anspruch. Die Hauptroute führt durch den Busch hinüber an die Ostküste. Der für die meisten Einwohner schönste Strand ist Medlands Beach. Goldener Sand und hohe, mit Gras bewachsene Dünen sind von schroffem, wild bewuchertem Felsgestein umgeben. An einigen imposanten Aussichtpunkten der Ostküste kann man bis zum Festland der Coromandel-Halbinsel hinübersehen.

Inselerkundung

Weiter geht die Straße nach Claris, wo der größte Flughafen liegt. Dort lohnt sich ein Besuch der Community Art Gallery. Die alte Buntglasfenstertür des Nebengebäudes stammt von der »Wiltshire«, einem Schiff, das 1922 nahe der Rosalie Bay sank. Die beiden Strände Medlands und Kaitoke Beaches waren damals von Frachtgütern und Schiffsteilen übersät, die bis heute auf der Insel gehütet und wiederverwertet werden. Geschützt wie in einem Fjord mit unzähligen Ausläufern liegt Port Fitzroy. Von hier aus lassen sich Angeltrips buchen, denn die Gewässer um Great Barrier sind nicht nur ein Tauchparadies, sie sind auch extrem fischreich.

Im Zentrum der Insel erhebt sich eine Bergkette mit dem 621 Meter hohen Mount Hobson. Um-

Das Einmaleins von Great Barrier Island

Bargeld. Ohne Bank und Geldautomaten: Unbedingt genügend Bargeld mitnehmen!

Fluggepäck. Das Gewichtlimit liegt bei nur 15 kg für Koffer und Handgepäck zusammen.

Flughäfen. Neben dem Flughafen in Claris gibt es auch noch eine Landebahn in Okiwi.

Handyempfang. Das Mobilfunknetz funktioniert kaum. Einige Cafés bieten jedoch kostenfreien Wi-Fi-Internetzugang.

Medizinische Versorgung. Es gibt kein Krankenhaus, ein Arzt und eine Apotheke sind aber in Flughafennähe: Medical Centre, Hector Sanderson Rd., Claris, Tel. 09/429 03 56; Great Barrier Island Pharmacy, 117 Hector Sanderson Rd., Claris, Tel. 09/429 00 06.

Notfälle. Polizei Tel. 09/429 03 43, Arzt/Krankenwagen Tel. 09/429 03 56, Feuerwehr 111, Küstenwache Tel. 09/303 13 03

Trinkwasser. Ob Leitungswasser abgekocht werden muss, sollte abgeklärt werden. Im Minimarkt und in Cafés gibt es Wasser in Flaschen.

Information vor Ort. Kartenmaterial und alle wichtigen Infos gibt es bei der Auskunft i-Site am Flughafen in Claris, Tel. 09/429 00 33.

rahmt von dichtem Regenwald und Sumpfgebieten führen über 100 Kilometer Wanderwege in die Wildnis, in welcher der Windy Canyon unbedingt ein Ziel sein sollte. Die Awana Bay ist eingebettet zwischen Klippen und Dünen. An diesem Surfstrand liegt auch einer der sechs Campingplätze der Naturschutzbehörde Departement of Conservation, die 60 Prozent der Insel kontrolliert. Whangaparapara mit der ins Land eingegrabenen Bilderbuchbucht ist für Wanderer und Kajakfahrer eine schöne Anlaufstelle. In einem Café mit Meerblick ist anschließend für Stärkung gesorgt.

Kultur und Wildlife

Das Milk, Honey and Grain Museum in Claris ermöglicht spannende Einblicke in die Geschichte der Insel. Bilder aus der Walfängerzeit und von Arbeitern in den Kupferminen, Exponate aus Schiffswracks und Informationen zum historischen Kauri-Damm aus der Holzfällerzeit wurden zusammen mit unzähligen Anekdoten vergangener Tage liebevoll zusammengetragen. Sogar die welterste Brieftaubenpost stammt von Great Barrier. Wo bis 1990 viele Bewohner ihr Warmwasser noch mit Holz beheizten und der Herd mit Scheiten gefeuert wurde, hat jedoch mittlerweile eine kleine technologische Revolution stattgefunden: Die Telefone zum Kurbeln sind durch Handys und Internet ersetzt worden.

Die Tierwelt ist ebenso beeindruckend wie die Landschaft. Neben über 150 frechen und cleveren Kaka-Buschpapageien haben auf Great Barrier Island auch andere vom Aussterben bedrohte Tiere ihr Zuhause wiedergefunden. Chevron Skinks, Black-Petrol-Seevögel, Orcas und Delfine leben mit den wenigen Menschen in Einklang – im Juwel der Krone Auckland, deren Königin immer noch Mutter Natur ist.

Oben: Wandern am Windy Canyon: Flora und Fauna Great Barriers sind Tausende Jahre alt.
Mitte: Milk, Honey and Grain Museum: Siedler- und Holzfällerhistorie zum Anfassen
Unten: Freche Kakas – die Buschpapageien

Infos und Adressen

SEHENSWÜRDIGKEITEN

Aotea Community Art Gallery. Sommer tgl. 10–16 Uhr, 80 Hector Sanderson Rd., Claris, Tel. 09/429 05 80

Milk, Honey and Grain Museum. Tgl. 10–17 Uhr, Eintritt $ 2, 47 Hector Sanderson Rd., Claris, Tel. 09/429 07 73

ESSEN UND TRINKEN

Claris Texas Café. Hausgemachtes Frühstück und feine Snacks. Sommer tgl. 8–16 Uhr, Claris Commercial Centre, Tel. 09/429 08 11

The Curach Irish Pub. Tapas bis Burger anspruchsvoll zubereitet. Bei gutem Wetter wird auch im Garten aufgetischt, an manchen Tagen gibt es Livemusik. Sommer tgl. 16 Uhr–spät, 78 Black-well Dr., Pah Beach, Tel. 09/429 02 11, http://currachirishpub.co.nz

ÜBERNACHTEN

Lodges, Ferienhäuser, Campingplätze. Auskunft und Buchung unter www.greatbarrierislandtourism.co.nz

EINKAUFEN

Shoal Bay Pottery. Tgl. bis Einbruch der Dunkelheit, Shoal Bay Rd., Tryphena, Tel. 09/429 04 55

Zweites Zuhause: Edle Lodgezimmer bieten jeden Komfort und einen Traumausblick.

»Great Barrier Lodge«: zu Gast bei Freunden, mit gemeinsamem Essen im Wohnzimmer

AKTIVITÄTEN

Great Barrier Island Horse Treks. Strandausritte auch für Anfänger. Claris, Tel. 09/429 02 74

Kajakverleih. Der Fitzroy Kayak Hire organisiert auch geführte Kajaktouren. $ 45 Kajakmiete für den halben Tag, Port Fitzroy, Tel. 0800/68 88 43, www.opc.org.nz/adventure-tourism/

INFORMATION

Great Barrier Island Tourism. Tel. 09/429 02 22 oder 0800/99 72 22, www.greatbarrierislandtourism.co.nz

Autofähre Sealink. Einfache Fahrt Erwachsene ab $ 81, PKW ab $ 280, 11 Brigham St., Wynyard Wharf, 0800/73 25 46, www.sealink.co.nz

Fluglinien ab Auckland Airport:
Fly my Sky. Erwachsene ab $ 118, Tel. 09/256 70 26 oder 0800/22 21 23, www.flymysky.co.nz

Great Barrier Airlines. Erwachsene einfach ab $ 89, Tel. 0800/90 06 00, www.greatbarrierairlines.co.nz

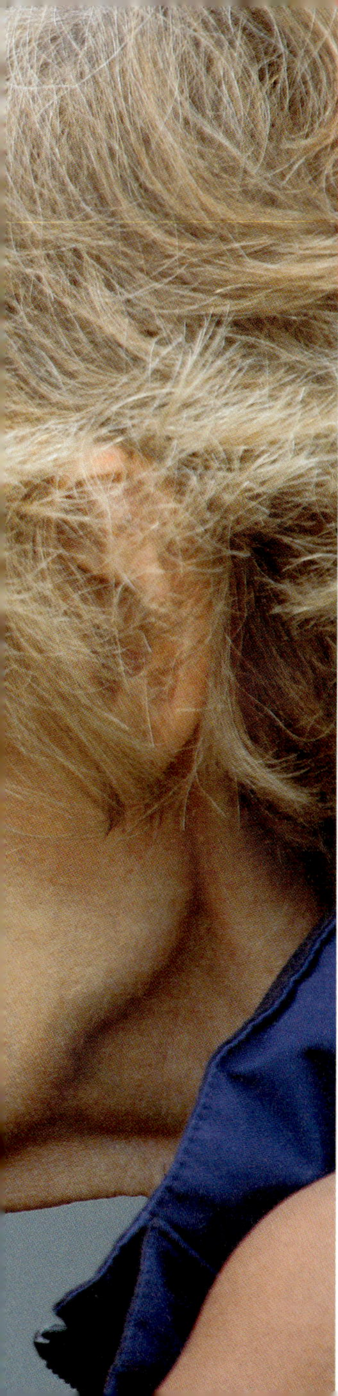

NORTHLAND

0
15 km
N
SOUTH PACIFIC
OCEAN
Cape Reinga
Hooper Point
Spirits Bay
North Cape
Waitiki Landing
Te Hapua
Ohau Point
Cape Maria Van Diemen
Te Paki
Parengarenga Harbour
Paua
Great Exhibition Bay
Motupao Island
Lake Wahakari
Te Kao
Ninety Mile Beach
11
Greenville Point
Motoura Islands
Cape Karikari
Rarawa Bay
Pukenui
Houhora Heads
Rangaunu Bay
Tokerau Beach
Karikari Peninsula
Doubtless Bay
Lake Waiparera
Rangaunu Harbour
Waiharara
Taipa
Whangaroa Bay
Waimanoni
Mangonui
Whangaroa
Matauri Bay
Awanui
Peria
Kahoe
Takou Bay
Kaitaia
Victoria Valley
Pupuke
8
Bay of Islands
Tauroa Point
Ahipara
Mangamuka
Rangiahua
Waipapa
Cape Brett
Motorua Island
Urupukapuka Island
Te Wi Bay
Kerikeri
Broadwood
Waitangi
Russell
Rawhiti Peninsula
Herekino Harbour
Umawera
Rangiahua
Waitangi R.
Okaihau
Paihia
Taupiri Bay
Opua
Kohukohu
Horeke
Ohaeawai
Wairere

Poor Knights Islands
Opononi
Omapere
Waima
Okaihau
Mataraua
Tautoro
Matawaia
Awarua
Hukerenui
Opuawhanga
Whananaki
Sandy Bay
Matapouri
Manua
Tutukaka Coast
Kukutauwhao Island
Purua
Kiripaka
Matarau
Kauri
Abbey Caves
7 Großraum Whangarei
Whangarei
Whangarei Heads
Hatea R.
Taiharuru Head
Waipoua Forest
9
Donnellys Crossing
Mangakahia R.
Wairua R.
Parakao
Titoki
Kaihu
Maungatapere
Waikaraka
Mount Manaia
Kai Iwi Lakes
Mamaranui
Whatitiri
Ocean Beach
Motukaroro Island
Kaihu
Pukehuia
Parry Channel
Marotere Islands
Parore
Dargaville
Ruakaka
Bream Bay
Baylys Beach
Ripiro
Waiotira
Waipu
Uretiti Beach
Taranga Island
Te Kopuru
Okahu
Taipuha
Glinks Gully
Langs Beach
Mangawhai Heads
Jellicoe Channel
Tasman Sea
Ruawai
Matakohe
Mangawhai Harbour
Pukehuia
Arapaoa River
Kaiwaka
Mangawhai Village
Taingaehe
Kaipara Harbour
Topuni
Tinopai
Kellys Bay
Oruawharo
Te Hana
Pakiri
Wellsford
Cape Rodney
L. Humuhumu
Tapora
Port Albert
Leigh
L. Mokeno
Pouto Point
L. Kanono
Matakana
Takatu Point
North Head
South Head
Kaipara Flats
Warkworth
Kawau Island
Kaipara Entrance
South Head
Snells Beach
Kawau Bay
Ahuroa
L. Ototoa
Motuora Island
Puhoi
Hauraki Gulf
Waioneke
Makarau
Orewa
Shelly Beach
Silverdale
Whangaparaoa
Parkhurst
Waitoki
Whangaparaoa Peninsula
Redvale
Rakino Island
Coatesville
Auckland
Tasman Sea
Wellington
Christchurch
South Pacific Ocean

7 Großraum Whangarei

Karstlandschaft am Meer

Das Northland wird häufig als winterloser Norden Neuseelands bezeichnet. Und in Whangarei (gesprochen Fangaräi) herrscht nicht nur ein mildes Klima, die 100 Strände, Häfen und Inselgruppen sind auch ein perfekter Tummelplatz für Meeresaktivisten. Mitten im Stadtzentrum liegen internationale Jachten vor Anker.

Whangarei (81 000 Einwohner) ist von der Bream Bay, den Whangarei Heads und von der Tutukaka Coast umgeben. Bei der Anfahrt sollte man zuerst den 947 Quadratkilometer großen Kaipara Harbour an der Westküste ansteuern. Wasserarme ziehen sich über 60 Kilometer weit ins Landesinnere und machen ihn zu einem der größten Naturhäfen der Welt. Am Eingang – auch »Graveyard« genannt – liegen 113 Schiffswracks auf Grund. Sehenswert ist das historische Pouto Lighthouse von 1883, einer von nur zwei Holzleuchttürmen in Neuseeland. In Kaiwaka haben die Bewohner ihre »City of Light« mit Lichtmotiven geschmückt – bei Dunkelheit leuchten Schiffe, Windmühlen und Fische hell auf.

Das Zentrum am Hafen

Das Town Basin von Whangarei war und ist ein quirliger Treffpunkt. Schon früh suchten Maori mit ihren Wakas den geschützten Ort auf, während der Kolonialzeit nutzten Europäer ihn als Anlegestelle, und später wurde er zu einem der bedeutendsten Jachthäfen im Südpazifik. Shops, Restaurants und Cafés haben in der Fußgängerzone ihre Pforten geöffnet, Galerien und der Artisan Fair Markt auf der Victoria Bridge verkaufen Kunsthandwerk und Spezialitäten.

Seite 58/59: Im Northland hatten Maori früh friedliche Kontakte mit Missionaren.
Mitte: Kolonialer Jachthafen: Whangarei Town Basin
Unten: Sammlerstück: Deutsche Jukebox von 1890 aus Leipzig im Claphams Clock Museum

Direkt im Zentrum befindet sich das Claphams National Clock Museum, das zu jeder vollen Stunde ein »Big Ben« schlägt. Mit mehr als 1000 Exponaten von 1720 bis heute sind nicht nur edle und kuriose Uhren ausgestellt, dokumentiert ist auch die Geschichte der Zeitmessung. Das Whangarei Art Museum zeigt eine große Sammlung historischer und zeitgenössischer Kunst. Der Hatea River Walk führt entlang des Flusses zum Reyburn House, dem mit 145 Jahren ältesten Kolonialgebäude der Stadt, in dem eine Kunstgalerie ausstellt. Wer rund drei Stunden läuft, gelangt zu den 26 Meter hohen Whangarei Falls – Baden erlaubt!

Strände und Höhlen

Mit einer Auswahl von über 100 Stränden ist im Umland von Whangarei jede Art von Wassersport möglich. Ocean Beach am Whangarei Head und Waipu sind klassische Surfer-Eldorados. Die Bream Bay eignet sich mit ihren Bootsrampen hervorragend zum Angeln, Motukaroro Island oder Waikaraka sind prädestiniert zum Schnorcheln und Kajakfahren. Mehrfach ausgezeichnet als schönster Strand ist Uretiti Beach mit einem einfachen DOC-Campingplatz. Von hier aus bietet sich eine Wanderung auf dem Mangawhai Heads

Nicht verpassen

TAUCHEN VOR DEN INSELN

Die Poor Nights Islands vor der Tutukaka Coast bestehen aus zwei Haupt- und mehreren kleinen Inseln, die das Profil eines liegenden Ritters haben. Auf spektakulären Klippen, Archen und in der größten Meereshöhle der Welt leben Tiere, die auf dem Festland ausgestorben sind. Tuatara-Echsen teilen sich die Felsen mit 2,5 Millionen Sturmtauchern, Tölpeln, Falken, Eisvögeln und Kaka-Papageien. Durch warme Meeresströmungen hat sich eine artenreiche Unterwasserwelt entwickelt – schon Jacques Cousteau hat dieses Tauchparadies geschätzt! Die Inseln dürfen nicht betreten werden.

Yukon Dive. Tauchen, Schnorcheln: Berth A 8, Marina Rd., Tutukaka, Tel. 021/261 17 79, www.yukon.co.nz. Perfect Day Ocean Cruise: Bootstrip mit Schnorcheln; Kajakverleih: Marina Rd. Ecke Marlin Pl. Tel. 0800/28 88 82, www.aperfectday.co.nz

Oben: Drei-Stunden-Wanderung oder Autoanfahrt: Baden an den Whangarei Falls erlaubt!
Unten: Selbsterkundung des Abbey Caves Reserve: geheimnisvolle Tropfsteinhöhlen

Coastal Track an. Auch die Waipu Caves liegen nur 20 Fahrminuten entfernt: In den erodierten Kalksteinhöhlen der Karstlandschaft leben viele Vögel, Amphibien, Reptilien und Fledermäuse, in einigen finden sich fossile Überreste bereits ausgestorbener Arten. Der Zugang mit Taschenlampen ist frei, erfolgt jedoch auf eigenes Risiko.

Wandern

Zahlreiche Wanderwege verlieren sich in der Wildnis, doch selbst hier ist das Wasser immer nah. Der Waimahanga Walkway führt durch Mangrovenwald, der Tutukaka Lighthouse Walk zu einem Leuchtturm und bei Ebbe weiter zur Kukutauwhao-Insel. Zielpunkt des Piroa Falls Track ist ein Wasserfall, bei dem sich die Wanderer abkühlen können. Besonders schön ist der dreistündige Aufstieg auf den Mount Manaia, von dem man einen weiten Blick auf Hafen und Inseln hat.

Spektakulär ist auch ein Ausflug in das 18,7 Hektar große Abbey Caves Reserve. In der erodierten Kalksteinlandschaft aus Schlucklöchern, Steilhängen und Felsvorsprüngen verbergen sich einige Tropfsteinhöhlen – in manchen steht das Wasser knöcheltief, und an den Wänden prangen 200 Jahre alte »Graffitis«. In Organ Cave ragen Stalaktiten aus 15 Meter Höhe in die Tiefe, und, besonders schön, überall leuchten Tausende von Glühwürmchen.

Native Bird Recovery Centre

In dem idealistisch betriebenen Vogelschutzzentrum werden seit 1992 kranke Vögel – von Kiwis über Eisvögel und Albatrosse bis hin zu Falken – gepflegt und wieder aufgepäppelt. Durch aktive Brutprogramme ist dafür gesorgt, dass ihr Bestand nicht noch weiter schrumpft.

Infos und Adressen

SEHENSWÜRDIGKEITEN

Claphams National Clock Museum. Tgl. 9–17 Uhr, Erw. $ 10, Dent St., Quayside, Tel. 09/438 39 93, www.claphamsclocks.com

Reyburn House Art Gallery. Di–Fr 10–16 Uhr, Sa/So 13–16 Uhr, Eintritt frei, Reyburn House Ln., Tel. 09/438 30 74, www.reyburnhouse.co.nz

Whangarei Art Museum. Tgl. 10–16 Uhr, Eintritt frei, Dent St., Tel. 09 430 42 40, www.whangareiartmuseum.co.nz

ESSEN UND TRINKEN

The Gallery & Café Helena Bay Hill. Tropischer Garten. Sommer tgl. 10–17 Uhr, 1392 Old Russel Rd., Helena Bay, Tel. 09/433 99 34, www.galleryhelenabay.co.nz

Top Sail. Frische Speisen am Strand. Mi–Sa ab 18 Uhr, 206 Beach Rd., Onerahi, Tel. 09/436 29 85, www.topsail.co.nz

Schnappa Rock. Lokal im Südseestil mit Fischspezialitäten. Tgl. 8 Uhr–spät, 1 Marina Rd., Tutukaka Coast, Tel. 09/434 37 74, www.schnapparock.co.nz

ÜBERNACHTEN

Te Hana Marae. Schlafen im Marae. 317 SH 1, Te Hana/Wellsford, Tel. 09/423 87 01, www.tehana.co.nz

Whananaki Holiday Park. Cabins, Ferienwohnung und Zeltplatz direkt am Strand. 2160 Whananaki North Rd., Tel. 09/433 88 96, www.whananakiholiday.co.nz

Motel Lodge Bordeaux. Moderne Zimmer mit Spa-Bad. SH 1, 361 Western Hills Dr., Whangarei, Tel. 09/438 04 04, www.lodgebordeaux.co.nz

AKTIVITÄTEN

Native Bird Recovery. Mo/Fr 13–16.30 Uhr, Di–Do 10–16.30 Uhr, Eintritt frei, SH Maunu, Tel. 09/438 14 57, www.nbr.org.nz

INFORMATION

i-Site Whangarei. Mo–Fr 9–17 Uhr, Sa/So 9–16.30 Uhr, SH 1, 92 Otaika Rd., Tel. 09/438 10 79, http://whangareinz.com/i-site

DOC Office. Mo–Fr 8.30–16 Uhr, 2 South End Ave., Raumanga, Tel. 09/470 33 00, www.doc.govt.nz

Holzbrücken führen in die Bäume – eindrucksvolle Natur im Memorial Kauri Park.

DER KIWI

Eine außergewöhnliche Kreatur

Kiwis gleichen eher Säugetieren als Vögeln.

Den Kiwi, das Nationaltier, gibt es nur in Neuseeland. Er ist ein wahrlich einzigartiger Vogel, und wer dieses bemerkenswerte Geschöpf hautnah erlebt, wird begeistert sein. Allein der lautstarke Ruf verursacht Gänsehaut. Woher der Kiwi seinen Namen erhielt, ist nicht gänzlich geklärt. Maori sprachen jedoch schon früh über »Kiwi«, denn die nächtlichen Rufe der Vögel klingen wie »Kewee«.

Neuseelands Maskottchen

Es gibt fünf verschiedene Kiwiarten. Der nachtaktive Vogel wiegt bis zu 3,3 Kilogramm und kann eine Höhe von 45 Zentimetern erreichen. Seine Nahrung findet er, indem er mit dem langen Schnabel im Boden nach Würmern und Insekten stochert. Dabei ist er der einzige Vogel, der zwei Nasenlöcher am Ende des Schnabels besitzt und seine Nahrung sozusagen erschnüffelt. Kiwis leben in monogamen Paaren und benötigen, je nach Art, Territorien von fünf Hektar. Innerhalb dieses Areals hat das Paar mehrere Höhlen. Dort, wo sie sich bei Morgendämmerung jeweils befinden, verkriechen sie sich in unterschiedlichen Höhlen zum Schlafen. Mit Einbruch der Dunkelheit kommen sie heraus und rufen als Erstes ihren Partner. Und genau diesem Rufen und dem Schnüffeln am Boden folgt man bei einer Kiwi-Night-Spotting-Tour. Die Stimme des Vogels ist fast schon unnatürlich laut. Wenn der hühnergroße Kiwi mit den übergroßen Füßen und den winzigen runden Augen dann in freier Wildbahn im Gebüsch steht, sind nicht nur Ornithologen gefesselt. Er hebt den Schnabel weit in die Luft und ruft sein lautes »Kewee«. Dabei zittert der ganze Vogel, so anstrengend ist dieser stimmgewaltige Ruf. Little Spottet Kiwi sind die einzigen Vögel im Tierreich, bei denen die Paare sogar im Duett rufen können. So sind sie lauter und können vermutlich ihre Feinde besser abschrecken. Doch das allein macht den Kiwi nicht zu einem der außergewöhnlichsten Vögel. Im Verhältnis zum Körpergewicht legt er nahezu die größten Eier – sie wiegen ein Fünftel des eigenen Gewichts. Seine Federn gleichen eher einem dichten Fell.

Gefahren und Schutzmaßnahmen

Jahrtausendelang gab es keine Säugetiere und somit keine natürlichen Feinde auf den neuseeländischen Inseln. Die Flügel des Kiwi verstümmelten im Laufe der Evolution, er wurde flugunfähig und nahm den Boden als Lebensraum ein. So besetzte er lange die Nische, die sonst Säugetiere einnehmen. Kiwis können bis zu 65 Jahre alt werden, doch das schaffen heute nur wenige Tiere. Maori brachten auf ihren Booten Ratten mit an Land, seit der Zeit der ersten Siedler wurden Hermeline, Wiesel, Frettchen und später Possums, Hunde und Katzen eingeschleppt, die den Kiwi massiv bedrohen. Am Boden sind er und seine Eier für Fressfeinde eine leichte Beute. In Gebieten ohne menschlichen Schutz nimmt die Zahl der Kiwis deshalb pro Jahr um mehr als vier Prozent ab. Der Kiwi ist vom Aussterben bedroht. Mit unzähligen Schutzprogrammen und Privatinitiativen versuchen nun die menschlichen Kiwis, ihren tierischen Namensgeber zu retten.

Mitte: Kulturelle Performance am Geburtsort der Nation, Waitangi Treaty Grounds
Unten: Der Pohutukawa Tree, der neuseeländische Weihnachtsbaum, leuchtet im Dezember in Rot.

8 Bay of Islands
Das Land der 150 Inseln

Ihre Inseln und unzähligen Landzungen, die bis weit in den Südpazifik hineinreichen, machen den Reiz der Bay of Islands aus. Aufgrund ihrer Nähe zu Australien erreichten bereits 1814 christliche Missionare, etwas später erste europäische Einwanderer diesen Teil der Küste in einer Zeit, als andere Teile Neuseelands noch nicht besiedelt waren. Sowohl ihre Historie wie auch die außergewöhnliche Natur üben heute eine große Anziehungskraft auf Besucher aus.

Lange bevor Captain Cook (1728–1779) 1769 in die Bucht segelte und ihr den Namen gab, lebten bereits Maori entlang der gewundenen, 800 Kilometer langen Küstenlinie. 1833 ließ sich der Brite James Busby (1802–1871) in Waitangi nahe Paihia nieder. Genau hier wurde am 6. Februar 1840 mit der Unterzeichnung des Treaty of Waitangi die neuseeländische Nation besiegelt. Maori-Häuptlinge und Vertreter der britischen Krone unterzeichneten den Vertrag, und die erste landeseigene Regierung entstand. Russell wurde so neun Monate lang zur ersten Hauptstadt Neuseelands. Die sogenannten Treaty Grounds in Waitangi werden heute als Geburtsort des Landes bezeichnet.

Treaty Grounds

Neben dem Te Whare Runanga, einem traditionellen Marae, gibt es auf dem vier Quadratkilometer großen Grund eine interessante Ausstellung zur Geschichte – zu besichtigen ist auch das Siedlerhaus von James Busby, »Treaty House« genannt. Jedes Jahr am 6. Februar, dem Nationalfeiertag

Bezaubernde Natur – die Bay of Islands

Waitangi Day, wird »Ngatokimatawhaorua«, das mit 35,7 Meter Länge und zwei Meter Breite größte Maori-Waka, zu Wasser gelassen. Das zwölf Tonnen schwere, geschnitzte Holzkanu ist über 70 Jahre alt und fasst bis zu 80 Ruderer und 55 Passagiere. Mit Festlichkeiten und Aufführungen wird der Tag gemeinsam zelebriert. Darüber hinaus erhalten interessierte Besucher in Waitangi das ganze Jahr über tiefe Einblicke in die Maori-Kultur. Neben Touren und Tanzaufführungen werden Hangi-Essen und Workshops im Kapa-Haka-Tanz, Flachsflechten und traditionelles Holzschnitzen angeboten.

Russell

Das charmante Örtchen liegt am Ausläufer der Rawhiti Peninsula und ist am schnellsten mit der günstigen Autofähre von Opua aus zu erreichen. Neben der interessanten Geschichte des Ortes, die im Museum aufbereitet ist, locken Restaurants, Cafés und Geschäfte direkt am Wasser mit lokalen handgefertigten Spezialitäten. Im Sommer blühen Pohutukawa-Bäume und buschgroße rote Weihnachtssterne. Das geschichtsträchtige Hotel »Duke of Marlborough« ist landesweit bekannt, Bar und Restaurant bieten in den Sommermonaten Unterhaltung von Jazz bis Rock. Das Gewerbe hält noch

Nicht verpassen

SCHWIMMEN MIT DELFINEN

Die Delfintouren in der Bay of Islands von Fullers sind ein unvergessliches Erlebnis. Auf der Dolphin Cruise geht es bis zum Ende der Cape-Brett-Halbinsel und zum Hole in the Rock, einer spektakulären Felsformation am rauen Ufer der Motukokako Island. Vom Katamaran aus ist man ganz dicht dabei: Neben Delfinen tummeln sich oft auch Orcas in den Buchten. Noch näher kommt man allerdings im Rahmen der Dolphin Eco Experience an die Meeressäuger heran und kann gleich mit ihnen mitschwimmen. Auch kombinierte Touren mit Sightseeing, Delfinschwimmen und Segeltörns sind im Angebot. Gestartet wird in der Regel zweimal täglich von Russell und Paihia.

Fullers Great Sights Bay of Islands. Verschiedene Touren buchbar, The Maritime Building, Waterfront Paihia, Tel. 0800/65 33 39, www.dolphincruises.co.nz

Geheimtipp

MAORI-KULTUR HAUTNAH
Hone Mihaka gehört zum Stamm der Ngapuhi und lebt seit Generationen in der Bay of Islands. Seit einiger Zeit führt er Besucher an die Maori-Kultur heran und bietet Fahrten im Waka, dem Boot der Einheimischen, an. Zusammen mit Stammesmitgliedern in traditioneller Tracht steuern die Gäste in den hölzernen Kanus auf den Waitangi River hinaus und erfahren dabei eine Menge über Traditionen, überlieferte Legenden und Maori-Rituale. Mit hölzernen Paddeln wird das 15 Meter lange Waka Taua bis zu den Haru-ru-Wasserfällen gerudert. Taiamai Tours wurden mehrfach ausgezeichnet und halten ihr Versprechen, die Maori-Kultur authentisch erfahrbar zu machen.

Taiamai Tours Heritage Journeys. RD 2, Te Ahuahu Rd., Bay of Islands, Tel. 09/405 99 90, www.taiamaitours.co.nz

aus Zeiten der Walfänger die älteste Alkohollizenz Neuseelands.

Am südlichen Ende befindet sich das traditionell aus Lehm gebaute französische Pompallier House. In dem Missionarshaus wurden vor 150 Jahren zum ersten Mal Bibeltexte in Te Reo Maori übersetzt, gedruckt und zu wunderschönen Lederbänden aufgebunden. In der einzigen Pionier-Druckerei und Gerberei der frühen Siedlerzeit können Besucher auch selbst Hand beim Binden eines Buches anlegen. Gleich daneben steht die 1836 erbaute Christ Church. Die älteste Kirche Neuseelands wurde von Siedlern erbaut, unter den Geldgebern waren der britische Geistliche Samuel Marsden (1765–1838) und der Naturforscher Charles Darwin (1809–1882), Letzterer besuchte Neuseeland während einer fünfjährigen Seereise. Das Gebäude diente nicht nur als Kirche, es war Versammlungshaus, Gericht und bot 1845 beim Angriff von Maori-Rebell Hone Heke (1810–1850) Unterschlupf. Im Nordwesten der Kirche sind noch die Einschläge einer Kanonenkugel zurückgeblieben, in den Ecken Kugeleinschüsse. Auf dem Friedhofsgelände liegen einige Gräber von Marinesoldaten und Seefahrern, die bei dem Angriff ums Leben kamen, zudem die Grabstelle eines Maori-Häuptlings, der den Treaty unterschrieben hat, und die eines Siedlermädchens, das als zweites europäisches Kind in der Kolonie geboren wurde. Kürzere und längere Wanderwege führen in das wunderschöne Umland.

Entdeckungstour auf dem Wasser

Russell ist ein perfekter Ausgangspunkt für eine Bootsfahrt in die Inselwelt. Ob mit einem Segelschiff oder per Katamaran, die Bewohner des Meeres sind ebenso reizvoll wie die unzähligen Inseln selbst – eine Landmasse im Meer wird übrigens erst als Insel kategorisiert, wenn sie Vegetation aufweist. Viele Inseln sind Naturschutzgebiete, frei von Feinden heimischer Vogelarten, manche haben einen bizarren Ruf: Auf der Luxusinsel Moturua Island gibt es nur zwei prominente Anwohner, die anonym bleiben wollen. Besonders beeindruckend sind die Geschichten um den Leuchtturm am Cape Brett. Der Turm krallt sich geradezu an die Felsen. Ein früherer Leuchtturmwärter zog in dieser harschen Natur 15 Kinder groß und baute seine Lebensmittel selbst an. Wer möchte, kann dort in einer Hütte des Department of Conservation übernachten.

Auf dem siebtgrößten Eiland Urupukapuka unterhält das Department of Conservation im Naturschutzgebiet drei Campingplätze, für Abenteurer ist eine Übernacht-Fahrt auf einem Hausboot möglich. Im Mondschein Kajakfahren, Angeln, Muscheln von den Felsen klauben und dann gemeinsam verspeisen sind nur einige der Aktivitäten, die von Rock the Boat angeboten werden.

Kerikeri und Paihia

Auf dem Festland liegen die gemütlichen Orte Kerikeri und Paihia, die per Fähre an Russell an-

Oben: Älteste Kirche Neuseelands: Russells Christ Church von 1836 mit Einschlusslöchern
Mitte: Waimate Mission House: Bibeltexte waren ebenso wichtig wie Schulen für Maori.
Unten: Der Stone Store mit Shop und Museum in Kerikeri

Oben: Die Rainbow Falls in Kerikeri ergießen sich auf 200 Millionen Jahre altes Basaltlavagestein.
Mitte: Nostalgische Dampflokfahrt mit »Gabriel« von Kawakawa nach Opua
Unten: Die Hundertwasser-Toilette

gebunden sind. In Kerikeri sollte man den sogenannten Stone Store nicht auslassen, das älteste Steinhaus Neuseelands und einst Lebensmittellager der umliegenden Missionarsstationen und Kauri-Gum-Händler. Heute befindet sich im ersten Stock ein Museum, im Erdgeschoss können Besucher nach Souvenirs stöbern. Direkt am Kerikeri River startet der gleichnamige dreistündige Wanderweg. Er führt durch Wälder zu den Wharepuke Falls und den größeren Rainbow Falls. Die Wasserfälle fließen über Basaltlavafelder, die bei Eruptionen vor 200 Millionen Jahren entstanden sind. Es empfiehlt sich Badesachen mitzunehmen, denn manche Felslöcher eignen sich gut zum Abkühlen.

Kawakawa

Kawakawa ist der Name einer natürlichen Heilpflanze, die Maori als Medizin verwenden. Bei Touristen ist der gleichnamige Ort jedoch wegen seiner berühmten Hundertwasser-Toilette bekannt. Der österreichische Künstler Friedrich Hundertwasser (1928–2000) erkor Kawakawa 1970 zu seiner Wahlheimat, nachdem er mit dem Schiff bei Opua angelegt hatte, und fand hier auch seine letzte Ruhe. Die öffentliche Toilette wurde 1999 eröffnet und ist das meistbesichtigte stille Örtchen Neuseelands. Whangarei plant derzeit, ein Hundertwasser-Kunstzentrum nach 20 Jahre alten Originalskizzen des Künstlers zu bauen. Es sollen dann eigene Werke und Maori-Kunst ausgestellt werden. Eisenbahnfreunde können mit dem historischen Dampfzug von Kawakawa nach Opua fahren. Jedes Jahr im Mai findet hier der verrückte Puff 'n' Pull Carnival statt. Dann wird Dampflok »Gabriel« von Bürgern die Hauptstraße hinuntergezogen. Auf der Weiterfahrt nach Westen lohnt sich ein Stopp in Kaikohe: Die Ngawha Hot Springs sind natürliche, heiße Quellen mit Sandböden, in denen man herrlich entspannen kann.

Infos und Adressen

SEHENSWÜRDIGKEITEN

Christ Church. Church St., Russell, Tel. 09/403 76 96, www.oldchurch.org.nz

Hundertwasser-WC. Eintritt frei, 60 Gilles St., Kawakawa

Pompallier House. Sommer tgl. 10–17 Uhr, The Strand, Russell, Tel. 09/403 90 15, www.heritage.org.nz

Stone Store Kerikeri. Nov.–Apr. tgl. 10–17 Uhr, Mai–Okt. tgl. 10–16 Uhr, Eintritt frei, Museum $ 10, 246 Kerikeri Rd., Tel. 09/407 92 36, www.kerikeri.co.nz/The_Stone_store.cfm

Waitangi Treaty Grounds. Sommer tgl. 9–18 Uhr, Erwachsene $ 40, Tau Henare Dr., Paihia, Tel. 09/402 74 37, www.waitang0i.org.nz

ESSEN UND TRINKEN

Crusty Crab Takeaways. Tgl. 11–19.30 Uhr, 2 Cass St., Russell, Tel. 09/403 77 54

El Café. Südamerikanisches Flair. Tägl 8–16 Uhr, 2 Kings Rd., Paihia, Tel. 09/402 76 37, www. elcafe.co.nz

The Gables Restaurant. Hervorragende Küche. Mittag Mi–Mo ab 12 Uhr, Abend Mi–Mo ab 17.30 Uhr, 19 The Strand, Russell, Tel. 09/403 76 70, www.thegablesrestaurant.co.nz

ÜBERNACHTEN

Duke of Marlborough. Historisches Hotel mit Restaurant. 35 The Strand, Russell, Tel. 09/403 78 29, www.theduke.co.nz

Overnight Cruise. Übernachten im Hausboot. Paihia Wharf, Tel. 0800/76 25 27, www.rocktheboat.co.nz

AKTIVITÄTEN

Autofähre Opua-Russell. Tgl. alle 20 Minuten 6.50–22 Uhr, Pkw und Fahrer $ 12, Marsden Rd., Tel. 09/402 74 21, www.dolphincruises.co.nz

Ngawha Hot Springs. Tgl. 9–21.30 Uhr, Erwachsene $ 5, 311 Ngawha Springs Rd., Kaikohe, Tel. 09/401 04 42, www.ngawhasprings.co.nz

Vintage Railway. Dampflokfahrt. Erwachsene $ 20, Kawakawa Station, Tel. 09/404 06 84, www.bayofislandsvintagerailway.org.nz

INFORMATION

i-Site Paihia. Sommer tgl. 8–19 Uhr, The Wharf, Marsden Rd., Tel. 09/402 73 45, www.russellnz.co.nz

Speisen mit Ausblick kann man im historischen »Duke of Marlborough«-Hotel genießen.

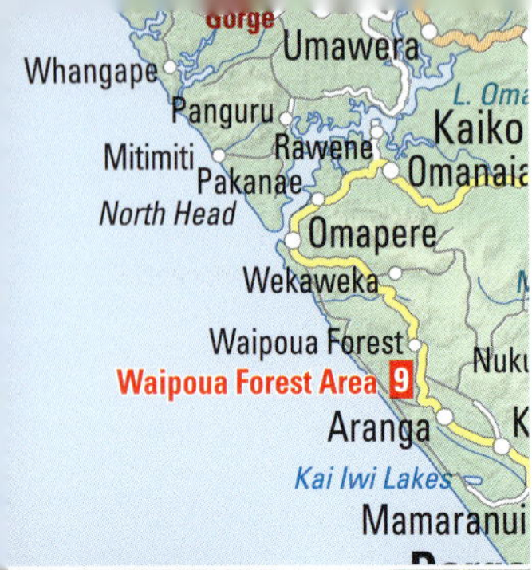

Hüter des Waldes Tane Mahuta, Waipoua Forest – der Kauri ist den Maori heilig.

9 Waipoua Forest

Kauri und Maori

Der Waipoua Forest bildet das Herzstück der Kauri Coast, in dem uralten Wald überragt der Kauri-Gigant Tane Mahuta die anderen Bäume. Die Urwaldriesen spielen in vielen Maori-Mythen und Legenden eine große Rolle, in der Region um Waipoua stehen die beiden Attraktionen und ihre kulturelle Verbindung im Zentrum.

Seinen Besuch des Waipoua Forest beginnt man am besten in dem 175 Kilometer von Auckland entfernten Dargaville, dem Tor zum Kauri-Wald. Auch wenn viele Sehenswürdigkeiten im Landesinneren liegen, empfiehlt sich eine Unterkunft am Meer oder an den Badeseen Kai Iwi Lakes. Die Küstenlinie ist mit ihren 112 Kilometern länger als der berühmte 90 Mile Beach! Die Strände von Baylys Bay und Ripiro sind prädestiniert zum Baden, Surfen, Paragliden, Reiten oder für Quadbike-Abenteuer, erodierte Klippen enthüllen verschüttete Kauri-Stämme.

Der Urvater aller Lebewesen

Kauri-Bäume sind bis heute ein wichtiger Bestandteil des Nordens Neuseelands, und mit Tane Mahuta ragt im Waipoua Forest der größte Kauri der Welt in den Himmel – Maori nennen ihn den »Hüter des Waldes«, er gilt in ihrer Mythologie als der Urvater aller Lebewesen. Der Urwaldriese ist gut 51 Meter hoch, hat einen Durchmesser von 14 Metern und ein Volumen von 244,5 Quadratmetern. Mit seinem geschätzten Alter von 1250 bis 2500 Jahren ist er jedoch nicht der älteste Kauri Neuseelands. Seine Ausmaße – wie der mystische Waipoua Forest selbst – sind beeindruckend und können nach einem fünfminütigen Fußmarsch bestaunt werden. Der subtropische Regenwald birgt viele Geheimnisse – Medizinpflanzen der Maori, Legenden und nachtaktive Kiwis, denen man in einer geführten Maori-Tour mit Footprints Waipoua auf die Spur kommt.

Kauri-Museum Matakohe

Im Kauri-Museum Matakohe erfährt man auf 4500 Quadratmetern Ausstellungsfläche viele interessante Details zur Historie der Giganten. Anschaulich ist die massive Abholzung der Wälder im 19. Jahrhundert aufbereitet und das logistische Meisterwerk, die tonnenschweren Stämme in Flüssen mit riesigen Kauri-Dämmen zum Hafen zu transportieren und dort in Sägewerken zu verarbeiten. Seine interessante Biologie machte den auf der Welt einzigartigen Kauri für die Holzverarbeitung und den Export derart begehrt, dass 97 Prozent der ursprünglichen Bestände Neuseelands abgeholzt wurden: Ohne Astlöcher und mit geradem, langem Wuchs eignete sich der Baum hervorragend für den Schiffs- und Hausbau. Erst in den 1970er-Jahren stellte man den Urwaldriesen unter Naturschutz. Heutige Produkte aus Kauri-Holz stammen von den wertvollen Sumpf-Kauris, im Boden konservierten bis zu 100 000 Jahre alten Stämmen.

Kunst aus Kauri

Kauri-Holz ist heute gefragter denn je, und viele heimische Künstler verwenden das wertvolle Holz des Sumpf-Kauri für ihre Produkte und Skulpturen. Durch fehlende Harze ist das uralte Material spröde, die Bearbeitung erfordert jahrelange Erfahrung. Wer ein besonderes Souvenir sucht, dem fehlt es nicht an Auswahl: neben Möbelstücken gibt es filigran gearbeitete Maori-Schnitzereien.

Infos und Adressen

SEHENSWÜRDIGKEITEN

Matakohe Kauri Museum. Tgl. 9–17 Uhr, Erwachsene $25, 5 Church Rd., Matakohe, Tel. 09/431 74 17, www.kaurimuseum.com

ESSEN UND TRINKEN

Funky Fish Café. Beliebtes Café mit hervorragendem Essen und gemütlichen Plätzen an der frischen Luft. Sommer Di, Mi ab 17, Do–So ab 11 Uhr, 34 Seaview Rd., Baylys Beach, Tel. 09/439 88 83

ÜBERNACHTEN

Dargaville Campervan Park. Zeltplatz und Cabins in umgebauten Bahnwaggons. 18 Gladstone St., Dargaville, Tel. 09/439 84 79, www.dargavilleaccommocation.co.nz

AKTIVITÄTEN

Footprints Waipoua. Tour ab $ 25/Erwachsene, 334 SH 12, Omapere, Tel. 09/405 82 07, www.footprintswaipoua.co.nz

INFORMATION

Waipoua Visitor Centre. Maori-eigene Information.Tgl. 9–16 Uhr, 1 Waipoua River Rd., Waipoua Forest, Tel. 09/439 64 45, www.teroroa.iwi.nz/visit-waipoua.html

Desinfektion: Die Kauri-Die-Back-Krankheit bedroht die Bäume.

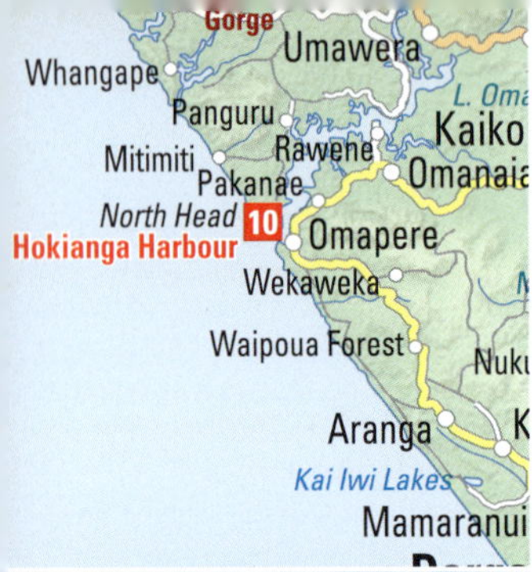

Mitte: Einsamkeit inspiriert: Maori-Kunst am Bauwerk im Hokianga Harbour in Kaikohe.
Unten: Horekes Grundschullehrer – Pferde und Quads zur Fortbewegung in der Isolation

10 Hokianga Harbour
Von Künstlern, Kapitänen und Delfinen

Der Hokianga Harbour liegt am langgezogenen Meeresausläufer der Westküste hoch im Norden der Nordinsel. An den weitläufigen Stränden leben überwiegend Maori, Künstler und Lebenskünstler. Fernab der Zivilisation dient bis heute das Pferd als Transportmittel – seinen unwiderstehlichen Charme gewinnt die Gegend durch das Zusammenspiel von Kultur, Historie und Natur.

Maori nennen ihre Heimat »Te Kohanga o Te Tai Tokerau«, das Nest der Menschen im Norden. In jedem kleinen Dorf stehen Kirchen neben den Marae des ansässigen Iwi Te Aupouri – im späten 19. Jahrhundert fand eine Vermischung der einheimischen Religion mit dem Christentum statt. Bischof Pompallier (1802–1871) landete 1883 auf Neuseeland, erlernte die Sprache der Maori und etablierte eine Missionarsstation. Sein Respekt für die Kultur der Einheimischen verschaffte ihm einiges Ansehen. Die Mangungu-Mission aus dem Jahr 1838 war einer jener Schauplätze, an denen der Treaty of Waitangi von 70 Maori-Häuptlingen vor den Augen von über 3000 Menschen unterzeichnet wurde.

Mitimiti

Von Kohukohu gelangt man entlang des Nordufers auf Schotterstraßen nach Mitimiti an der Westküste, wo die Tasmanische See wild und ungezähmt das Land erreicht. Die Siedlung aus 20 Gebäuden liegt auf einem kleinen Hügel, weiter nördlich stehen noch zwei einzelne Häuser in den

Dünen. An dieser Stelle befand sich das Geburtshaus des größten Maori-Künstlers Neuseelands, Ralph Hotere, der 1931 in Mitimiti geboren wurde und 2013 in Dunedin starb. Seine Porträts ebenso wie seine Holzskulpturen machen ihn bis heute zum Bindeglied zwischen Pakeha und Maori, viele seiner Werke sind in der Dunedin Public Art Gallery ausgestellt. In der romantischen Abgeschiedenheit ist gut zu erahnen, woher der großartige Maler und Bildhauer seine Inspirationen nahm. Ralph Hotere, der Kunst auch als politisches Statement verstand, liegt auf dem alten Friedhof des Matihetihe Marae in Mitimiti begraben.

Wairere Boulder Valley

Am Südufer des Hokianga Harbour führt der Weg über Horeke zur Westküste. Im Wairere Boulder Valley reihen sich 1,5 Kilometer lang beeindruckend Basaltsteine aneinander und bilden skurrile Formen, einige sind bis zu 30 Meter hoch. An der Küste trifft der Reisende dann auf Strände, deren goldene Farbe Resultat eines Vulkanausbruchs aus Taupo ist, datiert auf 186 n. Chr. Nach einer ungeheuren Explosion wurden damals feinste Sandkörner durch den Wind von der zentralen Nordinsel bis hierher getragen.

Rawene

Auf halbem Weg zur Küste liegt die älteste europäische Siedlung Neuseelands. Hier legt auch eine kleine, günstige Autofähre nach Kohukohu an das Nordufer ab. Mit seinen kleinen Läden und gemütlichen Cafés hat der Ort viel Ausstrahlung und ist auch historisch interessant. Besichtigt werden kann das in den 1860er-Jahren erbaute Wohnhaus des Kapitäns James Reddy Clendon (1800–1872). Er war bei der Unterzeichnung des Treaty of

Geheimtipp

SPIELZEUG FÜR RIESEN

Die Koutu Boulders sind runde Gesteinsbrocken, die einen Durchmesser von über fünf Meter erreichen. Im Gegensatz zu den berühmten Moeraki Boulders auf der Südinsel sind diese riesigen »Murmeln« weit weniger bekannt. Sie bildeten sich aus Meeressedimenten, die zunächst die Form kleiner Klumpen annahmen und in der Strömung auf dem Meeresgrund, ähnlich Schneebällen, hin und her rollten und dabei stetig wuchsen. Der größte Boulder ist geschätzte fünf Millionen Jahre alt. In Strandnähe wurden sie im Laufe der Jahrtausende durch Erosion freigelegt, in anderen Arealen liegen sie noch tief im Erdreich.

Koutu Boulders. Zwischen Koutu und Kauwhare. Von der Waione Rd. in die Cabbage Tree Bay Rd. abbiegen, am Ende parken, dann etwa eine halbe Stunde rechts am Strand entlanglaufen: je weiter der Weg, desto größer die Steine.

Waitangi anwesend, heiratete eine Maori-Frau und hinterließ ihr bei seinem Tod hohe Schulden und acht Kinder. Wie sie damit fertig wurde, zeigt das Museum ebenfalls.

Delfin Opo in Opononi

Opononi und Omapere sind direkt an der Hafenmündung zum Meer angesiedelt. Bis heute ist ihr Maskottchen ein Delfin – denn anno 1955 und anno 1956 kam ein freundlicher Tümmler in die Bucht geschwommen. Er war ausgesprochen anhänglich, führte Kunststücke vor und eroberte im Sturm die Herzen der Bevölkerung. Die Kinder tauften ihn damals Opo, später verschwand er unter mysteriösen Umständen. In Opononi ist ihm eine Statue gewidmet – und wenn man Glück hat, erspäht man im Hokianga Harbour auch echte Delfine und Orcas. Im kleinen, aber liebenswerten Opononi Museum ist die Geschichte von Opo auch historisch aufbereitet – zu sehen ist u. a. ein Film über den Delfin. Daneben gibt es allerlei skurrile Relikte zu bewundern, die das Meer angeschwemmt hat – mit im Sortiment: eine deutsche Tellermine!

Gegenüber der Touristeninformation liegt eine wunderschöne Badebucht. Und in einem Landstrich, wo Pferde noch eine so große Rolle spielen, kann man auch an Strandausritten teilnehmen.

Oben: Ungezähmt, unerschlossen und unbekannt – der Hokianga Harbour, hier der Blick von Omapere nach Opononi
Unten: Opo-Statuen erinnern überall an den zutraulichen Delfin, den Freund der Bewohner.

Infos und Adressen

SEHENSWÜRDIGKEITEN

Clendon House. Dez.–März Sa/So 10–16 Uhr, Erwachsene $ 10, 8 Clendon Esp., Rawene, Tel. 09/405 78 74, www.clendonhouse.co.nz

Mangungu Mission House. Dez.–März Sa–Mo 10–15 Uhr, Erw. $ 10, Motokiore Rd., Horeke, Tel. 09/401 96 24, www.mangugumission.co.nz

Opononi Museum. Tgl. 9.30–16.30 Uhr, Eintritt frei, Opononi, Tel. 09/405 88 69

Wairere Boulders Nature Park. Tgl. bei Tageslicht, Erwachsene $ 15, RD 1, Zugang McDonnell Rd., Okaihau, Tel. 09/401 99 35, www.wairereboulders.co.nz

ESSEN UND TRINKEN

Boatshed Café. Frisches Essen in idyllischer Lage mit Blick auf den Hafen. Tgl. 8.30–15.30 Uhr, 8 Clendon Esp., Rawene, Tel. 09/405 77 28

Schooner Café. Ein Café mit hausgemachten Backwaren, Buffet und Menüs. Tgl. 9–16 Uhr, Restaurant Do–So 6 Uhr–spät, 8254 SH 12, Omapere, Tel. 09/405 81 96

ÜBERNACHTEN

Copthorne Hotel. Gehobene Unterkunft am Meer. SH 12, Omapere, Tel. 09/405 87 37, www.millenniumhotels.co.nz/copthornehokianga

Wairere Boulders Park – Besitzer Felix zeigt faszinierende Gesteinsformationen.

»Ohaeawai Hotel«: Hier gibt es Kontakt zu Einheimischen in untouristischen Unterkünften.

Night Sky Lodge. Zimmer mit Bad von deutschen Gastgebern. 6 Marriner St., Kohukohu, Tel. 09/405 58 41, www.nightskylodge.co.nz

Rawene Holiday Park. Günstige, schöne Zelt- und Camperstellplätze, Cabins und Units. 1 Marmon St. West, Rawene, Tel. 09/405 77 20, www.raweneholidaypark.co.nz

AKTIVITÄTEN

Hokianga Express. Sandboarding und Angelausflüge. Tel. 09/405 88 72, 49 Kokohuia Rd., Omapere

Jakes's Horse Treks. Strandreiten und Ausflüge in den Busch. RD 2, Mitimiti, Tel. 40 69 95 46 30, www.jakeshorses.com

Rock Pools. Bei Ebbe zugängliche Schwimmlöcher im Felsen. Hafeneingang South Head

INFORMATION

i-Site Opononi. Tgl. 8.30–17 Uhr, 29 SH 12, Opononi, Tel. 09/405 88 69, http://hokiangatourism.org.nz/

Mitte: Spritztour am Ninety Mile Beach: Achtung, für Mietfahrzeuge meist verboten!
Unten: Jahrtausendealte konservierte Sumpf-Kauristämme im Gumdiggers Park

11 Ninety Mile Beach & Cape Reinga
Lange Strände, wilde Riffe

Das Cape Reinga bildet den nordwestlichsten Punkt Neuseelands und liegt am Ende einer langen Landzunge, dem Ninety Mile Beach. Das von Maori dominierte Gebiet beinhaltet die Aupouri-Halbinsel und ist vom großen Touristenstrom weitgehend verschont geblieben. Dabei versprechen das nahezu subtropische Klima, lange Sandstrände und exponierte Aussichtspunkte einen erholsamen Aufenthalt.

Ausgangspunkt für eine Fahrt zum Cape Reinga ist Kaitaia. Über das Surf-Eldorado der Shipwreck Bay in Ahipara führt der 120 Kilometer lange Highway 1 parallel zum Ninety Mile Beach in den Norden, vorbei an Buchten mit Campingplätzen und Motels. Die Fahrtzeit zum Kap dauert nur 1,5 Stunden, doch sollte man sich Zeit nehmen, denn auf dem Weg gibt es allerlei zu entdecken! Zuvor können sich Besucher auf Geschichte der Siedler im Te Ahu Heritage Museum einstimmen.

Houhora

Von Kaitaia geht es nach Awanui. Wer hier die Route in den Nordosten wählt, gelangt zur wunderschönen Karikari Peninsula. Der Highway 1 Richtung Norden führt hingegen nach Pukenui im geschützten Houhora Harbour, das gemeinhin als Houhora bekannt ist. Um das Jahr 1300 besiedelten Maori die Region, und in der frühen Siedlerzeit Mitte des 19. Jahrhunderts lebten hier die beiden Familien Wagener und Subritzky. Bis heute ist ihr Erbe um den 1000-Seelen-Ort erhalten geblieben: Der »Wagener Holiday Park« mit seiner

Cape Reinga – die Nordspitze Neuseelands

fantastischen Lage zählt zu den drei besten Campingplätzen Neuseelands.

Die Menschen in Houhora leben von Forstarbeit, Fischfang und dem Anbau von Avocados, Besucher finden eine reiche Flora und Fauna vor, einladende Strände und Feuchtgebiete. Besonders lohnenswert ist ein Ausflug in das Arethusa Reserve, in dem seltene graue Enten, Elsternscharben, Paradieskasarka, Eisvögel und Flusssumpfhühner wiederangesiedelt wurden. In den Wäldern um den Ort leben noch immer Wildpferde. Ein Tag an den Quarzsandstränden der Henderson oder Rarawa Bay sollte unbedingt eingeplant werden. Neben Albatrossen kann man in Houhora manchmal Delfine und Orcas beobachten, die in der Bucht nach Stachelrochen jagen.

Ninety Mile Beach

Entgegen seines Namens ist der Ninety Mile Beach nur 60 Meilen – rund 96 Kilometer – lang. Bei Ebbe ist es möglich, einige dieser Kilometer mit einem Allradfahrzeug zurückzulegen (Achtung, Bedingungen im Mietfahrzeugvertrag überprüfen!). Hinter dem Strand schirmen große Sanddünen das Hinterland ab. Im westlich gelegenen

Nicht verpassen

IN DEN URZEITEN DER BÄUME

Die Geschichte der Kauri-Bäume begann vor 220 Millionen Jahren im Zeitalter der Dinosaurier. Als der Urkontinent Gondwanaland auseinanderbrach, konnte der Urwaldriese Agathis Australis nur noch in jener Gegend gedeihen, die heute zum Northland gehört. Vor 50 000 bis 100 000 Jahren zerstörten gigantische Wirbelstürme die weitläufigen Wälder, die im sumpfigen Boden versanken. Sowohl die Harzklumpen der Bäume wie auch deren Stämme wurden im sauerstofflosen Morast konserviert. Im Gumdiggers Park können sich Besucher auf eine Zeitreise zu den Swamp-Kauri begeben und die Spuren der Gumdigger zurückverfolgen, die im 19. Jahrhundert nach Bernstein gruben.

Gumdiggers Park. Sommer tgl. 9–17 Uhr, Erw. $ 12,50 RD1, 171 Heath Rd., Awanui, Tel. 09/406 71 66, www.gumdiggerspark.co.nz

Oben: Adrenalinschub: Sandboarden auf den 100 Meter hohen Giant Te Paki Sand Dunes
Mitte: Bekanntes Gesicht des Cape Reinga – der zehn Meter hohe Leuchtturm auf den Klippen
Unten: Traumbuchten zum Baden und Seele-baumeln-Lassen

Aupouri Forest wuchsen eins Kauri-Bäume, die seit 60000 Jahren unter Farmland begraben liegen. Wer vom Highway nach Paua oder Te Hapua abbiegt, gelangt in den fjordähnlichen Parengarenga Harbour an der Ostküste, die sich gut für Kajaktouren eignet. Bis heute wird der Quarzsand in Auckland und Whangarei zu Glas verarbeitet. Am Waitiki Landing führt ein Abzweig in die Spirits Bay. Auf der Hauptroute geht es hingegen nach Te Paki weiter, dessen Sanddünen von Sandboardern genutzt werden. Von hier aus lohnt sich ein Abstecher am Ninety Mile Beach in Richtung Cape Maria van Diemen. Rund 53 Kilometer nordwestlich liegen die Three Kings Islands, die 1643 vom ersten Europäer auf Neuseeland, Abel Tasman (1603–1659), ihren Namen erhielt. Die Inseln waren von Maori besiedelt und sind nun ein Naturschutzgebiet, in dem Vögel wie die Pazifischen Albatrosse brüten. 1902 ging an dieser Stelle das transtasmanische Dampfschiff »Elingamite« unter – und mit ihm eine riesige Ladung Gold.

Cape Reinga

Das Cape Reinga ragt schließlich als steiler Felsen rund 290 Meter über dem Meer auf. Genau genommen ist das Kap gar nicht der nördlichste Punkt Neuseelands, sondern das North Cape rund zwei Kilometer oberhalb am Fuße der Surville Cliffs. Der Leuchtturm an der Spitze des Cape Reinga ist mit einem der stärksten Lichter des Landes ausgestattet und noch aus über 50 Kilometer Entfernung sichtbar. Neben Sandboarden werden auch Kajak- und Angeltouren, Quad-Rennen, Pferdeausritte und andere Strandabenteuer angeboten. Der Ort, an dem die Tasmanische See auf den Pazifischen Ozean trifft, hat für Maori eine große spirituelle Bedeutung. Von hier aus treten die Seelen der Verstorbenen ihren Weg ins mystische Heimatland Hawaiki an.

Infos und Adressen

SEHENSWÜRDIGKEITEN

Te Ahu Heritage Museum. Mo–Fr 8.30–17 Uhr, Erwachsene $ 6, Ecke Mathews Ave und South Rd., Kaitaia, Tel. 09/408 94 54, www.teahuheritage.co.nz

ESSEN UND TRINKEN

Beachcomber Restaurant. Gemütliches Lokal mit Fisch und Meeresfrüchten auf der Speisekarte. Mo–Fr 11–14.30, 17–21 Uhr, 222 Commerce St., Kaitaia, Tel. 09/408 20 10, www.beachcomber.net.nz

Houhora Tavern. Nördlichstes historisches Pub Neuseelands mit herrlicher Aussicht und Außenbereich. Café 9–16 Uhr, Restaurant 17–20 Uhr, RD 4, Saleyard Ave., Houhora, Tel. 09/409 88 05, www.houhoratavern.co.nz

Houhora Wharf Store Supermarket. Mini-Supermarkt für Lebensmittel und Kleinwaren. Steg in Houhora, Tel. 09/409 88 19

ÜBERNACHTEN

Pukenui Lodge Motel & Backpackers. Nördlichstes Motel in einem idyllischen Fischerdorf. 3 Pukenui Wharf Rd., Pukenui, Tel. 09/409 88 37, www.pukenuilodge.co.nz

Wagener Holiday Park. Einfacher Campingplatz in fabelhafter Bucht mit Cabins und Minishop. RD 4, 214 Houhora Heads Rd., Tel. 09/409 85 11, www.wagenerholidaypark.co.nz

AKTIVITÄTEN

Ahikaa Adventures. Hangi, Sandboarden, Kajaken und Angelausflüge von Maori geführt. RD 4, Te Paki Sanddunes, Te Hapua, Tel. 09/409 82 28, www.ahikaa-adventures.co.nz

Ancient Kauri Kingdom. Souvenirshop mit der größten Swamp-Kauri-Wendeltreppe der Welt. 229 SH 1, Awanui, Tel. 09/406 71 72, www.ancientkauri.co.nz

Cape Reinga Adventures. Strandabenteuer. 3689 Far North Rd., Kaitaia, Tel. 09/409 84 45, www.capereingaadventures.co.nz

INFORMATION

Far North i-Site. Te Ahu Centre. Tgl. 8.30–17 Uhr, Matthews Ave Ecke South Rd., Kaitaia, Tel. 0800/36 34 63, www.kaitaia.net.nz

Der Ancient Kauri Kingdom ist die größte Wendeltreppe aus einem Stamm.

DIE WEST-KÜSTE DER NORDINSEL

0
30 km
N
Manurewa
Papakura
Firth of Thames
Thames
Pauanui
Kingseat
Pukehoe
Waitakaruru
Waiuku
Whangamata
Mayor I.
Ngatea
Paeroa
Waikato River
Port Waikato
Waikato
Te Kauwhata
Waihi
L. Waikare
Katikati Entrance
Waikato/Hamilton 12
Waikaretu
Huntly
Springdale
Te Aroha
Katikati
White I.
Morrinsville
Mount Maunganui
Ngaruawahia
Waikato Küste 13
Waharoa
Tauranga
Papamoa Beach
Bay of Plenty
Te Kaha
Raglan Harbour
Raglan
Hamilton
Matamata
Te Puke
Otamarakan
Motuhora I
Omaio
Te Mata
Ohaupo
Kaimai
Pongakawa
Matata
Tasman Sea
Pirongia 959
Pirongia
Cambridge
Kaimaimamaku Forest Park
Edgecumbe
Ohope
Ohiwa Harbour
Torere
Pirongia Forest Park
Tirau
Aotea Harbour
Te Awamutu
Maungatautari Nature Res.
L. Rotoiti
Kawhia
Waihou
Ngongotaha
Opotiki
Opape
Kawhia Harbour
Putaruru
L. Rotorua
Kawerau
Te Teko
Taharoa
L. Okataina
Raukumara Forest Park
Otorohanga
Waikeria
Rotorua
Kawhia
Waitomo
Tokoroa
L. Tarawera
Mt. Tarawera 1111
Marokopa
Waikato
Rangitaiki R.
Motu
Maungahaumi 1213
Te Kuiti
Oponae
Ikawhenua Range
Mangakino
Kaingaroa Forest
Piopio
Whakamaru
Reporoa
Murupara
Maungapohatu 1366
Te Urewera National Park
Pureora Forest Park
Otoko
Aria
Piropiro
Hauhungaroa Range
Tihoi
Ruatahuna
Awakino
Taupo
Waikato
Whirihaki Forest Park
L. Waikaremoana
Hangaroa
Ongarue
Lake Taupo
Waitahanui
Okahukura
Maungataniwha 1369
Tongaporutu
Waitaanga
North Taranaki Bight
Kuratau
Kakaramea 1301
Kaimahawa Forest Park
Sugar Loaf Islands
Waitara
Taumarunui
Wairoha R.
Waiau
Wairoha
Ahimanawa Range
Turangi
New Plymouth
Tarawera
Oakura
Mt. Ngauruhoe 2291
Inglewood
Egmont Village
Tongariro N.P.
Waihua
Cape Egmont
Mount
Mt Taranaki
Whanganui
Whakapapa
Tutira
Mohaka

Opunake
Kaponga
Eltham
Manaia
Normanby
Kaupokonui
Hawera
Ohawe
Raetihi
Waiouru
Forest Park
Bay View
Napier
Fernhill
Clive
Te Awanga
Hastings
Havelock North
Ocean Beach
Tukituki
Jerusalem
Paparangi
Whanganui River
Whangaehu
15
Whanganui River
Taihape
Ruahine
Mangaweka 1733
Forest Park
Waverley
Patea
Westmere
Kai Iwi Beach
Wanganui
Castlecliff Beach
Rangitikei
16
Hunterville
Marton
Halcombe
Waipukurau
Waipawa
Kairakau Beach
Takapau
South Taranaki Bight
Bulls
Feilding
Ashhurst
Dannevirke
Wallingford
Palmerston North
Woodville
Weber
Foxton
Opiki
Wimbledon
Cape Turnagain
Pahiatua
Puketoi Range
Waitarere Beach
Shannon
Levin
Waikawa Beach
Eketahuna
Tiraumea
Owahanga
Otaki
Tararua Range
Tararua 1571
Tararua Forest Park
Strait
Kapiti I.
D'Urville Island
Greville Har
Kapiti Coast
17
Waikanae
Tauweru
Castlepoint
French Pass
Paraparaumu
Masterton
Forsyth I
Paekakariki
Raumati
Cape Soucis
Delaware Bay
Marlborough Sounds
Mitre 1571
Endeavour Inlet
Pukerua Bay
Plimmerton
Upper Hut
Carterton
Greytown
Porirua
Featherston
Arapawa I.
Riversdale Beach
Tawa
Stokes Valley
Te Wharau
Makarao
Lower Hutt
L. Wairarapa
Martinborough
Nelson
Picton
WELLINGTON
Wainuiomata
Richmond
Richmond Range
Aorangi Forest Park
Honeycomb Rock
Aorangi Mts.
Blenheim
Palliser Bay
Renwick
Big Lagoon
Cook
Mount Richmond Forest Park
Hillersden
Seddon
Clifford Bay
Cape Palliser
Auckland
Tasman Sea
Wellington
Christchurch
South Pacific Ocean

12 Waikato und Hamilton

Grüne Hügel im Hobbit-Land

Waikato bildet das Zentrum der Nordinsel. Hier liegt die viertgrößte Stadt des Landes, Hamilton. Der längste Fluss, der Waikato River, durchzieht die grünen Farmhügel, die durch die Tolkien-Verfilmungen kurzerhand zum Auenland wurden. Doch Waikato bietet mehr als nur Film-Locations – vielfältige Wasseraktivitäten und Naturerlebnisse in den Wäldern sind garantiert. Eine eigene Passage widmet sich der Küstenregion Waikatos.

Waikato wird gern als »King Country« bezeichnet. Der Name stammt aus den New Zealand Wars, als in den 1860er-Jahren die Truppen der Briten in Waikato einfielen. Sie vertrieben den Maori-König gen Süden, wo er lange die Stellung hielt und Europäern den Tod androhte. Das Gebiet erstreckt sich von Otorohanga im Norden bis zum oberen

Seite 84/85: Perfekte Symmetrie: der Vulkankegel und die Region Taranaki lohnen einen Besuch.
Mitte: Landschaft als Filmkulisse – die grünen Hügel von Waikato wurden zum Auenland.
Unten: Film-Location zum Eintauchen: Hobbit-Höhlen und Mühle

GUT ZU WISSEN

KIWIANA ÜBER ALLES

Buzzy Bees, Paua Shells, Pavlova-Torten und Gedenksymbole an Hillary und die All Blacks: Otorohanga bezeichnet sich als Kiwiana-Hauptstadt und zelebriert alles, was angeblich die Identität Neuseelands ausmacht. Der frühere Bürgermeister Dale Williams wollte auf diese Art die sozialen Probleme seiner Stadt in den Griff bekommen und Besucher anlocken. Wer dem Kitsch entkommen will: Eine Alternative ist das Kiwi House mit Native Bird Park, ein Reservat mit den größten Vogelvolieren Neuseelands.

Ende des Whanganui River im Süden. Eine beeindruckende Wanderung ist der Weg zu den Wairere Falls, mit 153 Meter die höchsten Wasserfälle der Nordinsel.

Die Hauptwirtschaftszweige Waikatos sind Land- und Forstwirtschaft. Die frische Milch wird bei Kaimai Cheese in Waharoa zu Käse verarbeitet. Die Käserei steht am Ort einer frühen Butterfabrik und ist exakt dem Gebäude der 1920er-Jahre nachempfunden. In ihrer Hochphase produzierte die Originalanlage über 20 Tonnen Butter am Tag.

Matamata ist Hobbingen

Für Fantasy-Fans strahlen die grünen Hügel Waikatos eine große Magie aus. Verblüffend detailgetreue Hobbit-Höhlen liegen auf der Russell Alexander Farm bei Matamata. Mit der Verfilmung der »Herr der Ringe«-Trilogie begann Oscarpreisträger Sir Peter Jackson bereits 1999, die Schaf- und Rinderfarm in Hobbingen zu verwandeln. Doch gemäß einer Auflage der Regierung mussten sämtliche Movie-Sets nach Abschluss der Dreharbeiten wieder abgerissen werden. So auch die weltweit größte Freilichtfilmkulisse in Matamata.

Mit der Verfilmung des »Hobbit« 2012 entstanden neuerlich 44 runde Hobbit-Höhleneingänge. Dieses Mal baute man sogar mit permanenten Materialien, sodass es jetzt aus den Kaminen raucht und Wäsche in den Gemüsegärten vor den Höhlen hängt. Überdimensionale Pflanzenzüchtungen sollen die Hobbits klein aussehen lassen, künstliche Äpfel und Blätter wurden für die Dreharbeiten hundertfach an kleinwüchsigeren Pflaumenbäumen befestigt. Auch die Mühle, den Partybaum, die Brücke und die beliebte Kneipe »Zum Grünen Drachen« baute man nach. Nach einer Filmtour können Fans dann wie echte Hobbits in dem Pub

Geheimtipp

SCHLAFEN IN DER HOBBIT-HÖHLE

Glamping bedeutet »Glamorous Camping« und meint Luxus-Campen. Underhill Glamping wurde vor 15 Jahren von einem Farmer als Erdhaus in den Hügel gebaut und gleicht bis ins Detail einer Hobbit-Höhle. Rustikale, handgefertigte Holzmöbel, perfekte Metallarbeiten und eine Kochstelle wie aus Großmutters Tagen – alles ist im Hobbit-Stil konzipiert. Eine schöne Gartenanlage mit Brücke und Teich und die Aussicht auf die grünen Hügel erinnern unverkennbar ans Auenland. Romantisches Kerzenlicht, ein Hobbit-Bier auf der Bank und der weite Sternenhimmel dürften den Abend komplettieren. Hier kann man fernab des Alltags so ganz mit Mittelerde verschmelzen.

Underhill Glamping. Bei Hamilton, Adressbekanntgabe nach Buchung, zwei Personen ab $ 345, Tel. 027 247 30 03, http://canopycamping.co.nz/listings/underhill/

Geheimtipp

BADEN IN SODA
Te Aroha liegt am Fuße des höchsten Bergs Mount Te Aroha (952 Meter) der Kaimai Range in Waikato. Durch die Te Aroha Domain gelangen Besucher über den steilen Anstieg oder über einen in Serpentinen ausgebauten Spazierweg zum einzigen natürlichen Sodawasser-Geysir der Welt. Die Quelle produziert täglich 28 000 Liter mit einer konstanten Temperatur von 75–85 Grad. Sie wurde nach dem Maori-Häuptling Mokena Te Hau benannt, dem einst das Land gehörte. Das thermale Sodawasser wird für die benachbarten Spa-Pools verwendet und sorgt für fantastische Entspannung. Ein Café, Picknickplätze und weitere Wanderwege lohnen den Abstecher einmal mehr.

Te Aroha Mineral Pools. So–Do 10.30–21 Uhr, Fr–Sa 10.30–22 Uhr, $ 19/30 min., Baden nur zu zweit, Te Aroha Domain, Boundary St., Te Aroha, Tel. 07/884 87 17, www.tearoha mineralspas.co.nz

einkehren. Mit einem Rekordbudget von 500 Millionen US-Dollar war die »Hobbit«-Kinotrilogie in 3D die teuerste Filmproduktion aller Zeiten.

Eine ganz persönliche Hobbit-Tour findet man in Piopio nahe Waitomo. Die Hairy Feet Tour wird von Suzie und Warrick Denize geführt, auf deren Farmland hohe schroffe Kalkklippen, Täler und Wald in die Fantasiewelt Mittelerdes verwandelt wurden. Hier finden Fans einige einprägsame Film-Locations wieder und bekommen lebhafte Anekdoten zu den Dreharbeiten aus erster Hand – von Pferden in langhaarigen Fellkostümen, Peter Jacksons Geburtstag am Set und plaudernden Schauspielern in Latexprothesen. Filmmuffel können in Piopio bei Greenmount Lamas Trekkingtouren in die verwunschene Landschaft buchen. Die Lamas tragen das Gepäck, während die Wanderer Kalksteinfelsen und das klare Wasser des Mokau und Mangaotaki River bestaunen können.

Hamilton

Hamilton ist mit über 153 000 Einwohnern die größte Stadt Waikatos. Die Waikato University zieht rund 40 000 Studenten an. Neben der Fremdsprache Deutsch gibt es zahlreiche Kooperationen mit deutschen Unis wie im Bereich der Tiefseeforschung mit der Universität Bremen. Hamilton hat eine rege Cafészene, und auch das Nachtleben in der Hood Street lässt sich sehen. Das Waikato Museum wurde bereits mehrfach prämiert und hat kulturelle, sportliche und historische Schwerpunkte. Eines der Highlights ist ein 200 Jahre altes Maori-Kriegskanu. Nach Kleinasien versetzt werden Besucher der Zealong-Teeplantage, der einzigen in Neuseeland. Auf 40 Hektar erfährt man alles Wissenswerte zum Anbau und zur Geschichte des Tees sowie zur Teekultur.

Wer Hamilton zu Fuß erkunden möchte, sollte einen Spaziergang durch die Hamilton Gardens entlang des Waikato River unternehmen. Der mit 425 Kilometern längste Fluss Neuseelands spielt eine große Rolle im Leben der Bewohner. Ob per Kanu, Kajak, Waka oder geführter Bootstour, der Waikato River ist auf vielfältige Art zu entdecken. Sonntags wird eine spezielle Wine Cruise angeboten. Besonders schön ist Waikato aus der Luft. Um Hamilton herrschen hervorragende Bedingungen zum Ballonfahren. Jedes Jahr Ende März findet das Festival Balloons over Waikato statt, bei dem unterschiedliche Motivballons gegeneinander antreten. Wer selbst abheben möchte, kann jederzeit eine unvergessliche Ballonfahrt bei einem der Anbieter der Region buchen.

Mount Maungatautari

Ein Geheimtipp ist das Maungatautari Ecological Island. Das 3400 Hektar große Reservat schützt viele vom Aussterben bedrohte heimische Tierarten wie den Giant Weta, Tuatara-Echsen, Takahe, Kokako und Kiwi. In dem vulkanischen Gebiet steht dichter Wald, umgeben von dem mit 47 Kilometern längsten Schutzzaun Neuseelands, der das ungestörte Wildlife im Sanctuary erst ermöglicht. Neben geführten Touren können Besucher bei einem Kiwi-Gesundheitscheck dabei sein und selbst einen Brown Kiwi kurz in der Hand halten.

Orte in Waikato

Cambridge ist stolz auf seinen Slogan »Wo die Champions herkommen«, denn hier wird eine Weltklassezucht für Rennpferde betrieben. Der Karapiro Cycle and Walkway führt sechs Kilometer aus der Stadt zum Lake Karapiro, einem künstlichen Stausee, in dem auch gebadet werden kann und auf dem 2010 die Ruderweltmeisterschaft

Oben: Riff Raff: Hamilton ist die Geburtsstätte der Rocky Horror Picture Show.
Mitte: Geschichte, Sport und Kultur zum Anfassen gibt es im prämierten Waikato Museum.
Unten: Alles Kiwi oder was? Die Kiwiana-Statue in Otorohanga

Oben: Milliarden-Exportmarkt: Über 50 Schafzüchtungen werden als Fleisch- und Wolllieferanten angeboten.
Unten: Waikatos Hauptwirtschaftsfaktor ohne Ställe: Kühe und Schafe auf den Weiden

ausgerichtet wurde. Karapiro Cruise bietet Bootstouren an. Für Besucher ist das Örtchen nicht nur ein malerischer Stopp am Waikato River, sondern bietet auch interessante Aktivitäten. Neben einem Stadtbummel durch die Leamington Domain, den Lake Te Ko Utu Park und Antiquitätenläden, lohnt sich eine Pause in einer der zahlreichen Bars.

Die Bürger Te Awamutus nennen ihr Zuhause die »Rosenhauptstadt«. Viele neuseeländische Sportlegenden stammen von hier – darüber hinaus die Gründungsmitglieder Tim und Neil Finn der Kultband Crowded House (»Weather with you«). Das Te Awamutu Museum gilt als eines der besten Gemeindemuseen mit mehr als 7000 Objekten, unter anderem von Crowded House. Der verrückteste Ort ist die Schafshochburg Te Kuiti. Beim Schaffestival Anfang April treten Schafscherer der ganzen Welt gegeneinander an. Höhepunkt ist ein Rennen von rund 2000 Schafen durch den Ort, es gilt als größtes Schafrennen der Welt.

Das Biker-Eldorado Tokoroa verblüfft durch seine Talking Poles, aus Stämmen geschnitzte Holzfiguren. Sie stehen für die vielen Bürger, die seit Generationen in der Holzindustrie arbeiten. Es gibt einen Talking Poles Trail, auf dem man die 44 Holzskulpturen bestaunen kann. Der Cougar Mountainbike Park hält einfache Routen und steile Profi-Trails bereit.

Infos und Adressen

SEHENSWÜRDIGKEITEN

Te Awamutu Museum. Mo–Fr 10–16 Uhr, Sa 10–14 Uhr, Eintritt frei, 135 Roche St., Te Awamutu, Tel. 07/872 00 85, www.tamuseum.org.nz

Waikato Museum. Tgl. 10–17 Uhr, Eintritt frei, 1 Grantham St., Hamilton, Tel. 07/838 66 06, www.waikatomuseum.co.nz

ESSEN UND TRINKEN

Gothenburg. Tapas-Spezialitäten. Mo–Fr 9–23, Sa 11–23 Uhr, 17 Grantham St., Hamilton, Tel. 07/834 35 62, www.gothenburg.co.nz

The Red Kitchen. Nettes Café. Mo–Fr 7–17.30 Uhr, Sa 7.30–14.30 Uhr, 51 Mahoe St., Te Awamutu, Tel. 07/871 87 15, www.redkitchen.co.nz

ÜBERNACHTEN

Kauri Lodge. Kiwi-Farmstay. 957–4 Taotaoroa Rd., Karapiro, Tel. 07/827 88 21, www.kaurilodgekarapiro.co.nz

The Owl's Nest. Gemütliches Motel mit Bar, Café, Kleinkunstladen. 12 Ruru St., Piopio, Tel. 07/877 87 67, www.theowlsnest.co.nz

AKTIVITÄTEN

Greenmount Llamas. Lama-Trecks. 142 Paekaka Rd., Piopio, Tel. 07/877 82 97, www.greenmountllamas.co.nz

Hairy Feet Waitomo. Film-Tour. Tgl. 10 und 13 Uhr, ab $ 50, 1411 Mangaotaki Rd., Piopio, Tel. 07/877 80 03, www.hairyfeetwaitomo.co.nz

Hobbiton Movie Set Tours. Hobbiton Film-Location. Tgl., ab $ 79, 501 Buckland Rd., Matamata, Tel. 07/888 15 05, www.hobbitontours.com

Sanctuary Mt. Maungatautari. Tgl. 8.30–16 Uhr, Eintritt $ 20, 99 Tari Rd., Pukeatua, Cambridge, Tel. 07/870 51 80, www.sanctuarymountain.co.nz

Zealong Tea Estate. Einzige Teeplantage Neuseelands. Di–So 9.30 und 14 Uhr, Buchung nötig, 495 Gordonton Rd., Hamilton, Tel. 07/853 30 18, www.zealong.com

INFORMATION

i-Site Hamilton. Mo–Fr 9–17 Uhr, Sa/So 9.30–15.30 Uhr, Caro St. Ecke Alexandra St., Tel. 0800 24 26 45, www.visithamilton.co.nz

In den Hamilton Gardens am Highway 1 sieht man historische und internationale Gärten.

Waitomos spektakuläre Höhlenwelt mit Glühwürmchen, Tropfsteinen und Wasserfällen

13 Waikatos Küstenregion

Eine eigene kleine Welt

Rund zweieinhalb Stunden südlich von Auckland liegt Waitomo, ein Ort, der durch seine spektakulären unterirdischen Höhlensysteme weltweit Berühmtheit erlangte. Doch der Westen von Waikato hat mit den einsamen Küstenregionen Marokopa und Kawhia noch mehr zu bieten. Hier liegt ein ganz besonderes Stück Neuseeland verborgen, mal wild und liebenswürdig oder wie das Surfer-Eldorado Raglan angesagt und trendy.

Waitomo bedeutet »Fluss, der in den Boden fließt«. Vor rund zwei Millionen Jahren wurde die Erde so ausgewaschen, dass ein riesiges Höhlensystem entstand. 1887 erkundeten der Maori-Stammesführer Tane Tinorau (gest. 1905) und der britische Vermesser Fred Mace (1878–1917) als Erste die beeindruckende Höhlenwelt. Nur zwei Jahre später führten sie bereits Touristen durch die spektakulären unterirdischen Naturgewölbe. Heute kommen jährlich rund 500 000 Besucher nach Waitomo. Die bizarren Gesteinsformationen benötigen über ein Jahrhundert, um einen Kubikzentimeter zu wachsen. Das Glowworm Caves Visitor Centre hält gut aufbereitete Informationen bereit.

Aranui, Waitomo und Ruakuri

Jede der drei Höhlen Aranui, Waitomo und Ruakuri hat ihren ganz besonderen Reiz: Die Tour in die Aranui Caves führt zu Stalaktiten, Stalagmiten und anderen beeindruckenden Gesteinsformationen. Hier leben ungefährliche Höhlen-Wetas, Rieseninsekten. Ein wahrer Besuchermagnet sind die 38 Meter tiefen Waitomo Glowworm Caves mit der Cathedral-Höhle. Die Akustik ist dort derart einmalig, dass Sänger in ihr schon Lieder aufnahmen. Höhepunkt ist eine Bootsfahrt am Ende der imposanten Höhle. An den Decken kleben seit Beginn des 19. Jahrhunderts Tausende von Glühwürmchen. Das Körperende der Larven leuchtet blaugrün, um andere Insekten anzuziehen.

Die Ruakuri-Höhle vereint beeindruckende Stalagmiten, mächtige Stalaktiten und ebenfalls ein Heer von Glühwürmchen. Hier wird auch Black Water Rafting angeboten. Mit Helmen ausgestattet seilen sich die Teilnehmer durch einen schmalen Schacht in die Gänge ab. In Autoschläuchen treiben sie auf dem unterirdischen Fluss durch die Dunkelheit, bevor es durch Wasserfälle hindurch aus dem Labyrinth wieder ans Tageslicht geht.

Marokopa

Weiße Kalkklippen erheben sich kontrastreich über schwarzem Sandstrand. Marokopa liegt am Ende der 58 Kilometer langen Straße von Waitomo an der Westküste. Der einzige Laden ist gleichzeitig Fast-Food-Shop und bleibt geschlossen, wenn der Besitzer gerade den Schulbus fährt. In den Dünen brüten Pinguine und seltene Seevögel. Besonders empfehlenswert ist der Ruakuri Walk zu den gleichnamigen Höhlen, wo eine rund 500 Millionen Jahre alte Tierart lebt: Der Peripatus ist eine Mischung aus Tausendfüßler und Wurm. Er bespuckt seine Beute ähnlich wie Spinnen, um sie in der klebrigen Masse festzuhalten. In der Dunkelheit der Höhlen erkennt man Stalaktiten – ganz ohne Eintritt. Auch die Mangapohue Natural Bridge und die 35 Meter hohen Marokopa Falls, die manche für den schönsten Wasserfall Neuseelands halten, sind ein Erlebnis.

Einfach gut!

MIT DER BIMMELBAHN INS TRAUMLAND

Ob ein Eisenbahnwaggon von 1914, das Bristol-Frachtflugzeug von 1950 oder die »Waitanic«, ein Anti-U-Boot-Überwachungsschiff aus dem Zweiten Weltkrieg: Alle rollenden, schwimmenden und fliegenden Gefährte wurden restauriert, in Selbstversorger-Motel-Einheiten umgebaut und liebevoll eingerichtet. Wer also um Waitomo eine außergewöhnliche Unterkunft sucht, wird im Woodlyn Park nahe der Waitomo Caves fündig. An Fantasie fehlte es den Betreibern der Anlage nicht. Ihre neueste Idee: gemütliche Hobbit-Höhlen. Im gestrandeten Schiff gibt es sogar eine Flitterwochen-Suite, die ihren Gästen wohl dauerhaft in Erinnerung bleiben dürfte. Ähnlich verrückt ist auch die ortsansässige Farmshow von Billy Black.

Woodlyn Park Motel. RD 7, 1177 Waitomo Valley Rd., Otorohanga, Tel. 07/878 66 66, www.waitomomotel.co.nz

Oben: Auch Anfänger werden in die hippe Surfszene Raglans aufgenommen.
Mitte: Am Hot Water Beach in Kawhia kann man sich in der Thermalquelle Te Puia eine heiße Wanne buddeln.
Unten: Fischerdorf Kawhia

Surf-Hochburg Raglan

Die eingeschworene Fangemeinde behauptet, die besten Surfwellen Neuseelands gebe es in Raglan am Sunset Beach und in der Whale Bay. Surfschulen bieten für Anfänger und Fortgeschrittene jeden Alters Stunden und Ausrüstung an. Raglans schicke Cafés und die Szene machen den winzigen Westküstenort zum trendigen Surfer-Eldorado.

Kawhia

Dies ist kein Ort, in den man sich verirrt. Das 650-Seelen-Fischerdorf liegt vergessen am Kawhia Harbour, der um die 6000 Hektar umfasst. Bei Ebbe kann man im Sand Austern und andere Muscheln einsammeln. Der Campingplatz ist traumhaft, und die Bootstouren auf dem Fischereifrachter sind ein Erlebnis. Neben der abwechslungsreichen Natur aus Kalksteinfelsen, bewaldeten schwarzen Sanddünen und wüstenhaften Küstenabschnitten hat der Ort auch eine interessante Geschichte. Bereits 1350 landeten Tainui-Maori in der ruhigen Bucht. 1820 wurde hier Te Rauparaha (1760–1849) geboren, ein berühmter Stammesführer der Ngati Toa. Waikato-Stämme vertrieben ihn in Richtung Süden, wo er die Ka-Mate-Version des Kriegstanzes Haka kreierte, der heute vor jedem Spiel von der neuseeländischen Rugby-Nationalmannschaft aufgeführt wird: Ka mate, ka mate, ka ora, ka ora – Ich sterbe, ich sterbe, ich lebe, ich lebe. Das heute verschlafene Örtchen florierte mit der Besiedlung durch Europäer zur lebendigen Hafenstadt, hatte ein Schifffahrtsamt, Flachsfabriken und Mühlen. Ein besonderes Erlebnis in Kawhia ist der Hot Water Beach. Bei Ebbe sollte man dort ein Loch in den Sand graben. Das warme Wasser der unterirdischen Thermalquelle Te Puia vermischt sich dann mit dem Meerwasser und ergibt eine perfekte Badetemperatur.

Infos und Adressen

ESSEN UND TRINKEN

Huhu Restaurant. Günstige Lage im Ort, gutes Essen. Tgl. ab 12 Uhr, 10 Waitomo Caves Rd., Waitomo Caves, Tel. 07/878 66 74, www.huhucafe.co.nz

Kawhia Fish ‘n‘ Chips. Beste Qualität aus frischem Fisch. Omimiti St., Kawhia, Tel. 07/871 07 12

The Shack Restaurant. Lokal mit »Pacific Rim«-Küche. Tägl. 8–16 Uhr, 19 Bow St., Raglan, Tel. 07/825 00 27, www.theshackraglan.com

ÜBERNACHTEN

Kawhia Beachside S-Cape Holiday Park. Fantastischer Campingplatz, Motels und Cabins hinter den Dünen 600 Meter neben Kawhia. Kajakverleih $ 10/Std., 225 Pouewe St., Kawhia, Tel. 07/871 07 27, www.kawhiabeachsidescape.co.nz

Solscape. Öko-Lehmdom und Tipizelt mit Lagerfeuer und Open-Air-Küche. 611 Wainui Rd., Raglan, Tel. 07/825 82 68, www.solscape.co.nz

In gemütlichen Lokalen kann man den Tag in Raglan ausklingen lassen.

Waitomo-Abenteuer: Abseilen, Höhlenklettern und Raften auf unterirdischen Flüssen

AKTIVITÄTEN

Ocean Beach Horse Riding Treks. Strandausritte mit Maori. Ocean Beach, Kawhia, www.horse.co.nz

Raglan Surfing School. Angesagte Surfschule mit Ausrüstungsverleih. 5b Whaanga Rd., Whale Bay Raglan, Tel. 07/825 78 73, www.raglansurfingschool.co.nz

Waitomo Glowworm Caves & Tours. Tgl. verschiedene Touren ab $ 50, Vorbuchung empfohlen, 39 Waitomo Caves Rd., Waitomo, Tel. 07/878 82 28, www.waitomo.com

INFORMATION

i-Site Waitomo. Waitomo Caves Discovery Centre, Sommer 8.30–18.45 Uhr, Winter 9–17 Uhr, 21 Waitomo Caves Rd., Waitomo, Tel. 0800/47 48 39, www.waitomocaves.com

14 Taranaki
Neuseelands Fudschijama

Der Mount Taranaki ist das geografische und spirituelle Herz von Taranaki. Der symmetrische Vulkankegel thront über grünem Farmland und der wilden Surfküste. Doch in den letzten Jahren hat sich Taranaki zu mehr gemausert. Man bezeichnet sich stolz als »Garten Neuseelands« und Event-Metropole. Entsprechend vielfältig sind Landschaft und touristische Angebote.

Mitte: Mächtiger Vulkankegel: Mount Taranaki wurde im Film als Fudschijama verkauft.
Unten: Radfahren im Schatten des thronenden Vulkans – Opunake ist die Biker-Hochburg.

Mountainbiken, Wandern und Surfen sind die Aushängeschilder von Taranaki. Der Vulkan weist eine derart konische Form auf, dass er dem Fudschijama in Japan gleicht. Produzent Yoko Narahashi nutzte diese Ähnlichkeit und drehte hier aufgrund günstigerer Produktionskosten seinen Kinoschlager »Last Samurai« mit Tom Cruise in der Hauptrolle und verkaufte den Berg der Welt als Fudschijama. Neben unzähligen großen Sportveranstaltungen findet in der Event-Region Neuseelands jedes zweite Jahr Mitte August das internationale Arts Festival statt. Beim Gartenfrühlingsfestival Ende Oktober, wenn passionierte Hobbygärtner ihre Tore zur Besichtigung für Besucher öffnen, stehen die beliebten Garden Tours auf dem Programm.

Egmont Village und Stratford

Gute Ausgangspunkte für Wanderungen am Mount Taranaki sind Egmont Village und Stratford. Zweiteres liegt am Patea River, der dem River Avon in England gleicht. Diese Ähnlichkeit führte zur Shakespeare-Assoziationen, weshalb heute noch 67 Straßen des Orts nach Charakteren des englischen Dichtergenies benannt sind und der Glockenturm sogar ein Romeo-und-Julia-Glockenspiel beherbergt.

Vulkanbesteigung

Der Mount Taranaki ist mit 2518 Metern Neuseelands zweithöchster Vulkan und wahrlich ein schlummernder Gigant, der seit über 200 Jahren keine Aktivität mehr gezeigt hat. Eigentlich ist er überfällig, denn über die vorangegangenen 9000 Jahre brach er alle 90 Jahre aus. Wer den Mount Taranaki, auch Mount Egmont genannt, besteigen möchte, kann seine Wanderung vom Mountain House am östlichen Ende beginnen. Der Regenwald wirkt märchenhaft, ist er doch von dichten Moosen und Flechten überwuchert. Der Northern Summit Track führt immer steiler werdend zum sogenannten Puffer hinauf, der in die Scoria Slopes aus vulkanischem Geröll übergeht. Am Ende eines kleinen Kraters ist der Gipfel erreicht. Der Berg ist den Maori heilig, man sollte deshalb nicht auf dem Gipfelfelsen stehen oder am Kraterrand campen.

Auch das Pouakai Crossing an der Nordwand und der Circuit Track sind fantastisch. Das DOC vor Ort bietet entsprechendes Kartenmaterial. Eine wesentlich kürzere Tour ist der Weg zu den 18 Meter hohen Dawson Falls. Ein acht Meter hoher, geschnitzter Pfahl zeigt berühmte Maori-Persönlichkeiten. Nur fünf Minuten entfernt liegt ein altes Wasserkraftwerk, das schon seit 1935 in Betrieb ist.

Coastal Walkway – auch zum Radfahren

Der Forgotten World Cycle Way und der Coastal Walkway sind die beliebtesten Strecken für Rad-

Einfach gut!

REISE IN DIE VERGESSENE WELT

Mit einem ausgemusterten Golfcart auf Schienen durch Taranaki kurven? Das scheint kurios, wird aber auf einer stillgelegten Eisenbahnstrecke praktiziert. Durch 24 Tunnels geht es von Stratford bis Okahukura nahe Taumarunui im Ruapehu District. Die Gegend wird oft als »vergessene Welt Neuseelands« bezeichnet und bietet schroffe Hügel, isolierte Farmlandschaft und verwunschenen Buschwald. Ob per Halbtagestrip oder auf einer Zwei-Tages-Exkursion entlang der 140 Kilometer Gesamtstrecke, diese Fahrt mit maximal 20 Stundenkilometern hat ihren eigenen Reiz. Sie lässt sich mit einer Jetboat-Tour auf dem Whanganui River oder kombiniert als Fahrradtour buchen.

Forgotten World Adventures. Ab $ 145, 1 Hakiaha St., Taumarunui, Tel. 0800/724 52 27, www.forgottenworldadventures.co.nz

Geheimtipp

DIE DREI SCHWESTERN
Tongaporutu ist eine kleine Siedlung in Nord-Taranaki, nahe der gleichnamigen Flussmündung. »Die Drei Schwestern« sind Gesteinsformationen am Strand, einst ragten sie 25 Meter in die Höhe. Mit etwas Fantasie erkennt man einen großen Elefanten mit Rüssel und Schwanz. Die Felsen werden jedoch stark erodiert, um 1900 sollen es einmal vier Schwestern gewesen sein. Sie bergen Höhlen und uralte Felszeichnungen von Maori, die nun ebenso vom Meer verschlungen werden.

Tongaporutu & The Three Sisters. Vom HW 1 nördlich der Tongaporutu Bridge in die Pilot Rd., hier hat man einen guten Blick auf die Felsen. Südlich der Brücke biegt man in die Clifton Rd und kann bei Ebbe am Fluss bis zu den Höhlen und Zeichnungen laufen.

fahrer und Spaziergänger. Ganz in der Nähe des Hickford Park in New Plymouth startet der von Flachs gesäumte Coastal Walkway, der durch seine ebene Strecke auch von Ungeübten befahren werden kann. Auf der Route kann man Robben entdecken und manchmal sogar die seltenste Delfinart der Welt, die Mauis, von denen nur noch 55 Exemplare existieren. Entlang der Küste geht es bis zur imposanten, 83 Meter langen Te Rewa Rewa Bridge. Die moderne Brücke stellt ein Walskelett dar, deren Bogen genau die Vulkankulisse des Mount Taranaki rahmt und so harmonisch das kulturelle Erbe der Maori würdigt. Ein schöner Stopp ist der Fitzroy-Surfstrand, an dem man den vielen Wassersportlern zusehen und eine Kaffeepause einlegen kann. Der elf Kilometer lange Radwanderweg endet am Ngamotu Beach, einer schönen Familienbucht, die sich gut zum Abkühlen eignet.

Surfen als Lebensstil

Taranakis wilde Küstenlinie hat mehr Wellenbrecher pro Kilometer als sonst eine Stelle südlich von Hawaii. Deshalb wird die Küstenstraße auch »Surf Highway 45« genannt. Egal aus welcher Richtung der Wind bläst, ob bei Ebbe oder bei Flut, entlang dieser Küste können sich Surfer 365 Tage zu jeder Uhrzeit aufs Brett schwingen. Am Kina Road Strand sind sogar Ritte bis zu 400 Meter keine Seltenheit. Opunake lebt von bunten Cafés, kleinen Lädchen und einer entspannten Surfkultur. Es ist berühmt für das erste künstliche Surfriff Neuseelands. Mangahume bringt riesige Wellen hervor, am Kaupokonui Beach kann man wunderbar campen und in Fluss und Meer baden. Der beliebteste Bade- und Surfstrand im Süden ist der Ohawe Beach.

Taranakis Surfer haben Hunderte von Anekdoten hervorgebracht – über gläserne Wellen, versteckte Surfstellen entlang der Küste und Surfbretter, die im Hinterhof in detailversessener Eigenregie entwickelt wurden. Die Surfkultur wird im täglichen Leben wahrlich zelebriert und bestimmt den Alltag vieler Bewohner.

Tauchparadies Sugar Loaf Islands

Die Sugar Loaf Islands und der 153 Meter hohe Pinnacle-Felsen, auch Paritutu Rock genannt, sowie das Tapuae Marine Reserve gehören zur ältesten vulkanischen Zone der Taranaki-Halbinsel. Das erodierte Gestein ist der Überrest eines 1,7 Millionen Jahre alten Vulkankraters. Der submarine Lebensraum zeigt spektakuläre Canyons, Riffe, Höhlen und überhängende Felsen, Kugelgebilde und scharfkantige Gesteinsspitzen. Die Artenvielfalt von Flora und Fauna ist riesig und macht die Gegend zum fantastischen Tauchrevier. Auch Wale und Delfine ziehen häufig durch die Gewässer, es gibt Seevögel- und Robbenkolonien. Der Paritutu Rock kann mithilfe von in den Fels eingelassenen Ketten bestiegen werden.

Oben: 365 Tage im Jahr surfen entlang des Surf Highway 45, wie hier am Fitzroy Beach
Mitte: 83 Meter lange Walskelettnachbildung: Die Te Rewa Rewa Bridge würdigt die Maori-Kultur.
Unten: Taranaki eignet sich ideal zum Surfen, Wandern und Biken.

Oben: Wahrzeichen von Hawera: Der Wasserturm von 1914 kann sogar bestiegen werden.
Unten: Künstler Nigel Ogle setzt in seinem Tawhiti Museum Wachsfiguren in Szene.

Cape Egmont Lighthouse

Weiter südlich an der westlichsten Spitze Taranakis liegt das Cape Egmont Lighthouse. Der Leuchtturm wurde 1864 in London gefertigt, zunächst nördlich von Wellington installiert und 1877 nach Taranaki transportiert. Erst 1881 wurde er dort in Betrieb genommen, denn die Bauarbeiten waren lange verzögert worden: Ansässige Maori, Parihaka, hatten sich während der Taranaki Land Wars lange gewaltlos, aber effizient gegen die Landkonfiszierung durch Europäer gewehrt, viele von ihnen wurden als Konsequenz in Arbeitslager auf die Südinsel gebracht. Der Turm ist 20 Meter hoch und hat eine Reichweite von über 35 Kilometern. Seit 1986 ist er voll automatisiert.

Hawera

Der 55 Meter hohe Hawera Water Tower von 1914 ist das Wahrzeichen des Orts. Er kann über 215 Stufen erklommen werden. Sehenswert ist das Tawhiti Museum, in dem handgefertigte, lebensgroße Wachsfiguren ausgestellt sind. Mithilfe der berühmten Filmrequisitenmacher Wellingtons wurden geschickt ebenso dramatische wie witzige Geschehnisse in Szene gesetzt. Besucher können in einem Walfängerboot durch die animierte Historie vor 180 Jahren fahren.

In Hawera hat die größte Milchanlage der Welt ihren Sitz. Whareroa gehört zur Fonterra Cooperative Group und unterhält seine eigene Energiegewinnungsanlage. Musikfans werden an dem Memorial Record Room ihre Freude haben. Kevin Wasley hat eine imposante Sammlung von Fanartikeln des King of Rock 'n' Roll Elvis, von LPs über Instrumente bin hin zu allerlei Kuriositäten und Raritäten, wie Konzertkarten, Puppen und anderes Merchandise. Das Hawera i-Site hilft, einen Besichtigungstermin zu vereinbaren.

Infos und Adressen

SEHENSWÜRDIGKEITEN

Cape Egmont Lighthouse. Der Turm kann nicht bestiegen werden. 377–379 Cape Rd., Pungarehu

Hawera Water Tower. Tgl. 10–14 Uhr, Eintritt $ 2, 105–111 Albion St., Tel. 06/278 05 55

Puke Ariki Taranaki Museum. Mo/Di, Do/Fr9–18 Uhr, Mi 9–21 Uhr, Sa/So 9–17 Uhr, Eintritt frei, 1 Ariki St., New Plymouth, Tel. 06/759 60 60, www.pukeariki.com

Tawhiti Museum. Fr–Mo 10–15 Uhr, Eintritt $ 12, 401 Ohangai Rd., Hawera, Tel. 06/278 68 37, www.tawhitimuseum.co.nz

ESSEN UND TRINKEN

Sugar Juice Cafe. Gute europäische Küche. Tägl. 9–16 Uhr, 42–44 Tasman St., Opunake, Tel. 06/761 70 62

Volcano View Cafe & Restaurant. Holländische Küche mit Blick auf den Berg. Do–So 11–22 Uhr, 1917 Egmont Rd., Kaimiro, Tel. 06/756 61 12, www.volcanoview.co.nz

ÜBERNACHTEN

Post Office Cottage. Gemütliche Ferienwohnung. 1250 Egmont Rd., Egmont Village, Tel. 06/752 20 35

Opunake Beach Kiwi Holiday Park. Schöner Campingplatz direkt am Strand. Beach Rd., Opunake, Tel. 06/761 75 25, www.opunakebeachnz.co.nz

AKTIVITÄTEN

Cycle Inn. Radverleih. Mo–Fr 8.30–17 Uhr, Sa 9–16 Uhr, So 10–14 Uhr, $ 20/Tag, 133 Devon St. East, New Plymouth, Tel. 06/758 74 18, www.cycleinn.co.nz

The Beach Street Surf Shop. Surfschule und Ausrüstungsverleih. Mo–Fr 10–17 Uhr, Sa/So 10–15 Uhr, 39 Beach St., Fitzroy New Plymouth, Tel. 06/758 04 00

INFORMATION

DOC Visitor Centres. Vor der Besteigung des Mt. Taranaki den Ranger informieren! Tgl. 8–16.30 Uhr, 2879 Egmont Rd., Egmont National Park, Tel. 06/756 09 90, www.doc.govt.nz

i-Site Hawera. Mo–Fr 8.30–17 Uhr, Sa/So 10–15 Uhr, 55 High St., Hawera, Tel. 06/278 85 99, www.southtaranaki.com

i-Site New Plymouth. Mo–Fr 9–18 Uhr, Sa/So 9–17 Uhr, 1 Ariki St., New Plymouth, Tel. 06/759 08 97, www.visitnewplymouth.co.nz und www.taranaki.co.nz

Cape Egmont Lighthouse: Sein Licht sieht man 35 Kilometer weit.

Mitte: Der »Rhein Neuseelands«: Transportweg, Naturpark und spiritueller Bezugspunkt
Unten: Wanganuis viktorianisches Theater, das Royal Opera House, steht im historischen Stadtkern.

15 Whanganui River
Der mythische Fluss

»Ich bin der Fluss und der Fluss ist wie ich«, diese Worte verdeutlichen die spirituelle und kulturelle Beziehung, welche Maori und Pakeha mit ihrem Whanganui River eingehen. Der »Rhein von Neuseeland« ist der längste navigierbare Fluss des Landes und hat nicht nur die Landschaft, sondern auch seine Bewohner geprägt. Man sollte deshalb nicht nur den Ort, sondern den Wasserweg selbst erkunden.

Die Whanganui River Journey gehört zu den neun »Great Walks« Neuseelands, obwohl sie im Gegensatz zu allen anderen Wanderungen mit einem Boot zurückgelegt wird. Die Quelle des mit 290 Kilometer drittlängsten Wasserlaufs Neuseelands entspringt im Tongariro-Nationalpark, fließt bis zur Stadt Wanganui an der Westküste und dort in die Tasmanische See. Anders als die meisten Maori-Stämme sprechen die Whanganui-Maori das WH nicht als F, sondern als W. Deshalb trugen die Europäer den Städte- und Flussnamen mit »Wanganui« ein. 1991 änderte man den Flussnamen jedoch in die Originalschreibweise der Maori in Whanganui River zurück, während ein Referendum der Bürger entschied, dass die Stadt weiterhin Wanganui bleiben soll.

Interessante Vergangenheit

Einst gab es 30 000 Maori am Fluss, der über Jahrhunderte ein entscheidender Handels- und Transportweg war. Te Atihaunui o Paparangi, die »River People«, lebten in Kainga an den terrassenartigen Ufern und bauten dort 40 Generationen lang ihre Siedlungen und Verteidigungsanlagen. Auch europäische Missionare und Siedler nutzten den Fluss ab 1840 als Transportweg, um bis zur Küste zu gelangen. Ein öffentlicher Flusstransportservice operierte von 1891 bis 1920. In den Jahren nach 1969 kamen zudem Hippies, die kleine Kommunen gründeten, um ein alternatives Leben in der Abgeschiedenheit der Natur zu führen. Die letzten Gruppierungen zogen aufgrund von Meinungsverschiedenheiten und der großen Distanz zur Zivilisation Mitte der 1990er-Jahre ab. Heute leben hier nur wenige Farmer, etwa 1000 Maori und einige Tourismusanbieter.

Die Brücke ins Nirgendwo

Hinter Pipiriki hört die Zivilisation auf, umso erstaunlicher, mitten im Nirgendwo eine Brücke zu finden, die über eine Schlucht in dichten Buschwald führt. Die Bridge to Nowhere wurde 1935 aus Beton über die Mangapurua Gorge gebaut und sollte die Infrastruktur für die neuen Siedler verbessern. Bereits 1917 hatte die Regierung das Land als Farmland freigegeben. Hauptsächlich siedelten sich dort ehemalige Soldaten an, die aus dem Ersten Weltkrieg zurückkehrt waren. Doch das Gebiet erwies sich als harsch, zu isoliert und als Farmland gänzlich ungeeignet, sodass die Menschen abzogen. Das einzige Anzeichen für den missglückten Siedlungsversuch ist die Brücke.

Die Flussregion entdecken

Etwa 7000 Menschen paddeln jedes Jahr den Whanganui River hinunter. Er bietet die unterschiedlichsten Landschaften, von verwunschenen, mit Ranken überhangenen Flussufern bis hin zu schroffen Steilküsten. In einigen Passagen zerbrachen die Lavaströme der Megaeruption von Taupo die Bergrücken. Ein Großteil des Filmmelodrams »River Queen« wurde an diesem Fluss gedreht.

Geheimtipp

CABLECAR ZUR UNTERKUNFT

The Flying Fox vermietet drei komfortable Öko-Cottages in der Abgeschiedenheit des Whanganui River. Eigene Biogärten, selbst Eingemachtes und frische Frühstückseier sowie ein hauseigener Store sorgen für das leibliche Wohl. Das Besondere an dieser Unterkunft ist nicht nur der Bio-Touch von unbehandeltem, lokalem Bauholz, Solaranlagen und Holzfeueröfen, sondern auch die Anreise. Per Wassertaxi wird man geholt, am Flussufer abgesetzt und genießt von da an … die Stille. Bei der eher beschwerlichen Anreise mit dem Auto wartet auf einen am gegenüberliegenden Flussufer eine einfache Drahtseilbahn, mit der Gepäck, Personen und was es sonst noch gibt über den Fluss gezogen werden.

Flying Fox – Unterkunft & Touren. 3081 Whanganui River Rd., Korinti, Tel. 06/927 68 09, www.theflyingfox.co.nz

Oben: PS Waimarie, der 80 Tonnen schwere Raddampfer von 1889
Mitte: Überbleibsel eines fehlgeschlagenen Besiedlungsversuches – die Bridge to Nowhere
Unten: Die Whanganui River Road ist ein Highlight.

Je nachdem wie viel Zeit man mitbringt, kann einige Stunden oder eine ganze Woche lang gepaddelt werden. Die meisten Anbieter haben kombinierte Jetboat-Kanu-Tagestouren oder mehrtägige Kajakreisen im Programm und können Gäste an jeder Stelle des Flusses absetzen und abholen. Viele der Touren starten in Pipiriki oder entlang der Straße, die von Wanganui aus 79 Kilometer lang dorthin führt. Die in Teilen nur als Schotterstrecke ausgebaute Whanganui River Road ist malerisch, jedoch kurvig, die Fahrt dauert rund zwei Stunden. Der Straßenbau zog sich über 30 Jahre hin, immer wieder kam es durch Lawinenabgänge und Fluten zu Verzögerungen.

Die Route führt durch frühe Siedlungen, die lange nur auf dem Wasserweg erreichbar waren. Trotz aller Abgeschiedenheit wollten die Bürger international sein und benannten ihre Orte nach berühmten Städten der alten Welt: Jerusalem, Corinth, Athen und London. Viele der Siedlungen wurden später wieder in ihre Maori-Namen zurückbenannt. In Hiruharama, dem damaligen Jerusalem, haben sich Maori-Glaube und Katholizismus vermischt: Seit mehr als hundert Jahren ist die Gegend ein Basislager für die Nonnen des Ordens Sisters of Compassion, die 1892 ein Kloster, ein Waisenhaus und eine Schule für ansässige Maori bauten. Besucher können das St.-Joseph's-Kloster besuchen, gegen Kost und Logis mithelfen oder einfach nur im offenen Schlafraum nächtigen. An einigen Stellen des Flusses führen mit Seilen ziehbare Lastkähne übers Wasser.

Reise auf und am Fluss

Für geübte Kajakfahrer bietet sich ein guter Einstieg in Taumarunui. Der erste Streckenabschnitt enthält jedoch einige Stromschnellen, weshalb viele Tourenanbieter erst in Ohinepani, 22 Kilometer flussabwärts, starten. Die 90 Kilometer lange Strecke von Whakahoro nach Pipiriki hat keinerlei Zugang auf dem Straßenweg, sodass absolute Selbstversorgung gewährleistet sein muss. Die Downs Hut oder das Mangapurua Landing sind idyllische Zelt- und Hüttenplätze des DOC entlang der Wegstrecke. Für alle »Bodenverhafteten« gibt es Mountainbike- und Wanderrouten über die Bridge to Nowhere bis nach Raetihi in den Tongariro-Nationalpark. Alternativ kann man sich im Naturschutz engagieren. Jährlich helfen um die 10 000 Besucher, die fragile Natur zu erhalten. Die Blue Duck Station nimmt Volontäre auf, die im Farmalltag und bei Fallenkontrollen mithelfen.

Wanganui

Von der 45 000 Einwohner zählenden Stadt Wanganui lohnt sich eine Dampfschifffahrt mit der »PS Waimarie«. Der historische, rund 80 Tonnen schwere Raddampfer kam 1889 aus England und wird heute nahe der Stadt für beliebte Ausflugsfahrten auf dem Whanganui River eingesetzt. Zurück in der Zivilisation können Musikliebhaber schließlich noch das Royal Opera House besuchen. Das letzte viktorianische Theater Neuseelands stammt aus dem Jahr 1900 und verfügt über 830 Plätze. Auf der Weiterfahrt gen Norden bietet der Castlecliff Beach Abkühlung. Er ist der nördliche Hausstrand Wanganuis, weniger belebt ist der Kai Iwi Beach.

Infos und Adressen

ESSEN UND TRINKEN

The Brickhouse. Steaks, Braten und Meeresfrüchte in historischem Gebäude nahe des Opernhauses. Mo–Sa 11 Uhr–spät, 72 Hill St., Wanganui, Tel. 06/348 49 45, www.thebrickhouse.co.nz

UNTERKUNFT

Blue Duck Station. Lodge; Mithilfe im Naturschutz. 4265 Oio Rd., Whakahoro, RD 2, Owhanga, Tel. 07/895 62 76, www.blueduckstation.co.nz

Kloster Jerusalem. Übernachten und Volontärsarbeit. RD 6, Jerusalem, Whanganui River, Tel. 06/342 81 90, www.compassion.org.nz

AKTIVITÄTEN

Whanganui Riverboat Centre. Historische Dampfschifffahrt und Museum. $ 25, 1A Taupo Quay, Wanganui, Tel. 0800/783 26 37, www.riverboats.co.nz

Whanganui River Jet Boat Tours. Kombinierte Kanu-Jetboat-Fahrt. 1195 Whanganui River Rd., Wanganui, Tel. 06/342 55 99, www.whanganuiscenicjet.com

INFORMATION

DOC Wanganui Office. Kernöffnungszeit tgl. 9–16 Uhr, 34–36 Taupo Quay, Wanganui, Tel. 06/349 21 00, www.doc.govt.nz

i-Site Wanganui. Mo–Fr 8.30–17 Uhr, Sa/So 9–16 Uhr, 31 Taupo Quay, Wanganui, Tel. 06/349 05 08, www.whanganuinz.com

16 Rangitikei

Urlaub auf dem Bauernhof

Der ländliche Rangitikei District ist 4500 Quadratkilometer groß und besteht zum Großteil aus saftigen grünen Wiesen. An der Südküste liegt eine Sandbodenebene, die sich fast bis Bulls zieht, während sich Upper Rangitikei im Norden gen Wanganui eher als idyllisches Hügelland zeigt. Überall stehen Schafe und Rinder auf den Weiden. Viele Farmen laden Touristen ein, am typischen Kiwi-Landleben teilzunehmen.

Marton ist das Zentrum von Rangitikei, welches zur Manawatu-Wanganui-Region gehört. Der Ort liegt 35 Kilometer südöstlich von Wanganui und 40 Kilometer nordwestlich der Universitätsstadt Palmerston North. Das Leben in Marton begann 1866 und dreht sich auch heute noch um die Landwirtschaft. Besucher können einen Eindruck von der Agrarvergangenheit Neuseelands gewinnen, aber auch selbst ausprobieren, wie es sich auf einem Kiwi-Bauernhof lebt. John Vickers führt seine Gäste seit 1992 erfolgreich auf der Historic Homes Tour zu architektonisch interessanten, historischen Anwesen.

Mitte: Adrenalin-Abenteuer am Rangitikei River und in den gewaltigen Schluchten
Unten: Kiwi-Urlaub auf dem Bauernhof – mit Reiten, Tennis, Pool und Lagerfeuer

Marshmallows am Lagerfeuer

Wer sogar mit anpacken will, ist in Rangitikei richtig. Viele traditionelle Höfe operieren mit Tieren und sehen den Tourismus als zweites Standbein. So auch »Rangitikei Farmstay«, eine 650 Hektar große Länderei, die sich seit 1901 in der Hand der Stewarts befindet. Die 1000 Schafe und 3000 Angus-Rinder werden noch per Pferd und mit Hunden in den unwegsamen Hügeln und Talsenken von einer Weide auf die nächste getrieben.

Ausgedehnte Barbecues, gegrillte Marshmallows am offenen Lagerfeuer und Glühwürmchen sind inklusive. Fast alle Farmen bieten auch einen Pool, hofeigene Tennisplätze oder sogar kleine Golfanlagen.

Erstaunlicher Fund im Wald

Die White Cliff Boulders liegen mitten im Wald und sind auch als weiße Kanonenkugeln bekannt. Man vermutet, dass sie über Jahrmillionen in Flusssedimenten aus erodierendem Land entstanden sind, welches zum Meer hin befördert wurde. Das Wasser enthielt Chemikalien und schloss Zement aus Calciumcarbonat um Bäume und Muscheln. Einige weiße Gesteinskugeln sind besonders groß, andere zweigeteilt und mit Bäumen bewachsen. Der Wald lässt sich gut zu Fuß, per Boot oder mit dem Rad erkunden.

Die schmale Schlucht

Die Manawatu-Schlucht verläuft zwischen den Ruahine und den Tararua Ranges. Der Manawatu Gorge Track führt durch üppige Vegetation, in der beeindruckende Grauwacken liegen. Die Gesteinskunst von Whatonga und die Vogelwelt machen die zweistündige Wanderung zu einem abwechslungsreichen Ausflug.

Mokai Gravity Canyon

Am östlichen Ende von Rangitikei liegt Taihape, ein Ort, der sich auch als »Gummistiefelhauptstadt« Neuseelands bezeichnet. Interessanter ist der Mokai Gravity Canyon. Hier kann man an einer Drahtseilbahn hängend 1,1 Kilometer mit bis zu 160 Stundenkilometern über die Schlucht fliegen oder sich per Bungee im freien Fall 50 Meter tief in den Canyon stürzen.

Infos und Adressen

ESSEN UND TRINKEN

Sugar Plum Cafe. Gute Gerichte, rustikale Atmosphäre. Tgl. 8–15.30 Uhr, 1813 SH 1, Marton, Tel. 06/327 88 55

Club Hotel Marton. Deftiges Pub-Essen. Di–So 11 Uhr–spät, 17 High St., Marton, Tel. 06/327 82 94

UNTERKUNFT

Rangitikei Farmstay. Nostalgische Farmzimmer. 422 Makuhou Rd., Tyrone, RD 2, Marton, Tel. 06/327 44 95, www.rangitikeifarmstay.co.nz

EINKAUFEN

Feilding Farmers Market. Fr 9–14 Uhr, Manchester Sq., Feilding, Tel. 027/271 45 55

AKTIVITÄTEN

Homestead Architecture Tours. 10–16 Uhr, $ 110, RD 2, Woodleith Farm, Marton, Tel. 06/327 72 80, www.historichomes.co.nz

Whitecliff Bolders. $ 5–25, RD 7, 396 Mangarere Rd., Mangaweka, Tel. 06/382 58 77, www.whitecliffbolders.co.nz

INFORMATION

i-Site Feilding. Mo–Fr 9–17, Sa 9–12 Uhr, Railway Station, Aorangi St., Feilding, Tel. 06/323 33 18, www.feilding.co.nz

17 Kapiti Coast

Die wilde Sandküste

Kaka-Papageien, die auf der Schulter landen, Kiwis, die nachts durch das Gebüsch rennen, unendliche Strände und einsame Wanderwege in den Tararua Ranges sind die Hauptattraktionen der Kapiti Coast. Nur 40 Minuten nördlich von Wellington liegen 40 Kilometer Sandstrand und über 1000 Kilometer familienfreundliche Rad- und Wanderwege – garantiert ohne Touristenmassen.

An der Kapiti Coast, früher auch als Golden Coast bekannt, kann man gut zwei bis drei ganz entspannte Tage verbringen und sich unter die Einheimischen mischen, denn Touristen trifft man in dieser Region kaum. In Peka Peka strandete im Juni 2011 der als »Happy Feet« in der Weltpresse bekannt gewordene Kaiserpinguin aus der Antarktis und verhalf der Küste zu mehr Popularität. Nach einer Behandlung im Wellingtoner Zoo schickte man den über einen Meter großen Pinguin mit einem Transponder ausgestattet auf einem Forschungsschiff auf die Heimreise. Sein Signal verlor sich jedoch kurz darauf. Er wurde zum Tier des Jahres 2011 gewählt und erhielt in der Coastland Shopping Mall eine Statue als Andenken.

Kapiti Island liegt im Meer vor der Küste und ist das unentdeckte Juwel in der Krone der wilden Küstenlandschaft. Im größten geschützten Inselreservat zwischen dem Hauraki Gulf und den subarktischen Inseln leben die seltensten und gefährdetsten Vögel Neuseelands. Aus den Tararua Ranges im Osten schlängeln sich der Otaki und der Waikanae River durch die unterschiedlichsten

Mitte: Die Kapiti Coast bietet 40 Kilometer atemberaubende Sandküste. Viele Touristen fahren hier ahnungslos vorbei.
Unten: Immer auf Futtersuche nahe der Lodge – zutrauliche Kakas auf Kapiti Island

Landschaftsformen, bis sie schließlich hinter den hohen Sanddünen ins Meer fließen.

Die Ebene vor dem Gebirgszug ist dünn besiedelt und dient hauptsächlich der Landwirtschaft. Von Levin im Norden bis Paekakariki im Süden reihen sich die kleinen Orte Otaki, Te Horo, Peka Peka, Waikanae, Paraparaumu und Raumati entlang des Highway 1. Immer wieder führen kurze Querverbindungen durch idyllisches Farmland zur Küste. Um das meiste aus seinem Aufenthalt herauszuholen, sollte man vorab buchen.

Sandstrände, so weit das Auge reicht

An der Kapiti Coast gibt es tatsächlich noch kilometerweite Strandabschnitte ohne eine Menschenseele, ohne Fußabdrücke, ohne Shops. Die oft bizarre, hohe Dünenlandschaft ist mit Gräsern und bunten Blumen überwuchert. Der dunkle Sand zeigt das deutliche Wellenmuster der Gezeiten und der konstanten Winde, die vom Meer auf die Küste treffen. Von jedem Winkel kann man die majestätische Kapiti Island sehen, die rund fünf Kilometer vor der Küste liegt.

Nicht verpassen

KULTAUTOS

Autofans sollten unbedingt beim Southward Car Museum nahe Paraparaumu anhalten. Es zeigt eine beeindruckende Sammlung aus 400 Autos, einigen Flugzeugen, einem alten Feuerwehrauto, Fahrrädern und vielem mehr und ist die größte Privatsammlung der südlichen Hemisphäre. Höhepunkte sind das Cadillac Town Cabrio von Marlene Dietrich, ein Stutz-Indianapolis-Rennwagen von 1915, ein Benz Velo aus dem Jahr 1895 sowie der 1950er-Gangster-Cadillac, der einst Mickey Cohen gehörte. Schmunzeln macht ein Trabbi, der beim ersten deutschen Filmfestival im November 2009 vom Goethe-Institut nach Wellington gebracht und schließlich dem Museum gestiftet wurde.

Southward Car Museum.
Tgl. 9–16.30 Uhr, $ 18, Otaihanga Rd., Otaihanga, Paraparaumu, Tel. 04/297 12 21, www.southwardcarmuseum.co.nz

Geheimtipp

IMMER DEN STRAND ENTLANG

Durch Zufall verirrt sich keiner hierher. Waikawa ist eine kleine, versteckte Feriensiedlung an der Flussmündung des Waikawa River. Am weitläufigen Strand begegnet man keiner Menschenseele, dafür wurden umso mehr Treibholz, Bimssteine und Muscheln angespült. Eine weite Dünenlandschaft schützt die am Fluss gelegene Siedlung. Endlose Spaziergänge, Baden im Süß- oder Salzwasser und Wassersport sind die einzigen Aktivitäten, die sich hier anbieten. Der Blick auf Kapiti Island und die Sonnenuntergänge sind magisch. Wer möchte, kann auf dem DOC-Campingplatz am Fluss sein Zelt aufschlagen. Es gibt auch Ferienhäuser zu mieten.

Waikawa Beach. Abzweig vom HW 1 zwischen Levin und Otaki in Manakau, dann in die Manakau Rd., bis zum Ende weiterfahren.

Waitarere Beach, wenige Kilometer nördlich von Levin, ist einer jener einsamen Fleckchen und birgt ein interessantes Schiffswrack aus dem 19. Jahrhundert. Paraparaumu und Waikanae sind belebter und werden häufig von Sportlern genutzt. Dementsprechend gibt es Shops und Restaurants, Spielplätze und Cafés. Familien der Region entspannen gern in Raumati. Direkt am Strand liegt ein kostenloser Kinderwasserpark, in dem sonntags eine Miniaturbahn fährt. Wer früh genug bucht, findet an der Kapiti Coast wunderschöne Ferienhäuschen direkt am Strand.

Kapiti-Island-Naturreservat

Das absolute Highlight der Kapiti Coast ist Kapiti Island. Die Insel ist etwa zehn Kilometer lang, zwei Kilometer breit und umfasst ein Areal von 1965 Hektar. Der höchste Berg liegt 520 Meter über dem Meeresspiegel. Das Naturschutzgebiet der Insel kann mit einem schriftlichen Permit des Departement of Conservation besucht werden. In der Hochsaison ist die zulässige maximale Besucherzahl pro Tag für die Zentralinsel und das nördliche Ende jedoch schnell ausgebucht. Die Fähre bringt die Gäste von Paraparaumu nach Kapiti und scheint sie in eine andere Zeit zu versetzen. Nirgends sonst ist ein derart großes Inselreservat so gut zugänglich wie hier. Deshalb wurde Kapiti bereits 1897 zum Naturschutzgebiet erklärt. Neben Kiwis leben auf Kapiti Island Kaka- und Kakariki-Papageien, Wetas, Wekas, die seltenen Takahe und viele andere bedrohte Tierarten. Besucher können die Insel mittels einer Tour oder im Alleingang erkunden. Letzteres ist auf der Zentralinsel mit einer Karte des DOC möglich.

Wer sich für einen Stopp am Nordende entscheidet, kann vom Gipfel aus manchmal Orcas und

Robben in den Buchten sehen. In einer Lodge gibt es auch Übernachtungsmöglichkeiten – die ansässige Maori-Familie operiert unter dem Namen Kapiti Nature Tours und organisiert Aktivitäten aller Art: Neben der Verköstigung stehen Webkunst-Seminare auf dem Programm, Bootsausflüge zur Robbenkolonie, das Sammeln von Seafood und Natur- und Geschichtstouren. Garantiert ist eine hautnahe Begegnung mit den Pinguinen, die unter den Holzstegen der Lodge wohnen, und mit den seltenen Kiwis in freier Wildbahn. Besonders zu empfehlen ist eine Übernachtung und die Buchung einer Kiwi Nightspotting Tour.

Tramping Tararuas

Der Tararua Forest Park ist der größte vom DOC gemanagte Park der Nordinsel. Besonders schön sind die Bergsättel und Täler und die unterschiedliche Vegetation in den Tararua Ranges. Wanderwege führen von den Otaki Forks über ausladende Schwingbrücken auf den Mount Holdsworth. Auch Übernachtungen wie auf der rustikalen Field Hut sind möglich. Die Wanderer können Zeit und Raum für einige Tage vergessen und sich wirklich einmal auf das Wesentliche im Leben besinnen.

Oben: Mit der Fähre und dem DOC-Permit geht es nach Kapiti Island ins Naturreservat.
Unten: Im Einklang mit der Natur: Wandern in den Tararua Ranges mit ihren urigen Hütten

Oben: Nachtaktive Kiwis kommen bei Dämmerung aus den Höhlen, ihr Ruf ist extrem laut.
Mitte: Stärkung in der Kapiti Island Lodge, Ausblick inklusive
Unten: Kereru/Wood Pidgeon – große Waldtauben sind selten und beim Fliegen unverkennbar.

Foxton

Bei schlechtem Wetter gibt es in der Region gute Ausweichmöglichkeiten jenseits von Strand, Berg und Meer. Einer der nördlichsten Orte ist Foxton, wo im Jahr 2003 das Replikat einer holländischen Windmühle aus dem 17. Jahrhundert eingeweiht wurde. Die De Molen Windmill ist fleißig im Einsatz und kann dabei besichtigt werden. Im angegliederten Laden werden holländische Spezialitäten, frisch in der Mühle gemahlenes Mehl sowie Souvenirs angeboten.

Otaki

Otaki ist für seine guten Einkaufsmöglichkeiten bekannt. In dem kleinen Ort gleich am Highway 1 hat sich eine ganze Reihe von Outlet-Stores angesiedelt – Amazon-Surfmode, Merinoprodukte, Outdoor-Funktionsbekleidung von Kathmandu, Icebreaker und vielen anderen. Hier gilt tatsächlich die neuseeländische Redewendung: »Shop until you drop«. Im Queen Elizabeth Park weiter südlich befindet sich ein historisches Trammuseum und ein antikes Exponat, das Besucher die 1,8 Kilometer lange Gleisstrecke zum Strand befördert. Sie stammt ursprünglich aus Wellington und wurde 1964 ausgemustert.

Nga Manu Nature Reserve

Das Nga Manu Nature Reserve beherbergt seltene neuseeländische Tiere – Besucher können bei der Aal- oder Kaka-Fütterung dabei sein und erfahren allerlei über die Naturgeschichte des Landes und die Sensibilität des fragilen Ökosystems. Die Waldtauben Kerekus beispielsweise schlucken als einzige Vögel die großen Kerne der Tawa, Tarire und Karaka-Frucht. Erst dieser Weg durch ihren Verdauungstrakt ermöglicht es, dass die Samen später aufgehen und wieder zu Pflanzen werden.

Infos und Adressen

SEHENSWÜRDIGKEITEN

Nga Manu Reserve. Tgl. 10–17 Uhr, Eintritt ab $ 18, 74 Ngarara Rd., Waikanae, Tel. 04/293 41 31, www.ngamanu.co.nz

ESSEN UND TRINKEN

Front Room. Nettes Lokal mit Hinterhof. Tägl. 8.30 Uhr–spät, 42 Tutere St., Waikanae Beach, Tel. 04/905 41 42, www.thefrontroomcafe.co.nz

Waterfront Bar & Kitchen. Gemütliches Strand-Pub mit schönem Ausblick. Tgl. 11 Uhr–spät, 3 Garden Rd., Raumati Beach, Tel. 04/902 63 63, www.waterfrontbar.co.nz

ÜBERNACHTEN

Paekakariki Holiday Park. Campingplatz am Strand. 180 Wellington Rd., Paekakariki, Tel. 04/292 82 92, www.paekakarikiholidaypark.co.nz

Raumati Sands Resort. Boutique-Unterkunft mit schönem Ausblick. 4–8 Matatua Rd., Raumati Beach, Tel. 04/299 01 55, www.raumatisands.co.nz

EINKAUFEN

Historic Windmill De Molen. Holländisches Replikat und Shop. Tgl. 10–16 Uhr, 96a Main St., Foxton, Tel. 06/363 56 01, www.foxton.org.nz/deMolen.html

AKTIVITÄTEN

Electric Tramway. Historische Tram, die zum Strand fährt. Abfahrt alle 30 Minuten Sa/So 11–16.30 Uhr, Hin- und Rückfahrt $ 12, Whareroa Rd., MacKays Crossing, Paekakariki, Tel. 04/292 83 61, www.wellingtontrams.org.nz

Kapiti Marine Charter. Fähre nach Kapiti Island. Tel. 0800/43 37 79, www.kapitimarinecharter.co.nz

Kapiti Island Nature Tours. Einmalige Touren, inklusive Übernachtungsmöglichkeit, Workshops, Lokal – Vorbuchung ist unbedingt erforderlich! Waiorua Bay, Kapiti Island, Tel. 0800/52 74 84, www.kapitiislandnaturetours.co.nz

INFORMATION

i-Site Paraparaumu. Mo–Fr 9–17 Uhr, Sa/So 10–12 Uhr, 134 Rimu Rd., Paraparaumu, Tel. 04/298 81 95, www.escapetokapiti.co.nz

DOC Kapiti Island Permit. Elektronische Visa und Beschreibung von Wanderwegen der Region unter der Stichwortsuche »Kapiti« auf www.doc.govt.nz

Trammuseum und historische Tram zum Strand: Paekakariki, Queen Elizabeth Park

DIE OST-KÜSTE DER NORDINSEL

Wellsford
Warkworth
Orewa
Whangaparaoa
Takapuna
Helensville
Paremoremo
AUCKLAND
Manurewa
Papakura
Manukau Harbour
Kingseat
Paerata
Pukekohe
Waiuku
Waikato River
Port Waikato
Waikaretu
North Head
Pouto
South Head
South Head
Glorit
Waioneke
Silverdale
Kaipara Harbour
Great Barrier Island
Tryphena
Jellicoe Channel
Colville Channel
Cape Colville
Port Charles
Mercury Islands
New Chums Beach
Hauraki Gulf
Oneroa
Coromandel
Matarangi
Whitianga
Cathedral Cove
Hahei
Hot Water Beach
Pinnacles
18 Coromandel Peninsula
Pauanui
Coromandel Forest Park
Clevedon
Firth of Thames
Thames
Waitakaruru
Ngatea
Whangamata
Mayor I.
Meremere
Waikato
Paeroa
Waihi
Waihi Beach
Te Kauwhata
L. Waikare
Te Aroha
Katikati Entrance
Matakana Island
Springdale
Katikati
Mount Maunganui
Huntly
Morrinsville
Tauranga
Papamoa Beach
Ngaruawahia
Raglan
Raglan Harbour
Waharoa
Hamilton
Matamata
Pyes Pa
Te Puke
Otamarakan
White I.
Cape Runaway
19
Bay of Plenty
Motuhora I.
Te Mata
Ohaupo
Kaimai
Pongakawa
Pirongia Forest Park
Pirongia 959
Pirongia
Hinuera
Cambridge
Kaimaimamaku Forest Park
Edgecumbe
Whakatane
Ohiwa Harbour
Aotea Harbour
Kawhia
Kawhia Harbour
Te Awamatu
Tirau
Putaruru
Waihou
Moure
Ngongotaha
Kawerau
Ohope
Opotiki
Te Teko
Opape
Taharoa
Otorohanga
Lichfield
L. Rotorua
Kawhia
Waitomo
Waikeria
Tokoroa
Rotorua
Whakarewarewa
22
L. Tarawera
Rangitaiki R.
Marokopa
Waikato
Geothermal zentrum
L. Rotomahana
Mt. Tarawera 1111
Oponae
Motu
Maungahaumi 1213
Te Kuiti
Mangakino
Rotomahana
Kaingaroa Forest
Ikawhenua Range
Piopio
Whakamaru
Reporoa
Murupara
Maungapohatu 1366
23 Te Urewera National Park
Pureora Forest Park
Wairakei
Aria
Piropiro
Hauhungaroa Range
Tihoi
Kinloch
Ruatahuna
Awakino
Ongarue
Taupo
Whirinaki Forest Park
L. Waikaremoana
Tongaporutu
Waitaanga
24
Lake
Waitahanui
Maungataniwha 1369
Aniwaniwa
Hangaroa
North Taranaki Bight
Ohura
Tasman Sea
Waihau Bay
Hicks Bay
Te Araroa
East Cape 20
Te Kaha
Omaio
Raukumara Forest Park
Tikitiki
Ruatoria
Torere
Waipiro Bay
Tokomaru Bay
Arero
Takapau
Tolaga Bay
Te Karaka
Otoko
Whangara
Pouawa
Gisborne
Whangara
Manutuke
0 30 km
N

Oakura
Inglewood
Cape Egmont
Egmont Village
Mount Egmont N.P.
Rahotu
Mt.Taranaki 2518
Stratford
Kina Road Beach
Kaponga
Eltham
Opunake
Manaia
Normanby
Kaupokonui
Ohawe
Hawera
Patea
Waverley
Paparangi
Jerusalem
Whanganui N.P.
Te Mapou 746
Pipiriki
Raetihi
Whanganui River
Whangaehu
National Park Village
Tongariro N.P.
25
Ngauruhoe 2291
Mt Tongariro 1968
Whakapapa Village
Mt Ruapehu 2797
Ohakune
Waiouru
Kaimanawa Mts
Kaweka 1724
Kaweka Forest Park
Kuripapango
Taihape
Pukeokahu
Ruahine
Mangaweka 1733
Forest Park
Westmere
Kai Iwi Beach
Wanganui
Castlecliff Beach
Hunterville
Marton
Halcombe
South Taranaki Bight
Bulls
Feilding
Palmerston North
Ashhurst
Woodville
Dannevirke
Foxton
Opiki
Shannon
Pahiatua
Waitarere Beach
Levin
Waikawa Beach
Otaki
Strait
Kapiti I.
Tararua Range
Tararua 1571
Tararua Forest Park
Eketahuna
Paraparaumu
Waikanae
Paekakariki
Raumati
Pukerua Bay
Plimmerton
Porirua
Upper Hutt
Tawa
Arapawa I.
Lower Hutt
Makarao
WELLINGTON
Stokes Valley
Wainuiomata
Featherston
L. Wairarapa
Greytown
Carterton
Masterton
Martin-borough
Palliser Bay
Aorangi Mts.
Aorangi Forest Park
Cape Palliser
26
Wairarapa
Cook
D'Urville Island
Greville Har
French Pass
Forsyth I
Cape Soucis
Mitre 1571
Endeavour Inlet
Picton
Renwick
Blenheim
Big Lagoon
Mount Richmond Forest Park
Aniwaniwa
Te Haroto
Tutira
Waihua
Mohaka
Mahia
Mahia Peninsula
21
Hawkes Bay
Patoka
Bay View
Napier
Otamauri
Fernhill
Clive
Te Awanga
Hastings
Cape Kidnappers
Havelock North
Tukituki
Ocean Beach
Waimarama
Waimarama Beach
Waipawa
Waipukurau
Kairakau Beach
Takapau
Omakere
Wallingford
Hunterville
Porangahan
Weber
Puketoi Range
Wimbledon
Cape Turnagain
Herbertville
Tiraumea
Owahanga
Tauweru
Tinui
Castlepoint
Riversdale Beach
Te Wharau
Honeycomb Rock
Auckland
Tasman Sea
Wellington
Christchurch
South Pacific Ocean

Seite 116/117: Traumhafte Strände, Goldgräbergeschichte, Kauris – Coromandel hat alles. **Mitte:** Coromandels Norden abseits des Highway 25 ist dünn besiedelt und untouristisch. **Unten:** Historische Fassaden und Läden in Thames

18 Coromandel Peninsula

Bizarre Küstenkulisse und Kauri-Bäume

Die langgezogene Halbinsel im Osten der Nordinsel hat laut Wetterstatistik mehr Sonnenschein und wärmere Wasser- und Lufttemperaturen als die meisten anderen Regionen der Nordinsel. Doch das Klima ist nur ein Bonus. Die vielen Buchten, skurrilen Gesteinsformationen, alten Kauri-Wälder der Coromandel Peninsula und eine interessante Goldgräbergeschichte bieten Unterhaltung und Erholung für jeden Reisetyp.

Die 190 Kilometer lange Pohutukawa Coastline entlang der Firth of Thames führt von Auckland nach Coromandel. An ihrer breitesten Stelle misst die Halbinsel 40 Kilometer, nahezu die gesamte Population lebt jedoch auf dem schmalen Streifen südlich des Highway 25. Die Region ist nach dem britischen Navy-Schiff »HMS Coromandel« benannt, das 1820 erstmals im Hafen von Coromandel ankerte, um Kauri-Holz für das Heimatland zu laden. Viele Höhepunkte an der West- und Ostküste lassen sich über den Highway 25 anfahren.

Die Goldgräberstädtchen

Das historische Dorf Thames mit seinen Relikten des einstigen Industriebooms ist ein beliebtes Fotomotiv. Fotografen sind fasziniert von der Mischung aus Ziegeln, verblassten Holzverkleidungen, verbeulten Straßenschildern und altem Eisen. Wer in den Trödelläden stöbert, kann selbst ein historisches Andenken finden. Im ehemaligen Busdepot am nördlichen Ende des Orts haben viele kleine Handwerks- und Gourmetläden ein neues Zuhause gefunden.

Coromandel

Coromandel Town ist das Zuhause vieler Künstler, die in eigenen Shops entlang der Main Street ihre neuseelandtypischen Werke anbieten. Bei einem Bummel entlang der Läden, Cafés und Restaurants kann man die Atmosphäre der Goldgräberstadt auf sich wirken lassen. Drei Kilometer nordwestlich gelangt man zu einigen schönen Stränden und Buchten wie der Long Bay. Ein leicht hügeliger 45-minütiger Spazierweg führt von hier durch einen Kauri-Wald, in dem mächtige, bis zu 350 Jahre alte Urwaldriesen stehen, bis in die Tucks Bay. Der sieben Kilometer lange Coastal Walkway von der Fletcher zur Stony Bay durch Farmland und Küstenwälder ist die längere Alternative. Wer das Abenteuer sucht, sollte sich den 360-Grad-Rundumblick vom bewaldeten Vulkankegel Castle Rock neun Kilometer südlich des Ortes nicht entgehen lassen. Für Kinder und Familien lohnt sich ein Besuch des Themenparks The Waterworks mit seiner hölzernen Wasseruhr, Wasserkanonen und einem Hamsterrad.

Cape Colville

Da die Hauptverkehrsroute 25 nicht bis in den Norden der Halbinsel reicht, ist das nördliche Cape Colville nach wie vor isoliert und blieb damit noch ursprünglicher als die übrigen Landstriche der Coromandel Peninsula. Die Evans-Familie betreibt hier schon seit 1864 die »White Star Sheep Station« und nimmt Urlauber auf. Sie teilt ihre Tiere und Begeisterung mit den Gästen und bietet auch Mehrtagesritte in die herrlich unberührte Natur

Nicht verpassen

GOLDSCHÜRFEN
Waihi blickt auf bewegte Goldgräberzeiten zurück. Seit 1878 hat die Minenindustrie die Stadt gesellschaftlich wie wirtschaftlich geprägt. Eine offene Mine und ein Untertageschacht operieren bis heute und können besucht werden. Am Obertagebau werden die Teilnehmer mit Sicherheitsausrüstung ausgestattet, sodann werden sie erst einmal aufgeklärt, dass in der Martha Mine eigentlich mehr Silber als Gold gefunden wird, nämlich etwa 20 000 Kilogramm pro Jahr. Die Goldmenge liegt bei 3000 Kilo. Der Besucher erfährt nicht nur viele Details über den modernen Rohstoffabbau, sondern auch wichtige Hintergründe um das begehrte Edelmetall.

Waihi Gold Mine Tours. 1,5-Stunden-Touren. Mo–Sa 10.30 und 12.30 Uhr, Abfahrt vom Waihi Visitor Centre, Erwachsene $ 34, 126 Seddon St., Waihi, Tel. 07/863 90 15, www.waihigoldminetours.co.nz

an. Der charmante Red General Store die Straße hinauf versorgt Camper mit dem Nötigsten.

Matarangi Beach

Matarangi ist ein viereinhalb Kilometer langer, weißer Strand, an dem sich eine kleine Feriensiedlung gebildet hat. Ein Golf- und Tennisplatz, Bootsfahrten zu den vorgelagerten Mercury Islands und nette Restaurants, Cafés und Minishops versprechen einen abwechslungsreichen und entspannten Aufenthalt. Ende Dezember findet immer das unterhaltsame Matarangi Beach Summer Festival statt.

Whitianga und Hot Water Beach

Nahe Whitianga liegen die berühmte Cathedral Cove und der Hot Water Beach in der Mercury Bay. Tauchen, Schnorcheln und Kajakfahren entlang der erodierten Küste mit ihrem kristallklaren Wasser sind besonders reizvoll. Von Hahei aus führt ein Weg entlang des Marine Reserve zur Cathedral Cove. Der Felsen wurde von den Gezeiten ausgewaschen und gleicht nun einer imposanten Kathedrale. Häufig tummeln sich Wale und Delfine vor der Küste. Durch die üppige Vegetation ergießt sich ein kleiner Wasserfall auf den Strand – Idylle pur.

Ein Besuch des Hot Water Beach sollte zwei Stunden vor oder nach Ebbe erfolgen, denn nur dann sind die heißen Quellen am Strand nicht geflutet. Am besten rüstet man sich mit einer Schaufel und Badesachen aus, der kleine Laden am Parkplatz verleiht Spaten. Aus dem Gebirge im Hinterland ziehen sich Adern heißer Quellen bis hinunter zum Strand. Dort sprudeln dicht unter der Oberfläche etwa 15 Liter Heißwasser pro Minute ins kalte

Geheimtipp

EIN STRAND UNTER DEN TOP TEN

In gut 20 Minuten erreicht man von Coromandel Town mit dem Auto den Ausgangspunkt, der zum New Chums Beach führt. Die goldgelbe Sandbucht ist gesäumt von Pohutukawa-Bäumen und schaffte es in die Top Ten der schönsten Strände weltweit. Der Ort ist eines der bestgehüteten Geheimnisse Coromandels – man erreicht ihn nur zu Fuß auf einer 30-minütigen Wanderung entlang der schroffen Küste. Die spektakuläre Natur und ein kühlendes Bad im tiefblauen Wasser wiegen die Anstrengung 1000-mal auf. Den Wanderweg erreicht man vom nördlichen Ende des Whangapoa Beach. Die Flussmündung wird gequert, dann führt ein Trampelpfad am niedrigsten Punkt über den Bergsattel. Zelten und Alkohol sind am New Chums Beach verboten!

New Chums Beach. Wasser und Handtuch nicht vergessen, eine Karte gibt es unter www.wbra.co.nz/walking-tracks/

Meer. Man kann sich ein badewannengroßes Loch graben, in dem sich das 64 Grad heiße Quellwasser mit dem kalten Meerwasser vermischt – und ein wohltemperiertes Bad unter freiem Himmel genießen! Im Sommer ist man zwar nicht alleine, kann aber bereits fertige »Löcher« übernehmen.

Gegenüber des Hot Water Beach steht einer der weiten Kauri-Wälder Neuseelands, die von der Abholzung durch die Siedler verschont geblieben sind. Dämme aus der Holzfällerära sowie die Geschichte der Urwaldriesen sind allgegenwärtig. Guide Sharni führt Besucher mit großem Insiderwissen auf einer Tour durch eine natürliche Baumschule für Kauri und durch den Wald, eine Pause bei den Waiau-Wasserfällen mit eingeschlossen. Wer möchte, kann über den Kauri 2000 Trust einen eigenen Baum pflanzen und so bei der Erhaltung aktiv mithelfen. Für 30 Neuseeland-Dollar gibt es eine Urkunde und Namensplakette dazu.

Pinnacles Walk

Der zweitägige Pinnacles Walk beginnt neun Kilometer vom Kauaeranga-DOC-Infocenter entfernt und folgt dem Kauaeranga River. Manuka-Sträucher, Flachs und Farne gehen mit den Höhenmetern in dichteren Wald aus Rata-, Rimu- und Tawa-Bäumen über, bis schließlich die Baumgrenze überwunden ist und sich ein fabelhafter

Oben: Zeit abpassen zum Badewannegraben! Bei Ebbe treten heiße Quellen am Strand aus.
Mitte: Die Pinnacles kann man per Stahlleitern erklimmen und genießt dann herrliche Ausblicke.
Unten: Cathedral Coves: Spektakuläre Küste und Traumbucht

Oben: Perspektivenwechsel in der Waitete Bay – mit dem Kajak die Küste erkunden
Mitte: Goldgräbertunnel, Höhlenwetas – Coromandels Busch birgt historische Geheimnisse.
Unten: Wunderschöne Fahrradroute auf historischer Zugstrecke

Blick bietet. Das Quartier in der Pinnacles Hut verfügt über 80 Stockbetten, Kaltwasserduschen sowie Gaskocher. Die Tickets müssen beim DOC vorgebucht werden. Ohne schweres Gepäck sollte man noch über Metallleitern bis zum 759 Meter hohen Gipfel auf die schroffen Pinnacles klettern. Zum Abstieg ins Tal kann der etwas längere Weg über die Billygoat Route genommen werden.

Whangamata

Im populären Urlaubsort am goldgelben Strand lassen sich Wandern und Mountainbiken gut mit Baden verbinden. Es ist erlaubt, an manchen Stellen frei zu campen. Ein riesiges Surfboard als Maskottchen deutet auf gute Wellen und so manches Surffestival hin. Bei Ebbe ist es möglich, den Strömungen zu trotzen und nach Clark Island, Hauturu, zu waten. Die Rock Pools bieten zahlreichen Meeresbewohnern Unterschlupf, das Schnorcheln wird hier zum Erlebnis. Ein Geheimtipp ist Whenuakura Island. Die Insel wird auch »Donat Island« genannt, da sie in der Mitte ein Loch aufweist. Wenn die Sonne in ihre Höhlengänge scheint, gleicht die Landschaft der Kulisse eines Fantasy-Films. Für Mountainbiker gibt es kostenloses Kartenmaterial und einen Mountainbike-Park.

Hauraki Rail Trail

Auf Coromandel kommen auch ungeübte Radfahrer auf ihre Kosten. In Thames startet der beliebte Hauraki Rail Trail, der auf 82 Kilometern bis nach Waihi führt. Die einfachste Fahrradstrecke Neuseelands folgt einer historischen Zugstrecke, führt durch Tunnel, dichten Buschwald, idyllisches Farmland und mitten durch die Karangahake Gorge. Die Dreitagestour kann allein oder mit Tourenanbietern absolviert und auch nur in Teilstrecken gefahren werden.

Infos und Adressen

ESSEN UND TRINKEN

Café Melbourne. Gehobene Küche, rustikales Lokal. Mo–Do 8–17, Fr 8–21, Sa/So 9–16 Uhr, 715 Pollens St., Thames, Tel. 07/868 31 59

Mussel Kitchen. Meeresfrüchte. Sommer 9.30 –17 Uhr, Manaia/The 309 Rd., Coromandel, Tel. 07/866 72 45, www.musselkitchen.co.nz

ÜBERNACHTEN

Waikawau Bay. Schöner DOC-Zeltplatz am Strand. Waikawau Beach Rd., Little Bay, Tel. 07/867 90 80, www.doc.govt.nz

White Star Sheep Station. Lodge, Zeltplatz, Ausritte. RD 4, 2140 Colville Rd., Coromandel Town, Tel. 07/866 66 73, www.colvillefarmholidays.co.nz

Beachfront Resort. Gemütliche Strandunits. 113 Buffalo Beach Rd., Whitianga, Tel. 07/866 56 37, www.beachfrontresort.co.nz

AKTIVITÄTEN

Cathedral Cove Kayaking. Tgl., $ 105/3 Std., 88 Hahei Beach Rd., Hahei, Tel. 0800/52 92 58, www.seakayaktours.co.nz

Kauri Forest Experience. Kauri-Tour. $ 35/1,5 Std., 90 Tiki Rd., Coromandel Town, Tel. 0800/46 26 76, www.coromandeladventures.co.nz

Pedal and Paddle. Rad- und Kajakverleih. Mo–Fr 11–19, Sa 10–19, So 10–17 Uhr, ab $ 25/Std., 115 West German St., Whangamata, Tel. 304 876 30 00, www.thepedalpaddle.com

The Waterworks. Tgl. 10–18 Uhr, $ 25, 471 The 309 Rd., Coromandel Town, Tel. 07/866 71 91, www.thewaterworks.co.nz

INFORMATION

Hauraki Rail Trail. www.haurakirailtrail.co.nz

i-Site Thames. Mo–Fr 9–17 Uhr, Sa 9–13 Uhr, So 12–16 Uhr, 206 Pollen St., Tel. 07/868 72 84, www.thamesinfo.co.nz

Kauaeranga Visitor Centre. Tgl. 8.30–16 Uhr, 995 Kauaeranga Valley Rd., Thames, Tel. 07/867 90 80, www.doc.govt.nz

Kauri 2000 Trust. 18 Coghill St., Whitianga, Tel. 07/866 04 68, www.kauri2000.co.nz

Auftanken im nördlichsten Store Coromandels, noch 28 Kilometer bis Port Jackson

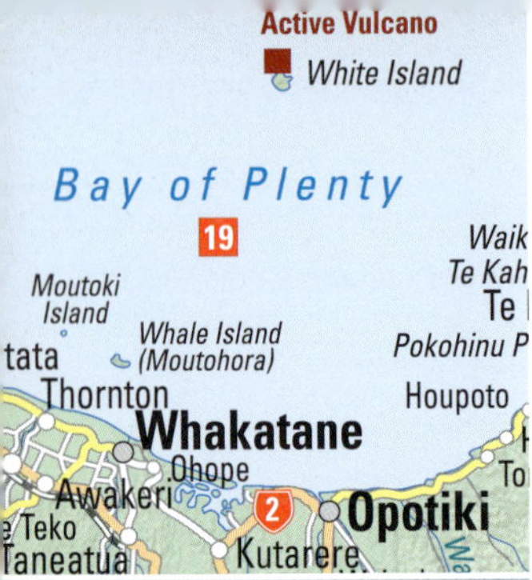

Mitte: Tauranga ist von Sonne und Meer geprägt.
Unten: Die Bay of Plenty ist ein Eldorado für Wassersportler und Nachtschwärmer, Strände gehören zum Lifestyle.

19 Bay of Plenty
Fruchtbare Böden vor dem Vulkan

Die Bay of Plenty zieht sich von der Coromandel Peninsula bis nach Westen zum Cape Runaway und umspannt so 259 Kilometer offene Küstenlinie. Die Gegend wirbt mit der höchsten Sonnenscheindauer der Nordinsel. Ihr mildes Klima und fruchtbare Böden eignen sich hervorragend für den Anbau von Kiwis. Ob wegen des aktiven Vulkans vor der Küste, des Strandlebens oder der Kultur, sie ist bei Touristen ein beliebtes Ziel.

In Maori heißt die Bay of Plenty auch »Te Moana-a-Toi«. Schon früh legten die ersten Waka-Kanus an der Westküste an, und bis heute spielt die Kultur der Maori in Kunst und Alltag eine wichtige Rolle. Erst der Seefahrer James Cook (1728–1779) gab der Region ihren Namen, da ihre Fruchtbarkeit und Vielseitigkeit schon damals offensichtlich waren. Obstplantagen und der markante Vulkan White Island geben der Bay of Plenty ihr Gesicht.

Strände und Kiwis

Am Waihi Beach locken weißer Sand, eine rollende Dünenlandschaft und seichte Wellen. Katikati ist die Kiwifrucht-Hochburg, in der rund 80 Prozent des Exportschlagers auf über 2000 Plantagen reift. Die Plantage Kiwi 360 weiter südlich in Te Puke ist auch für Besucher offen. Auf elektrischen Karts werden die Gäste in einer 40-minütigen, informativen Tour über die Plantage gefahren. Nebenbei erfahren sie alles über das Wachstum der dynamischen Industrie in der Region und über die gesündeste Frucht der Welt.

Tauranga

Tauranga ist mit seinen über 100 000 Einwohnern die am schnellsten wachsende Stadt Neuseelands und liegt an einem riesigen natürlichen Hafen. Der größte Exporthafen des Landes fängt auch die vorbeifahrenden Kreuzfahrtschiffe auf und ist ein Eldorado für Wassersportler. Zwei große Marinas beherbergen über 1000 Jachten, die zum Teil auch Touristen zum Tiefseefischen oder zu Tauchausflügen mitnehmen. Besonders die Waterfront wurde in den letzten Jahren aufpoliert, lädt zum Schlendern ein und bietet mit Cafés, Restaurants und einem ausgeprägten Nachtleben Unterhaltung zu jeder Tages- und Nachtzeit.

Interessant ist ein Besuch der Elms Mission Station, in der sich unterschiedliche Kulturen vermischten. Das älteste europäische Siedlerhaus der Region wurde 1839 erbaut. In der Schule lernten Maori Lesen und Schreiben, bekamen Unterweisungen im Anbau neuer Lebensmittel und Arbeitshilfen zur Hand wie europäische Gartengeräte.

Vororte

Papamoa Beach und Mt. Maunganui im Westen sind beliebte Vororte, denn ihr rund 16 Kilometer

Nicht verpassen

UNTERIRDISCHE WELTEN, VON HAND GESCHAFFEN

Ein einstündiger Rundweg an der wildromantischen Karangahake Gorge führt unter die Erde in den ehemaligen Tramtunnel der Woodstock Gold Company. Wenn sich der Gang insgesamt viermal zur Schlucht hin öffnet, stehen die Besucher auf einem Felsvorsprung 35 Meter über dem Waitawheta River und blicken auf das spektakuläre vertikale Felsgestein des Mt. Karangahake. Die Ausgänge wurden von Minenarbeitern angelegt, um das ausgehobene Gestein im Canyon zu entsorgen. Über eine Schwingbrücke geht es dann über den reißenden Fluss. Das beeindruckende Tunnelsystem wurde in den 1890er-Jahren von Hand angelegt und ist ein wahres Meisterwerk der Ingenieurskunst. Taschenlampen sind unabdingbar.

Karangahake Gorge Windows Walk. Zugang von der SH 2 zwischen Paeroa und Waihi, Infos unter www.doc.govt.nz

Oben: Unvergessliche Momente am Papamoa Beach
Unten: Die 65 Meter hohen Tarawera Falls. Flussabwärts gibt es Schwimmlöcher zum Baden.

langer, weißer Sandstrand bietet einen hohen Erholungswert. Von Blow-Karts bis Kajakfahren gibt es unterschiedliche Freizeitangebote. Der Main Beach wird zum Baden und Surfen genutzt, während sich die Pilot Bay aufgrund ihres flachen Wassers eher für Boote, Stand-up-Paddling, Kajaks und Familien mit Kindern eignet. Weniger belebt, aber wunderschön ist der Papamoa Beach. Wer hier Augen und Ohren offen hält, kann sogar Pinguine, Robben, Orcas und Delfine erspähen. Auch Sänger Tiki Taane stammt aus Papamoa und ließ sich vom Ambiente der Bay of Plenty inspirieren.

Ausflüge ins Hinterland

Ein schöner Tagesausflug und nur zehn Minuten von Tauranga entfernt ist der McLaren Falls Park. Das 190 Hektar große Areal enthält einen Badesee mit Picknickplätzen, einen Wasserfall, kostenlose Gas-BBQs und einige nette Wanderwege. Nachts ist es von Glühwürmchen bevölkert. Noch spektakulärer sind die 65 Meter hohen Tarawera Falls nahe Whakatane, die sich über Felsvorsprünge in die Tiefe stürzen. Die Klippen sind Überbleibsel eines uralten, erodierten Lavastroms, der sich beim Ausbruch des Vulkans Mt. Tarawera vor 11 000 Jahren gebildet hatte.

Whakatane

In der Region um Whakatane leben besonders viele Maori. Der sechs Kilometer lange Ohope Beach ist mit seinem goldgelben Sand der beliebteste Badestrand, der Ort selbst fasziniert durch seine vielen Häuser im Art-déco-Stil und durch Zeugnisse der Maori-Kultur. Eindrucksvoll ist das Mataatua Wharenui, ein Versammlungshaus, das 1875 von den Ngati Awa zu Ehren Königin Victorias (1840–1901) am Whakatane River errichtet wurde. Das große, 24 Meter lange, 12 Meter breite und 7 Meter hohe Marae sollte europäische Siedler und Maori friedlich vereinen und enthält kunstvolle Handschnitzereien der besten Künstler ihrer Zeit.

White Island

Die meisten Touristen nutzen Whakatane als Ausgangspunkt zu einem Besuch von White Island. Whakaari, wie Neuseelands einzig aktiver Meeresvulkan auf Maori genannt wird, liegt 49 Kilometer vor der Küste und ist mit dem Boot oder per Hubschrauber zu erreichen. Die säurehaltige Luft des »Mighty Whitey« und die mit Sulfaten, Schwefel und Kupfer gefärbte, verkrustete Oberfläche der Insel erwecken Assoziationen zu einem fernen Planeten. Fumarolen, aschebedeckte, gelb leuchtende Krater, blubbernde Schlammpools, türkisfarbene Wasserlöcher und schwarze Lavabrocken veranschaulichen auf beeindruckende Weise die ursprünglichste Kraft unserer Erde. Helme und Gasmasken gehören bei einem Besuch mit zur Ausrüstung. Wenn Wissenschaftler jedoch die Gefahrenstufe bei erhöhter Aktivität anheben, müssen die Touren aus Sicherheitsgründen ausfallen. Dann steigt Asche bis zu 3000 Meter in den Himmel, Flüge werden umgeleitet. Wenn auch nicht ganz billig – White Island ist ein unvergessliches Erlebnis.

Infos und Adressen

SEHENSWÜRDIGKEITEN

Elms Mission House. Tägl 11–15 Uhr, $ 5, 15 Mission St., Tauranga, Tel. 07/577 97 72, www.theelms.org.nz

Kiwi 360. Tgl. 9–16 Uhr, $ 20, SH 2, Te Puke, Tel. 07/573 63 40, www.kiwi360.com

ÜBERNACHTEN

Ohiwa Beach Holiday Park. Cabins, Zeltplatz, Glühwürmchenhöhle. RD 2, Ohiwa Harbour Rd., Opotiki, Tel. 07/315 47 41, www.ohiwaholidays.co.nz

AKTIVITÄTEN

White Island Frontier Helicopter Volcano Adventure. Der Flug mit anschließender Tour startet am Whakatane Airport. $ 695/2,5 Std., 216 Aerodrome Rd., Tel. 0800/80 43 54, www.frontierhelicopters.co.nz

White Island. Sechsstündige Tour auf einer Jacht. $ 219, 15 The Strand, East Whakatane, Tel. 0800/73 35 29, www.whiteisland.co.nz

INFORMATION

Information Centre Kawerau. Karten und Infos zu den Tarawera Falls. Tgl. 9–18 Uhr, im Winter bis 16 Uhr, Plunket St., Kawerau, Tel. 07/323 63 00, www.kawerauda.govt.nz oder www.doc.govt.nz

i-Site Tauranga. Mo–Fr 8.30–17.30 Uhr, Sa/So und Winter 9–17 Uhr, 95 Willow St., Tauranga, Tel. 07/578 81 03, www.bayofplentynz.com

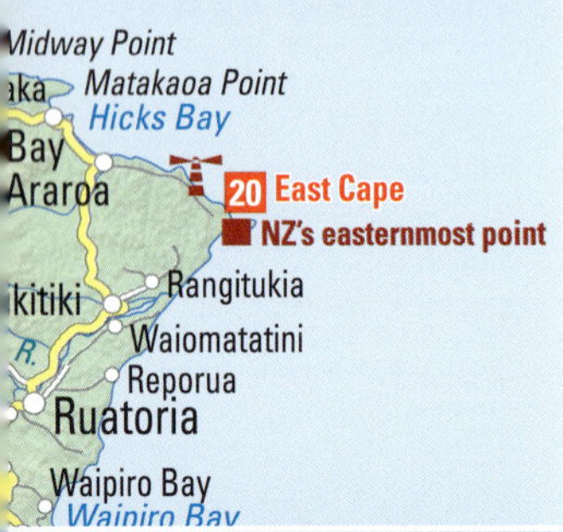

20 East Cape

Der allererste Sonnenaufgang

Das East Cape ist der östlichste Punkt Neuseelands und liegt zwischen der Bay of Plenty im Norden und der Hawkes Bay im Süden. Viele sprechen auch vom Eastland. Wer dem schönen, 331 Kilometer langen Pacific Coast Highway 35 von Opotiki nach Gisborne folgt, sollte sich mindestens zwei Tage Zeit nehmen, um die Hauptattraktionen der touristisch noch völlig unentdeckten Region zu sehen.

Denkmal für Captain Cooks Reise ans East Cape zur Beobachtung der Sonnenfinsternis im Jahr 1769

Verschlafene Orte inmitten beackerter Felder und eine spektakuläre Küste machen das East Cape zu einem ganz besonderen Fleckchen Erde. Die Menschen leben einfach, Land und Meer füllen ihre Teller. Besucher erhalten tiefe Einblicke in die Legenden und Lebensweise der Ureinwohner und kommen so dem wahren Herzen Neuseelands näher als irgendwo sonst.

Um Opotiki

Opotiki und Umgebung eignen sich perfekt für einen naturnahen Campingurlaub. Von mehrtägigen Pferdetouren über Kiwi-Angeltrips, Kajaken (auf dem Kutarere-Arm des Ohiwa Harbour) bis hin zu Mountainbiken (Motu Cycle Trail) gibt es viele Aktivitäten. Über die Waihau Bay führt der Highway zum Cape Runaway in die Hicks Bay. Viele Neuseeländer möchten wenigstens einmal in ihrem Leben in dieser herrlichen Bucht gewesen sein: zum Sonnenaufgang. Denn im Osten Neuseelands geht die Sonne zuerst auf – wenn man die Datumsgrenze zugrunde legt. Allerdings änderte Samoa seine Datumszugehörigkeit Ende 2011 und begrüßt nun zuerst jeden neuen Tag.

Manuka Oil Company

In Te Araroa liegt die Manuka Oil Company. Die Pioniere in der Verarbeitung des gesundheitsfördernden Manuka haben sich in der ganzen Welt einen Namen gemacht. Nicht nur der antibakterielle Honig vom Manuka-Busch, auch dessen Öl hat heilende Kräfte. Die Produktionsstätte liegt gleich am Highway, Mitarbeiter erklären die Hintergründe der Manuka-Verarbeitung und führen durch die Anlage. Zum Testen und günstigen Kaufen gibt es verschiedene Honige, Tees und Öle.

St. Mary's Church

Über einer Haarnadelkurve liegt auf dem Hügel in Tikitiki die St. Mary's Church. Der geschnitzte Bogen deutet auf Maori-Kunst hin, und im Innern der ansonsten unscheinbaren Holzkirche (1924) verstecken sich tatsächlich reiche Schnitzereien und handgewebte Stoffe der Ureinwohner Neuseelands. Die Kirche des lokalen Stammes Ngati Porou soll an die Gefallenen des Ersten Weltkriegs erinnern.

Tolaga Bay

Nach einem schönen Badeplatz in der Tokomaru Bay und dem eher ärmlichen Ort Ruatoria mündet die Waiapu Road schließlich in die Tolaga Bay. Die Gegend war lange Zeit nur per Schiff zu erreichen. Ins Meer hinaus ragt der 660 Meter lange Tolaga Bay Wharf – längster Pier Neuseelands.

1769 begab sich Captain Cook (1728–1779) auf der »Endeavour« im Auftrag der britischen Royal Society auf Weltreise, um den Himmel von Tahiti aus zu beobachten. Man erwartete einen äußerst seltenen Venustransit – der Planet schob sich vor die Sonne. So gelangte Cook auch an die Ostküste

Nicht verpassen

VERMISCHUNG DER KULTUREN

Maori und Siedler: Wie geht das zusammen? Das Aufeinandertreffen zweier so unterschiedlicher Kulturen ist in zahlreichen Maori-Kunstwerken verarbeitet worden. Eine Säule etwa vor dem Marae in Opotiki zeigt einen blonden Soldaten mit einer Maori-Frau. Über das Paar fliegt ein weißer Reiher, der den Vertrag von Waitangi, der ältesten Verfassungsurkunde des Landes, darstellt und über die unterschiedlichen Kulturen wacht. Auch im Opotiki und Shalfoon and Francis Museum wird von der Vermischung der Kulturen ab 1866 erzählt. Darüber hinaus stehen eine voll eingerichtete alte Schiffskajüte zur Besichtigung, ein antikes Nähzimmer, ein viktorianisches Schlafzimmer und ein historischer Laden.

Opotiki Museum. Mo–Fr 10–16 Uhr, Sa 10–14 Uhr, Erwachsene $ 10, 123 Church St., Opotiki, Tel. 07/315 51 93, www.opotikimuseum.org.nz

Tolaga Bay ist mit 660 Metern die längste Wharf Neuseelands.

Oben: Makorori Beach bietet viel unentdeckte Natur entlang des Pacific Coast Highway 35.
Mitte: Im Marae, dem sozialen und kulturellen Stammestreffpunkt
Unten: Stachelrochenfütterung bei der »Reef Ecology Tour«, Dive Tatapouri in Pouawa

Neuseelands, wo er auf friedliche Maori traf. Durch den Vergleich von Messungen aus verschiedenen Erdperspektiven wollte man die Entfernung zur Sonne errechnen. Cooks Beobachtungen halfen tatsächlich, die Distanz von 149,6 Millionen Kilometern zwischen Erde und Sonne mit einer Abweichung von nur einem Prozent festzulegen. 115 Jahre später schob sich am 6. Juni 2012 die Venus abermals vor die Sonne. Diesmal feierten in der Tolaga Bay Maori und Delegierte, Wissenschaftler und Künstler aus aller Welt das ebenso berührende wie historisch bedeutende Ereignis.

Maori-Touren

Einige geführte Touren ermöglichen tiefere Einblicke in die Geschichte und Kultur von Maori ebenso wie in Ereignisse jüngerer Art. Tipuna Tours bieten einen Ausflug nach Tairawhiti an, wo der Besucher an einer Maori-Begrüßungszeremonie (Powhiri) teilnimmt und ein Marae besichtigen kann. Andere Ausflüge führen in die Tolaga Bay auf den Spuren von Captain Cook. In der Cooks Cove hat der berühmte Seefahrer 1769 sechs Tage lang verweilt, um seine Vorräte aufzufüllen. Eine Tour mit Ngati Porou führt zu interessanten Maori-Schnitzereien auf den heiligen Berg.

Erfahrungen ganz anderer Art mit der Kultur der Maori macht man auf der Whalerider Tour: 30 Kilometer nördlich von Gisborne liegt Whangara, die Heimat von Witi Ihimaera, dem Autor des Romans »Whale Rider«. Das Buch über ein Maori-Mädchen wurde 2002 sehr erfolgreich von Regisseurin Nici Caro verfilmt. Hone Taumaunu wurde damals als kultureller Beauftragter für die Dreharbeiten gewonnen und führt heute Gruppen an die Filmschauplätze. Zu sehen sind das Marae, das im Film verwendete Waka-Kanu und die Requisiten des Wals.

Infos und Adressen

ESSEN UND TRINKEN

Te Puka Tavern. Strandlokal, Motel und Camperstellplätze. Tgl. 11–23.45 Uhr, 153 Beach Rd., Tokomaru Bay, Tel. 06/864 54 65, www.tepukatavern.co.nz

Tolaga Bay Inn. Günstiges, gutes Lokal mit Unterkunft. Tgl. 9–20 Uhr, 12 Cook St., Tolaga Bay, Tel. 06/862 68 56, www.tolagabayinn.co.nz

ÜBERNACHTEN

Maungaroa Station. Cottages und Zeltplatz, angeboten werden auch Ausritte. Maungaroa Access Rd., Opotiki Te Kaha, Tel. 07/325 27 27

Ohiwa Beach Holiday Park. Idyllische Strandlage. Ohiwa Harbour Rd., Ohope Beach, Tel. 07/315 47 41, www.ohiwaholidays.co.nz

Stranded in Paradise. Rustikales Hostel für junge Leute in toller Lage. 21 Potae St., Tokomaru Bay, Tel. 06/864 58 70, www.bbh.co.nz/hd68/stranded-in-Paradise-Backpackers-in-Tokomaru-Bay-New-Zealand.html

AKTIVITÄTEN

East Cape Manuka Company. Tgl. im Sommer, 4466 Te Araroa Rd., Te Araroa, Tel. 06/864 48 24, www.manuka-oil.com

Hick's Bay Fishing. Angeltouren, kombiniert mit einem Motel. 5198 Te Araroa Rd., Hick's Bay, Tel. 06/864 48 80, www.hicksbaymotel.co.nz/fishing-trips/

Ngati Porou Mt. Hikurangi Tours. Geführte Wandertouren auf Anfrage zu Maori-Schnitzereien auf dem heiligen Berg. Preis je nach Paket, 1 Barry Ave., Ruatoria, Tel. 06/864 90 04, www.ngatiporou.com

Tipuna Tours. Führung mit guten und interessanten Einblicken in die Maori-Kultur. Ab $ 60 für einen halben Tag, Cook St., Tolaga Bay, Tel. 06/862 61 18

Whalerider Tours. Maori-Tour zur Film-Location. $ 50/2 Std., Pa Rd., Whangara, Tel. 06/868 61 39, Buchung über heemitaumaunu@xtra.co.nz

DOC Cooks Cove Walkway. 5,8 Kilometer langer, abwechslungsreicher Weg. Weitere Infos unter www.doc.govt.nz

INFORMATION

i-Site Opotiki. Mo–Fr 9–16.30 Uhr, Sa/So 9–13 Uhr, 70 Bridge St., Opotiki, Tel. 07/315 30 31, www.opotikinz.com

Alltag im Eastland: Pferde als Transportmittel für Groß und Klein

21 Hawkes Bay
Von Art déco bis Wein

Ganz im Osten liegt die Hawkes Bay. Sie ist mit einem mediterranen Klima gesegnet. Die hohen bewaldeten Ruahine und Kaweka Ranges fallen zur Küste hin in die Heretaunga Plains ab. Zahlreiche Flüsse erstrecken sich bis zum blauen Ozean. Die Geografie schaffte perfekte Voraussetzungen für den erfolgreichen Weinanbau. Besonders sehenswert sind die Art-déco-Hauptstadt Napier und die Tölpelkolonie am Cape Kidnappers.

Drei Tage sollte man für eine Tour rund um die vielseitige Hawkes Bay einplanen.

Mitte: Architekturtraum Napier: Beim Art-déco-Festival kann man eine Zeitreise in die 1930er-Jahre unternehmen.
Unten: Klassisches Art déco ist in Napier bewusst mit Aspekten der Maori-Kultur vermischt.

Napier

Napier bildet das Herzstück und unterscheidet sich durch seine Architektur von allen anderen Städten des Landes. Die Marine Parade und das Zentrum dahinter können gut zu Fuß erkundet werden. Gemütliche Straßencafés, interessante Boutiquen und Antiquitätenläden haben sich in den bunten Art-déco-Häuschen eingenistet. Auch an einer guten Auswahl an Restaurants und einem Nachtleben mit Bars, Clubs und Livemusik mangelt es nicht. Eine der Künstlerinnen aus der Hawkes Bay ist Hinewehi Mohi. Die Maori-Sängerin fesselt seit 20 Jahren mit ihrer kräftigen, klaren Stimme und emotional geladener Musik ihre Zuhörer in Te Reo.

MTG Hawke's Bay Museum

Jeden Samstag findet der gut sortierte Urban Street Market statt. Hier gibt es lokal verarbeitete Produkte aus dem Fruchtkorb der Region. Ein Besuchermagnet ist das neu eröffnete MTG Hawke's Bay Museum, ein Meisterwerk des Art déco mit modernen Schätzen und einer lichten Kunstgalerie. Erzählt wird die Entstehungsgeschichte der Art-déco-Stadt, ausgestellt sind aber auch Artefakte aus der Region und der Maori-Kultur.

Art-déco-Festival

Jedes Jahr im Februar steht die Architektur der 1930er-Jahre im Mittelpunkt des Art-déco-Festivals. Eine gesamte Stadt verkleidet sich, holt die Oldtimer aus der Garage und stellt mit Straßenumzügen und Veranstaltungen alles auf den Kopf. Nirgendwo sonst auf der Welt gibt es eine so vielfältige Ansammlung von Gebäuden aus den 1930er-Jahren – im spanischen Missionsstil, in simplifizierter Klassik und in Art déco. Letzteres erfuhr in Napier eine spezielle Ausprägung: Einbezogen wurden auch Maori-Motive.

Gelungener Wiederaufbau

Die Bauwut der 1930er-Jahre hat jedoch eine traurige Vorgeschichte. Ein massives Erdbeben der Stärke 7,9 traf Napier am 3. Februar 1931 und zerstörte nahezu die gesamte Innenstadt. Stadtplaner entschieden, die traurige Bilanz als Chance zu begreifen, und bauten den Stadtkern im damals vorherrschenden Stil des Art déco (1920–1940) wieder auf. Man folgte der großen Pariser Ausstellung »Art Décoratifs et Industriels Modernes«, die 1925 gezeigt wurde und der Epoche ihren Namen gab. Art déco sollte den Optimismus der tosenden 20er-Jahre in der frustrierenden Zeit der 1930er-Jahre zum Ausdruck bringen.

Am Ende des Jahrzehnts war Napier die architektonisch modernste Stadt auf dem Globus. Bis

Geheimtipp

BADESTRAND MIT MAORI-HISTORIE

Waimarama Beach liegt 20 Minuten südöstlich von Havelock North. Hinter der ausgedehnten Sandbucht erhebt sich hügeliges Farmland, vor der Küste liegt Bare Island. Neben Ferienhäuschen haben die 240 Anwohner kleine Geschäfte eröffnet. Die Wellen am Küstenstreifen sind hoch – ideal für Surfer. Flundern, Langusten und Paua-Muscheln verstecken sich küstennah: Was die Restaurants auf der Speisekarte haben, kommt frisch aus dem Meer. Waimarama ist auch der Standort von Hakikino, einer großen Befestigungsanlage, die mehreren tausend Maori Schutz bot. Die Nachfahren organisieren Ausflüge, bei denen viel über ihre Geschichte und Waimarama zur Sprache kommt.

Waimarama Maori Tours. Ab $ 70/2 Std., Frühjahr–Herbst tgl. 9–17 Uhr, 498 Te Apiti Rd., Tel. 021/057 09 35, www.waimaramamaori.com

Geheimtipp

THERMALBAD IM REGENWALD

Das 364 Hektar große Morere Scenic Reserve südlich von Gisborne ist nicht allzu bekannt, was gerade seinen Reiz ausmacht. Im dichten Regenwald mit seinen großen Nikau-Palmen leben unzählige heimische Vögel – Wanderwege variieren von zehn Minuten bis über drei Stunden. Eingebettet in den Wald liegen die Morere Springs, heiße Quellen, aus denen täglich 250 000 Liter Wasser mit Salzgehalt sprudeln. Öffentliche Becken und solche, die man nur für sich mieten kann, haben unterschiedliche Temperaturen. Den Quellen angegliedert ist eine gemütliche Lodge. Am allerschönsten ist es doch, nach dem heißen Bad gleich vor Ort zu bleiben!

Morere Hot Springs. Tgl. 10–18 Uhr, Erwachsene $ 12, Privatpool $ 15/30 Min., SH 2, Nuhaka, Tel. 06/837 88 56, www.morerehotsprings.co.nz, Unterkunft: www.morerelodge.co.nz

heute sind Springbrunnen, Industriegebäude wie die berühmte Rothmans Zigarettenfabrik und Wohnhäuser mit geometrischen Formen, ägyptischen und zentralamerikanischen Motiven und feministischen Symbolen der Befreiung verziert.

Prison Tours

Ein etwas gruseliges Vergnügen versprechen in Napier die Prison Tours, die man buchen, aber mit einem Audioguide auch selbst absolvieren kann. Wer hinter die ältesten Gefängnismauern des Landes blickt, bekommt Geschichten von Helden, Opfern und Räubern zu hören, erfährt von angeblichen Geistersichtungen und Gefangenenaufständen. Das Zentralgefängnis war bis 1993 in Betrieb. Bei einer Nachttour mag Erschauern das Vergnügen überwiegen: Vorbei an der Todeszelle geht es über den Friedhof der Hingerichteten, bis man schließlich am Galgenhof anlangt.

Die Waterfront beherbergt ein riesiges kostenloses Kinderareal, außerdem befindet sich dort das New Zealand National Aquarium mit Haien, Riesenaalen und Pinguinen. Eine Besonderheit: die Stachelrochenfütterung. Gleich nebenan liegt Ocean Spa, von wo man einen schönen Blick aufs Meer hat. Zwei große Warmwasserpools, Schwimmbecken, ein Schönheitssalon und Fitnessbereich sind in dem Komplex vereint. Kinder besuchen besonders gern Splash Planet, den größten Wasserpark Neuseelands. Er liegt in der Nähe von Hastings.

Der zweitlängste Name der Welt

Taumatawhakatangihangakoauauotamateaturipukapikimaungahoronukupokaiwhenuakitanatahu: So nennen Maori den 305 Meter hohen Taumata Hill südwestlich von Napier. Mit 85 Buchstaben ist

es der zweitlängste Ortsname der Welt und steht dafür im Guinness-Buch der Rekorde. Kein Wunder, dass seine Übersetzung eher einer Geschichte gleicht: »Der Berg, an dem Tamatea, der Mann mit den großen Knien, Erkletterer aller Gebirge den Berg verschlang, der Landfresser, der auf seiner Nasenflöte den Geliebten vorspielte«. Tamatea war ein berühmter Häuptling und Krieger, der nahe Porangaau im Kampf mit einem befeindeten Stamm seinen Bruder verlor. Jeden Morgen spielte er in Gedenken an ihn ein Trauerlied auf der Flöte.

Gannet-Kolonie

Die Gannet-Kolonie am Cape Kidnappers ist eine der beiden Tölpellandkolonien Neuseelands und die größte und am besten zugängliche Brutstelle der Welt. Rund 26000 der monogamen Vögel brüten auf den 150 Meter hohen Kalksteinklippen. Die weißen Seevögel mit ihren gelben Köpfen und einer gigantischen Flügelspannweite von zwei Metern vollführen Sturzflüge mit bis zu 140 Stundenkilometern. Kreisend versuchen sie dann ihr Nest ausfindig zu machen, bevor sie zur Bruchlandung ansetzen: Wahrlich tölpisch stürzen die 2,5 Kilogramm schweren Tiere mit dem Bauch zuerst auf den Felsen, bevor sie zurück zu ihrem Partner ins spärlich aus Seegras gebaute Heim watscheln.

Oben: Mit 85 Buchstaben der zweitlängste Name der Welt: Maoris 305 Meter hoher Taumata Hill
Unten: 26000 Tölpel brüten am Cape Kidnappers und machen ihrem Namen alle Ehre.

Oben: Bester Blick, bester Golfplatz: Cape Kidnappers Luxus-Lodge hilft im Naturschutz.
Mitte: Ökologischer und umweltverträglicher Weinanbau ist auch hier auf dem Vormarsch.
Unten: Heute gedeihen in der Hawkes Bay die besten Reben.

Auf einem acht Kilometer langen Küstenweg können sich Wanderer ganz der Natur überlassen. Bei geführten Touren erfährt man interessante Fakten über den spektakulären Landstrich, den die Tölpel seit 1870 zum Nisten gewählt haben.

»The Farm at Cape Kidnappers«

Auf dem Kidnapper-Kap liegt eine Luxus-Lodge, in die sich nicht nur Prominente gern entführen lassen. Das Anwesen aus mehreren Gästeflügeln thront auf den Klippen inmitten einer Farm, die seit 1859 als Angusrinder- und Schaf-»Station« betrieben wird. Der hauseigene Golfplatz gehört zu den 50 besten Anlagen der Welt! Ein Gourmetrestaurant ist das Herzstück der Lodge. Die Suiten sind mit 63 Quadratmetern nicht unansehnlich, eine eigene Terrasse, eine begehbare Garderobe und ein großes Badezimmer mit Schwimmwanne lassen den Gast im Luxus schwelgen.

So großartig der Meerblick von oben über die grünen Hügel bis auf die schneebedeckten Kaweka Ranges und die Mahia Peninsula ist, so groß ist auch der Verdienst des Eigentümers: Der amerikanische Geschäftsmann Julian Robertson etablierte auf seiner »Station« ein privates Naturreservat. Er entfernte 3000 wilde Ziegen und installierte 1200 Fallen, um eingeschleppte Possums und andere Nagetiere zu dezimieren. Dann errichtete er einen elf Kilometer langen Schutzzaun quer über das Gelände. Heute leben hier 70 Kiwis ebenso wie seltene Fledermäuse, Eisvögel, Takahe, More-pork-Eulen und Kakariki- und Kaka-Papageien.

Gisborne

Streng genommen gehört Gisborne nicht mehr zur Hawkes Bay. In »Gizzy« leben Maori und Pakeha friedlich nebeneinander. An den schönen Stränden hat sich eine lebhafte Reggae-Szene etabliert. Ein günstiger Stützpunkt für die Erkundung der Gegend ist die Mahia-Halbinsel. Je nach Wetterlage ist die Seite Richtung Napier rau und aufgewühlt, während die Strände in Richtung Gisborne dann ganz ruhig sind, oder genau umgekehrt. Viele Taucher und Surfer kommen hierher, zahlreiche kleine Buchten animieren zum Angeln und Sammeln von Schellfisch.

Moko, der Delfin

Über einen kurzen DOC-Wanderweg können die Mangaone Caves erreicht werden. Genau hier in der Mahia-Bucht lebte einst der freundliche Delfin Moko. Als eines Tages am Strand eine Pygmäen-Pottwalmutter mit ihrem Kalb strandete und alle Rettungsmaßnahmen vergeblich blieben, tauchte Moko auf, half ihrem gestörten Sonar und geleitete sie sicher aus der Bucht ins offene Meer zurück. Der Tümmler ging 2008 durch die Weltpresse. Wer sich mit offenem Herz auf Mensch und Natur an der Ostküste einlässt, kann um Gisborne neuseeländische Lebensart in Reinform erleben.

Weingüter bis zum Horizont

Hawkes Bay liegt an der Weinstraße Neuseelands. Die Ruahine Ranges im Westen schützen die Gegend vor übermäßigen Niederschlägen. Bei gemäßigtem Klima gedeihen Weißweine und Pinot Noir in unterschiedlichen Aromen und Geschmacksnuancen. Pittoreske Güter wie Pukeora Estate oder Junction Wines am Highway 2 bieten Weinproben und köstliche Vorspeisenplatten, manchmal auch ausladende Menüs. Um Neujahr findet das jährliche Livemusik-Festival Rhythm and Vines statt, auf dem Bands im Weinberg auftreten.

Nicht verpassen

ALTE UND NEUE TECHNIK

Das kleine Museum verblüfft mit seiner großen Sammlung und vereint die unterschiedlichsten Objekte aus der Welt der Technologie. Ob Maschinen oder Gebrauchsgegenstände vergangener Tage, elektrische Generatoren, Oldtimer, Nähmaschinen, Druckvorlagen, alte Kassen oder medizinische Geräte, nahezu alle Ausstellungsgegenstände funktionieren und können ausprobiert werden. Kindern werden Errungenschaften wie Sonnen- oder Windenergie, Magnetismus und Spiegel nahegebracht. Die Ausstellungen sind in Heimelektronik, Transportgeräte, Kommunikation, Energie, Shop- und Serviceobjekte sowie Motoren und Maschinen unterteilt. Das Highlight ist die noch original erhaltene Energieversorgungsanlage, die Napier nach dem verheerenden Beben 1931 erleuchtete. Für die kleine Zeitreise solle man mindestens zwei Stunden einplanen.

The Faraday Centre. Mo/Mi/Fr 9–13, Sa 9–11.30 Uhr, $ 9, 2 Faraday St., Napier, Tel. 06/835 23 38, www.faradaycentre.org.nz

Infos und Adressen

Obstkorb des Landes: Die Obstgärten verkaufen frisch und günstig direkt an Kunden.

SEHENSWÜRDIGKEITEN

MTG Hawke's Bay Museum. Tgl. 10–17 Uhr, $ 15, 1 Tennyson St., Napier, Tel. 06/835 77 81, www.mtghawkesbay.com

National Aquarium. Tgl. 9–17 Uhr, $ 21, 546 Marine Pde., Napier, Tel. 06/834 14 04, www.nationalaquarium.co.nz

Taumata-Hill-Straßenschild. Entlang der Wimbledon Road 55 Kilometer südlich von Waipukurau. Der Hügel ist jedoch in Privatbesitz und darf nicht ohne Genehmigung betreten werden.

ESSEN UND TRINKEN

Groove Kitchen Espresso. Gemütliches Café mit Außentischen. Tägl. 8.30–14 Uhr, 112 Tennyson St., Napier, Tel. 06/835 85 30, www.groovekitchen.co.nz

Mint Restaurant. Europäische Küche. Mo–Sa 18–21 Uhr, 189 Marine Pde., Napier, Tel. 06/835 40 50, www.mintrestaurant.co.nz

Mission Restaurant. Weingut mit Café und Restaurant. Mo–Sa 9–17, So 10–16.30 Uhr, 198 Church Rd., Greenmeadows Napier, Tel. 06/845 93 54, www.missionestate.co.nz

Rush Munro's. Eiscafé mit Themengarten. Mo–Fr ab 11–17 Uhr, Sa/So 10–17 Uhr, 704 Heretaunga St., West Hastings, Tel. 06/878 96 34, www.rushmunro.co.nz

The Marina Restaurant. Exzellente französische Küche in gemütlicher Atmosphäre. Do–Sa 12–14 Uhr, Di–Sa 18–20.30 Uhr, Vogel St., Marina Park, Gisborne, Tel. 06/868 59 19

ÜBERNACHTEN

Beach Road Holiday Park. Kiwi-Camp in traumhafter Lage. RD 3, 466 Beach Rd., Porangahau, Tel. 06/855 52 81, www.beachrdholidaypark.co.nz

Lawrence Conservation Campsite. DOC-Platz im Kaweka Forest Park, rund anderthalb Stunden westlich von Napier. Buchung und Wegbeschreibung über das DOC Visitor Centre in Napier (siehe Information).

Mahia Beach Motels und Holiday Park. Strand-Camping auf der Mahia-Halbinsel. 43 Moana Dr., Mahia, Tel. 06/837 58 30, www.voyagemahia.com

The Farm at Cape Kidnappers. Boutique-Luxus-Lodge mit Golfplatz auf den Klippen. 446 Clifton Rd., Cape Kidnappers, Hawkes Bay, Tel. 06/875 19 00, www.capekidnappers.com

Quest Motel & Appartements. Zentral gelegen, modern eingerichtet und komfortabel. 176 Dickens St., Napier, Tel. 0800/94 44 00, www.questapartments.co.nz

EINKAUFEN

Urban Street Market. Sa 9–13 Uhr, Lower Emerson St., Napier; Alternative bei schlechtem Wetter: Municipal-Theatre-Parkplatz, Tennyson St., Napier, Tel. 027/697 37 37, www.hawkesbayfarmersmarket.co.nz

VERANSTALTUNGEN

Art déco Festival. Seit 1989 bestehendes, jährliches Straßenfest Mitte Februar im Zentrum von Napier; Umzüge, Events und Spektakel im Stil der 1930er-Jahre à la »Great Gatsby«. www.artdeconapier.com

Rhythm and Wines. Dreitägiges Open-Air-Musikfestival im Weinberg nahe Gisborne. Waiohika Estate, 75 Waimata Valley Rd., Hexton, www.rhythmandvines.co.nz

AKTIVITÄTEN

Gannet Beach Adventures. Die meisten Tölpelküken schlüpfen im November und ziehen im April nach Australien. Die Tour im Traktoranhänger am Strand entlang ist gezeiten- und jahreszeitenabhängig. Ab $ 44, 475 Clifton Rd., Te Awanga, Tel. 06/875 08 98, www.gannets.com

Gannet Safaris. Komfortable Tour im klimatisierten Kleinbus. Tgl. 9.30 und 13.30 Uhr, ab $ 75, 396 Clifton Rd., Te Awanga, Tel. 06/875 08 88, www.gannetsafaris.co.nz

Art déco Walk. Einstündige Art-déco-Tour zu Fuß. $ 19–21, Start: i-Site (siehe Information) oder Art Déco Centre, 7 Tennyson St., Napier, Tel. 06/835 00 22, www.artdeconapier.com

Urlaubsfeeling: Napiers Marine Parade mit Strand und Ocean-Spa-Wellness-Anlage

Art-déco zum Selbsterkunden. Für $ 7,50 gibt es im i-Site eine Art-déco-Infobroschüre mit Tourenkarte. Siehe Information

Ocean Spa. Freibad mit Thermalbecken und Meerblick. Tägl. 6–22 Uhr, öffentliche Becken Erwachsene $ 10.70, private Pools $ 13/30 Min., 42 Marine Pde., Napier, Tel. 06/835 85 53, www.oceanspanapier.co.nz

Prison Tours. Blicke ins historische Gefängnis. Audioguides und geführte Touren ab $ 20, tgl. 9–17 Uhr, 55 Coote Rd., Napier, Tel. 06/835 99 33, www.napierprison.com

Splash-Planet. Spaßbad im Freien, Nov.–Feb. tgl. 10–17.30 Uhr, Feb.–Apr. Sa/So 10–17.30 Uhr, verschiedene Pässe ab $ 18, 1001 Grove Rd., Hastings, Tel. 06/873 80 33, www.splashplanet.co.nz

Weingourmets Odyssey. Fünf-Stunden-Tour zu diversen Weingütern inklusive Degustation. Ab $ 149, Bay View, Napier, Tel. 0508/63 97 73, www.odysseynz.co.nz

Weinprobe Junction Wines. Weinberg des früheren All-Blacks-Rugby-Spielers John Ashworth, wechselnde Öffnungszeiten, Reservierung empfohlen. Abzweig Highway 2 und Highway 50, RD 2, Takapau, Tel. 06/855 83 21, www.junctionwines.co.nz

Weinprobe Pukeora Estate. Familiengeführtes Boutique-Weingut mit Unterkunft auf einem Hügel. 208 Pukeora Scenic Rd., Waipukurau, Tel. 06/858 93 39, www.pukeora.com

INFORMATION

DOC Visitor Centre. Tgl. 8–16.15 Uhr, 59 Marine Pde., Napier, Tel. 06/834 31 11, www.doc.govt.nz

i-Site Gisborne. Mo–Sa 8.30–17 Uhr, Sa/So 10–17 Uhr, 209 Grey St., Gisborne, Tel. 06/868 61 39, www.gisbornenz.com

i-Site Napier. Tgl. 9–17 Uhr, 100 Marine Pde., Napier, Tel. 06/834 19 11, www.napiernz.com

22 Geothermalzentrum Rotorua

Die dampfende Stadt

Dampfend, zischend und blubbernd zeigt sich die Geothermalhochburg Rotorua. Heiße Thermalquellen, beeindruckende Geysire und farbenprächtige Sinter-Terrassen ziehen Massen von Besuchern an. Das Gebiet liefert immerhin 13 Prozent der Elektrizität Neuseelands. Der Ort ist touristisches Pflichtprogramm, auch wenn »Rotovegas« recht überlaufen ist.

Whakarewarewa

Schon seit 700 Jahren nutzen Maori die Energie aus dem Boden zum Kochen, für heilende Zwecke und zur Revitalisierung. Sehen und erleben können das die Besucher des Dorfes Whakarewarewa, in dem Mitglieder des Stammes Ngati Wahiao leben. Es wird von Te Puia betrieben, einer Vereinigung und Schule für Maori-Kultur. Uralte Traditionen, die Sprache und die Geschichte des Stammes werden in dem Dorf noch von Generation zu

Mitte: In Whakarewarewa können Besucher den Pohutu Geysir und das aktive Maoridorf besuchen. **Unten:** Gesang um Mythen und Vorfahren: Geschickt schwingen Frauen ihre Pois zur Musik.

GUT ZU WISSEN

KRIEGSTANZ IM HOTEL

Maori-Tanzdarbietungen gehören in Rotorua wegen der vielen Pauschaltouristen zum festen Programm. Doch das Ritual des Kriegstanzes Haka im Konferenzsaal eines Hotels anzusehen ist wohl das Abwegigste, was man sich vorstellen kann. Alternativ gibt es eine große Auswahl an Vorführungen in teilweise noch belebten Maori-Dörfern wie in Whakarewarewa. Das ist wesentlich authentischer.

Generation weitergegeben – und bereitwillig den Besuchern vorgeführt.

Zu Whakarewarewa gehören 70 Hektar des historischen Tals und der berühmte Pohutu-Geysir. Alle 20 Minuten schießt er eine 30 bis 50 Meter hohe Wassersäule in die Höhe. Holzstege führen zu blubbernden Schlammlöchern, heißen Quellen und bunten Schwefelterrassen. Im Ort leben traditionelle Holz- und Knochenschnitzer, Flachsflechter und Steinmetze. Ein Guide erzählt Legenden und Mythen der Maori und erklärt die Gerätschaften. Die Menschen hier haben über Jahrhunderte gelernt, sich die Kräfte der Erde zunutze zu machen. Gekocht wird in dampfenden Erdlöchern, und wer möchte, kann hier ein Hangi, im Erdofen gegartes Gemüse, Fleisch und Fisch selbst probieren oder sogar im Marae Whare Tupuna übernachten. Gezeigt werden auch Tänze in traditionellen Trachten, die zum Teil die ganze Familie ausrichtet. Besonders faszinierend sind die Technik, mit der die Frauen Bälle, Pois, an Schnüren schwingen, und der kunstvolle Umgang der Männer mit dem geschnitzten Holzstock Taiaha. Mit bloßem Oberkörper zeigen die Krieger schließlich den berühmten Kriegstanz Haka.

Verschollenes Weltwunder

Anfang 2011 entdeckten neuseeländische Wissenschaftler auf dem 122 Meter tiefen Grund des Lake Rotomahana ein verschollenes Weltwunder wieder: die Pink und White Terraces. Die beiden spektakulären Sinter-Terrassen wurden am 10. Juni 1886 bei dem gewaltigen Ausbruch des Mount Tarawera begraben. Bis dahin hatten sie als achtes Weltwunder gegolten und stellten eine der Hauptattraktionen für Neuseelands frühe Reisende dar. Wer an weiteren geothermischen Besonderheiten der Region interessiert ist, sollte sich

Nicht verpassen

MAORI-THERMALBAD

Hells Gate in Tikitere ist eines der vielen Thermalbäder im Gebiet um Rotorua. Hier kann man vom blubbernden Schlammpool bis zu Schwefelbecken alles rund um das heiße Wasser ausprobieren. Silikat und weiße Kristalle sollen den Knochen und damit dem Körper mehr Flexibilität verleihen. Außerdem erfährt der Badegast in der einzigen von Maori geführten öffentlichen Thermallandschaft noch jede Menge zur Kultur der Ureinwohner. Seit jeher nutzen die Maori die heilende Kraft der Dampfbäder und des Thermalschlamms, veranschaulicht an Kriegern des Stammes Ngati Rangiteaorere. Wer noch nicht genug hat, kann im Urwald des Thermalbads einen Abstecher zu den Kakahi Falls machen, den größten Warmwasserfällen der südlichen Hemisphäre.

Hells Gate. Thermale Badelandschaft. Tgl. 8.30–22 Uhr, Pakete $ 22–240, HW 30, Tikitere, Tel. 07/345 31 51, www.hellsgate.co.nz

Oben: Farbenfrohes geothermisches Wunderland: der Champagne Pool in Wai-O-Tapu
Mitte: Welterster Rail Cruiser: Selbstfahrer-Eisenbahn durch das Dansey-Waldreservat
Unten: Mutige Paddler auf den sieben Meter hohen Okere Falls

das vulkanische Wai-O-Tapu oder das Waimangu Volcanic Valley anschauen.

Sport und Wandern

Rotorua ist auch ein Tummelplatz für Sportler: Die können sich auf dem Wasser, in den Hügeln und Bergen und auf den Straßen austoben. Das dichte Netz aus mehr als 70 Fahrradwegen im Whakarewarewa Forest und die 130 km Radstrecken im beliebten Redwood Forest sind auch für Kinder geeignet. Der Okere Falls Track führt nach 20 Minuten zum gleichnamigen Wasserfall. Hier stürzen sich Rafter und Kajakfahrer den höchsten kommerziell befahrbaren Wasserfall der Welt in die Tiefe – einen sieben Meter hohen Absatz.

Im Februar 2014 wurde der geothermische Wanderweg Tarawera Trail eröffnet. Der Einstieg liegt 20 Minuten von Rotorua entfernt am Te-Wairoa-Parkplatz. Ziel ist ein natürliches Thermalbad, und auf dem Weg dorthin informieren Tafeln über die geologisch interessanten Details der Region. Die Strecke führt auf 15 Kilometern bis zum Hot Water Beach Te Rata Bay am Ufer des Lake Tarawera. Dieser bislang isolierte Badeplatz ist so zum ersten Mal für Wanderer zugänglich gemacht worden. Das heiße Quellwasser plätschert als kleiner Fluss in den See und ergibt eine hervorragende muskelentspannende Badetemperatur. Die Wanderung dauert zwischen vier und fünf Stunden,

für den Rückweg kann ein Wassertaxi gebucht werden, oder man übernachtet gleich auf dem DOC-Campingplatz am Seeufer.

Naturschutz zum Anfassen

Auch Neuseelands größte Kiwi-Nachzuchteinrichtung Rainbow Springs ist einen Besuch wert. Der seit 1932 operierende Park ist zudem eine Auffangstation für den bedrohten Halbdinosaurier Tuatara. Rainbow Springs vergibt Volontärstellen an freiwillige Helfer – eine fantastische Möglichkeit, den Neuseelandurlaub auf diese Weise zu vertiefen. Jährlich nehmen mehr als 10 000 Besucher an einem Programm dieser Art teil, um die fragile Natur des Landes zu erhalten. Vogelliebhaber werden im Wingspan National Bird of Prey Centre auf ihre Kosten kommen. Zu sehen sind heimische Falken, von denen es nur noch 4000 freilebende Exemplare gibt – weniger als Kiwis. Besuchern werden die Bemühungen gezeigt, schwache und kranke Tiere wieder aufzupäppeln, daneben gibt es täglich eine Flugshow von Greifvögeln im Freien.

Attraktionen für Kinder

Eine schöne Attraktion für die ganze Familie ist in Rotorua eine Gondel mit angegliederter Sommerrodelbahn. Der Blick aus der Kabine, die den Besucher auf den Mount Ngongotaha bringt, eröffnet fantastische Ausblicke. Oben gibt es einen besonderen Süßigkeitenladen, der Hunderte verschiedener Jelly Beans verkauft. Sehr gern genutzt wird auch die Selbstfahrer-Eisenbahn durch den Dansey Forest. Beim vollautomatischen weltersten Rail Cruiser fährt man in komfortablen Wagen mit 20 Stundenkilometern auf Schienen durch das Reservat. Mithilfe von Magneten an den Gleisen wird die Geschwindigkeit des Hybridmotors kontrolliert und vor dem Ausstieg automatisch gedrosselt.

Infos und Adressen

SEHENSWÜRDIGKEITEN

Waimangu Volcanic Valley. Tgl. 8.30–17 Uhr, ab $ 38, 587 Waimangu Rd., www.waimangu.co.nz

Wai-O-Tapu. Tgl. 8.30–18 Uhr, $ 32,50, 201 Waiotapu Loop Rd., Tel. 07/366 63 33, www.waiotapu.co.nz

Whakarewarewa. Tgl. 8.30–17 Uhr, ab $ 40, 17 Tryon St., Whakarewarewa, Tel. 07/349 34 63, www.whakarewarewa.com

ÜBERNACHTEN

Hamurana Lodge. Prämiertes Luxushotel. 415 Hamurana Rd., Tel. 07/332 22 22, www.hamuranalodge.com

AKTIVITÄTEN

Skyline Gondola. Gondel, Sommerrodelbahn. Tgl. 9–23.30 Uhr, ab $ 30, 185 Fairy Springs Rd., www.skyline.co.nz/rotorua

Rail Cruising. 1,5-Std.-Tour. Tgl. 11, 13 und 15 Uhr, $ 76, 11 Kaponga St., Mamaku, www.railcruising.com

Rainbow Springs. Kiwi Wildlife Park. Tgl. 8.30–22.30 Uhr, $ 40, Fairy Springs Rd., Tel. 0800/72 46 26, www.rainbowsprings.co.nz

Wingspan. Greifvogelpark. Tgl. 9–15 Uhr, $ 25, 1164 Paradise Valley Rd., Ngongotaha, Tel. 07/357 44 69, www.wingspan.co.nz

INFORMATION

i-Site Rotorua. 7.30–18 Uhr,1167 Fenton St., Tel. 07/348 151 79, www.rotoruanz.com

MAORI-KULTUR
Lebendige spirituelle Welt

Auch Taiaha (Stecken) werden in Mau Rakau, der Maori-Kampfkunst, verwendet.

Die Legende von der Ankunft des ersten Maori gab Neuseeland seinen Namen Aotearoa: Kupe kam von seiner Heimat Hawaiki in seinem Waka »Maataa-hourua«. Man sagt, er landete nahe Wellington, sah die langgezogene Nordinsel im Nebel und sprach: »He ao, he aotea he aotearoa«, was so viel bedeutet wie: »Es ist eine Wolke, eine weiße Wolke, eine lange weiße Wolke«. Seither spricht man von Aotearoa, dem Land der langen weißen Wolke.

Entstehung der Welt

In der Kultur der Maori spielen Mythen und Legenden eine tragende Rolle, so auch die des Kauri-Baums in der Schöpfungsgeschichte: Am Anfang herrschten Dunkelheit und Te Kore, das Nichts. Zuerst entstanden die Eltern aller Maori, Papatuanuku und Ranginui. Die beiden hatten 70 männliche Nachkommen, die zu den Göttern der Maori wurden. Sie lebten in Dunkelheit und sehnten sich nach Licht. Bei einem geheimen Treffen beschlossen sie, Vater und Mutter zu töten, um endlich Licht in die Welt zu lassen. Tane Mahuta, der Gott der Lebewesen und des Waldes, war jedoch dagegen, die Eltern umzubringen, und schaffte es schließlich in der Gestalt des mächtigen, starken Kauri-Baums, die Eltern zu trennen. Der Vater wurde zum Himmel, die Mutter zur Erde, und zum ersten Mal drangen Licht, Luft und Raum in die Welt. Seither wird der Kauri als »Urvater aller Lebewesen« angesehen. Nur ein Bruder war gegen die Trennung der Eltern, Tawhiri Matea, der Gott des Windes. Er stieg zu seinem Vater in den Himmel auf und bringt seither als Racheakt große Stürme auf die Erde.

Heldengott Māui

Durch den Disney-Klassiker »Vaiana«, der 2016 in die Kinos kam, sind viele Europäer mittlerweile vertrauter mit der polynesischen Heimat der Ureinwohner auf den südpazifischen Inseln – und mit ihren Göttern, allen voran Māui. Er ist bekannt für seine trickreiche Art und Verwandlungsfähigkeit. Viele Geschichten um den sagenumwobenen Halbgott finden sich in der Hawaiianischen Mythologie wieder, ganz andere in der Maori-Mythologie. In Neuseeland werden beispielsweise die großen seltenen Waldtauben, auch Kereru genannt, verehrt, da Māui auf der Suche nach seinem Vater in der Unterwelt die Gestalt einer Taube annahm.

Einer anderen Legende zufolge fischten Māui und sein Bruder in einem Kanu sitzend die Nordinsel aus dem Wasser. »Te Ika a Māui« bedeutet »der Fisch von Māui« und ist deshalb der offizielle Beiname der Nordinsel. Die Südinsel hingegen wird auch »Te Waka a Māui«, »das Waka von Maui« (traditionelles Holzkanu), genannt oder »Te Waipounamu«, der Grünstein, wegen seiner großen Jadevorkommen.

Viele der Götter haben noch heute im Alltag der Maori einen hohen Stellenwert. Die Ureinwohner werfen beispielsweise beim Angeln immer den ersten Fisch eines Tages wieder zurück ins Wasser, als Gabe an Tangaroa, den Gott des Meeres.

Ausdrucksstarke Bräuche

Mit Gesängen und Tänzen erzählen die Ureinwohner von ihren Vorfahren – nicht nur für die Touristen. Frauen jonglieren geschickt mit an Schnüren schwingenden Bällen, den Pois, und der bekannte Haka, der Kriegstanz, ist präsenter denn je. Mit nackten Oberkörpern formieren sich die Krieger und rufen lautstark »Ka mate, Ka mate«. Sie schlagen sich mit den Händen auf Oberschenkel und Brust, rollen diabolisch mit den Augen, strecken die Zunge weit heraus, um den Gegner einzuschüchtern. Der Haka ist ausdrucksstark und voller Energie, zeugt von Zusammenhalt, von Stolz und Ehre. Heute wird der bekannteste Haka von der neuseeländischen Rugby-Nationalmannschaft All Blacks aufgeführt.

Tattoos im Gesicht

Auch jahrhundertealte Kunsthandwerke wie Holzschnitzen oder Flachsflechten und die Herstellung von filigranem

Hongi, der Nasenkuss, ist die traditionelle Begrüßung der Maori.

Schmuck hat wieder an Aktualität gewonnen. Ähnlich populär ist das Tätowieren. Traditionell war es das Moko, ein Gesichtstattoo so individuell wie ein Pass. Es galt als Zeichen von Macht, Wissen, Grausamkeit, sozialem Status, Familienzugehörigkeit und Potenz. Während der schmerzhaften Prozedur von Hammer und Meißel auf der empfindlichen Gesichtshaut wurden Gedichte gesungen, und Flötenmusik sollte helfen, die Pein zu lindern. Auch Maori-Frauen ließen sich tätowieren. Bei ihnen beschränkten sich die Muster jedoch auf die Kinnregion, das Umranden der Lippen und ein leichtes Hervorheben der Nasenlöcher. Heute sind in Neuseeland 75 Prozent der Gesamtbevölkerung tätowiert, doch nur einige davon tragen traditionelle Maori-Tattoos. Wer Glück hat, kann bei seiner Reise Maori-Frauen mit Kinnmokos und Gesichtstätowierungen bei Männern sehen.

Trotz der heute offiziellen Anerkennung der Kultur und der Sprache der Ureinwohner gibt es jedoch auch viele arme Maori-Familien, die am Existenzminimum leben. Arbeitslosigkeit, Alkoholismus und Bandenkriminalität gehören statt eines intakten Stammes- und Familienzusammenhalts nach wie vor zur traurigen Realität.

Rotorua und das Eastcape

Eine der touristischen Maori-Hochburgen ist das Geothermalzentrum Rotorua. Dort wird das Hangi, eine im Erdloch gegarte Mahlzeit mithilfe von Geothermik

Diabolisches Augenrollen, Zungeherausstrecken: Der Haka soll Gegner abschrecken.

gekocht und kann sogar probiert werden. In einigen Dörfern kann man auch traditionelle Musikinstrumente bestaunen, die Taonga Puoru. Einige sehen aus wie kleine Flöten, andere wie Rasseln oder Mobiles. Manche werden nur vom Wind zum Klingen gebracht, andere sollen Vögel anlocken oder das Dorf vor einem Angriff warnen.

Weniger touristisch geht es am East Cape zu, wo 85 Prozent Maori leben – Fischer, Imker oder Landwirte. Sie verraten ihre uralten Angeltricks, wie man im Busch durch das Lesen von Spuren überlebt und berichten von überlieferter Naturmedizin. So wirkt das Kawakawablatt desinfizierend und heilt Wunden, als Tee hilft es bei Erkältungen. Auch das erfolgreiche Buch und der Film »Whalerider«, stammen vom Eastcape. Die magische Geschichte erzählt vom Maori-Mädchen Paikea, das einen Wal ritt. Die Menschen haben über Jahrhunderte gelernt, im Einklang mit der Natur zu leben und sich die Kräfte der Erde zunutze zu machen. Die spirituelle Welt der Maori ist heute lebendiger denn je. Neuseeland hat erkannt, dass die Ureinwohner ein wichtiger Teil der Gesellschaft sind und hervorragend zum Image des Landes passen. Überall kann man die Kultur spüren und sehen. Vielerorts gibt es ganz spezielle Maori-Erlebnisse wie Waka-Touren, ein Tattoo-Museum oder eine Übernachtung im traditionellen Marae, im Maori-Versammlungshaus – wahrlich inspirierende Erfahrungen!

Mitte: Camperparadies: Mystische Bergwelt, geothermische Ufer am Lake Waikaremoana
Unten: 225 000 Hektar unerschlossene Wälder: Noch heute leben Maori in Te Urewera Camps.

23 Te Urewera National Park

Nebelkinder in der Wildnis

160 Kilometer südöstlich von Rotorua liegt jener Teil Neuseelands, der zuletzt von den Siedlern entdeckt wurde – Te Urewera. Bis heute ist dieses Fleckchen Erde unberührt und weder zu wirtschaftlichen Zwecken noch extensiv für den Tourismus genutzt. Im Busch lebt noch ein isolierter Maori-Stamm fernab der Zivilisation. Wer die Idylle aufsucht, kann viel über ihre Kultur erfahren und vielleicht auch etwas über sich selbst.

Te Urewera ist mit rund 225 000 Hektar drittgrößter Nationalpark Neuseelands und das größte unberührte Waldgebiet der Nordinsel. Botanische Vielfalt, eine interessante Vogelwelt und zwei seltene Fledermausarten zeichnen das klimatisch harsche Gebiet der Wälder aus. Vor rund 2200 Jahren entstand der 256 Meter tiefe und 5500 Hektar große Lake Waikaremoana durch eine kolossale Schlammlawine von acht Kilometer Länge und vier Kilometer Breite, die den Waikaretaheke River aufstaute.

Tuhoe-Stamm

Der Maori-Stamm Tuhoe besiedelt seit 200 Jahren die steilen, stark bewaldeten Hänge des Urewera Forest um den Lake Waikaremoana. Sie selbst bezeichnen sich als »Nga Tamariki o te Kohu« – »Kinder des Nebels«. Etwa 33 000 Tuhoe leben noch in der Wildnis des National Park in Hütten und Lagern, die meisten sind einfache Jäger. In der Siedlergeschichte des Landes sind Tuhoe bekannt für ihre ausgesprochene Liebe zum Land und für ihre

Hartnäckigkeit im Streben nach Unabhängigkeit. Durch die Abgeschiedenheit ihrer uneinnehmbaren Bergregion hatten sie erst im Jahr 1864 den ersten Kontakt mit den europäischen Siedlern.

Seither versuchten sie mehrfach, einen eigenen Staat zu gründen. Heute wie damals gibt es unter ihnen militante Regierungsgegner. Benachbarte Stämme wie in Murupara gerieten durch Bandenkriminalität negativ in die Presse. Doch der überwiegende Teil der Tuhoe lebt wie eh und je in engem Stammeszusammenhalt und teilt noch immer das alte Wissen um Mythen, Handwerk, Sprache und Naturmedizin.

Aniwaniwa

Ein guter Ausgangspunkt für Ausflüge und längere Wanderungen ist der Lake Waikaremoana. Highway 38 führt von Wairoa nach Onepoto und Kaitawa. Eine lange, gewundene Schotterstraße schlängelt sich entlang des Seeufers in das Herz des Urwera Forest nach Aniwaniwa. Von hier startet eine der Langstreckenwanderungen, der viertägige Waikaremoana Walk, und einige Maori-Touren in den geheimnisvoll anmutenden Wald, in dem Nebelwesen hausen sollen. Die 20 Meter hohen Papakorito Falls sind in einem zehnminütigen Spaziergang zu erreichen. Karten gibt es im DOC Visitor Centre.

Campieren im Busch

In der Region lassen sich auch mehrtägige Pferde-Trecks buchen und Erfahrungen eines einfachen Lebens machen: Campieren im Busch, Flachsflechten lernen und Aale fangen. Bei einer Übernachtung im Marae kommt man in den Genuss eines Hangi. Die einheimischen Guides geben tiefe Einblicke in ihre jahrhundertealte Kultur.

Infos und Adressen

ESSEN UND TRINKEN

MiHi Cafe. Café im Retrostil. Mo–Fr 8–15, Fr 18–20, Sa 9–14 Uhr, 4089 HW 5, Reporoa, Tel. 07/333 89 09

Tarawera Landing. Europäische Küche. Tgl. 10–21 Uhr, RD 5, Tarawera Rd., Lake Tarawera, Tel. 07/362 85 02

ÜBERNACHTEN

DOC Waikaremoana Holiday Park. Zelten am See. SH 38, 6249 Lake Rd., Lake Waikaremoana, Tel. 06/837 38 26, www.doc.govt.nz/waikaremoana-holiday-park

Oputao Marae. Matratzenlager im Marae. Ruatahuna Rd., Ruatahuna, Tel. 07/366 39 41, www.ahureiadventures.co.nz

AKTIVITÄTEN

Ahurei Adventures. Pferde-Tramps mit Pferdeflüsterer. Kontakt Oputao Marae, siehe Übernachten

Te Urewera Treks Bush Camp. Campen und Busch-Tramps. RD 3, 3891 Ruatahuna Rd., Ngaputahi, Tel. 07/929 96 69, www.teureweratreks.co.nz

INFORMATION

DOC Te Urewera. Mo–Fr 8–16.15 Uhr, SH 38 Ecke Aniwaniwa Rd., Te Urewera National Park, Tel. 06/837 38 03, www.doc.govt.nz

Mitte: Kratersee Lake Taupo: Wer es idyllischer mag, sollte die westliche Region der 193 Kilometer Ufer ansteuern.
Unten: Die beeindruckende Wasserkraft der Huka Falls füllt Olympia-Schwimmbecken in Sekunden.

24 Lake Taupo
Neuseelands Gardasee

Lake Taupo zieht im Jahr um die zwei Millionen Besucher an, weshalb der Hauptort Taupo besonders im Sommer recht überlaufen ist. Der mit 616 Quadratkilometern größte Süßwassersee Neuseelands gleicht dann eher dem Gardasee. Wer sich jedoch ein wenig abseits vom Trubel in den westlicheren Küstenorten niederlässt, schafft sich einen fantastischen Ausgangspunkt, um die Region näher kennenzulernen.

Lake Taupo wird vom längsten Fluss Neuseelands, dem Waikato River, gespeist. Der See entstand bei einer gigantischen Vulkanexplosion vor 26 500 Jahren, der größten uns bekannten Eruption seit 70 000 Jahren. Der mit Wasser gefüllte Krater beherbergt rund 193 Kilometer Ufer. Zum Baden eignen sich abseits der Massen besonders gut die Buchten fernab des Highway 1, dazu gehören die Arcacia Bay, Kinloch, Kuratau und das an den Flussarmen gelegene Mangakino. Aufgrund seiner Größe bietet sich der See auch für jede Art von Wassersport an. Verschiedene Forellenarten machen das Gewässer zu einem hervorragenden Fischgrund für Angler. Seit 1999 findet am Lake Taupo jeden März der legendäre Triathlon Ironman New Zealand statt.

Maori Rock Carvings

Im Nordwesten des Sees befindet sich an den Klippen der Mine Bay eine zehn Meter hohe Maori-Zeichnung, die als Maori Rock Carvings bekannt wurde. In den späten 1970er-Jahren meißelten Matahi Wakataka-Brightwell und John Randall das Bild in den Stein. Es stellt Ngatoroirangi dar, einen Maori-Seefahrer, der einer Legende nach vor 1000 Jahren Tuwharetoa- und Te-Arawa-Stämme zum Lake Taupo geführt hat. Die Steinkunst soll den See vor den unterirdischen vulkanischen Kräften schützen. Für Besucher sind die Rock Carvings ein interessantes Ausflugsziel – es werden sowohl Touren per Segelboot, mit Jachten als auch per Kajak angeboten. Zur Entspannung empfiehlt sich im Anschluss ein Besuch der Wairakei Terraces oder eines anderen Thermalbads.

Huka Falls

Die Huka Falls nördlich von Taupo sind Neuseelands meistfotografierte natürliche Attraktion. »Huka« bedeutet in Maori »Schaum«, und wer sich das Naturwunder ansieht, versteht den Namen. An dieser Stelle des Waikato River verengt sich das Flussbett durch hartes Vulkangestein von 100 auf nur 15 Meter. Dadurch entstehen Stromschnellen, Wasserstufen und schließlich der spektakuläre, elf Meter hohe Wasserfall. Häufig erreicht hier die Fließgeschwindigkeit des kristallklaren, türkisblauen Wassers 220 000 Liter pro Sekunde. Das ist genug, um zwei olympische Schwimmbecken in Sekunden zu füllen. Von den Aussichtsplattformen erhält man tolle Perspektiven auf die Szenerie. Wem das nicht genügt, der kann eine Jetboat-Fahrt bis in die Gischt des Wasserfalls buchen.

Extremsport in Taupo

Taupo bietet waghalsigste Attraktionen, Fallschirmsprung und White Water Rafting, Bungee-Springen oder mit einer Seilschaukel durch den Canyon des Waikato River schwingen. Naturliebhaber können im nahe gelegenen Tongariro National Park im Schatten von drei Vulkanen wandern. Auch das Nachtleben von Taupo lässt sich sehen.

Infos und Adressen

SEHENSWÜRDIGKEITEN

Huka Falls. Wairakei Park, www.hukafalls.com

ESSEN UND TRINKEN

Piccolo Café. Prämiertes Café. Mo–So 7–16 Uhr, 41 Ruapehu St., Taupo, Tel. 07/376 57 58, www.taupocafe.co.nz

The Bay Bar & Brasserie. Gemütliches Bistro am Strand. Di–So 16–23 Uhr, 703 Acacia Bay Rd., Acacia Bay, Tel. 07/378 88 86

ÜBERNACHTEN

Taupo DeBretts. Von Luxus-Lodge bis Zeltplatz. SH 5, Hot Pools, 76 Napier-Taupo Rd., Tel. 07/378 85 59, www.taupodebretts.co.nz

Twynham at Kinloch. Ruhiges B&B. 84 Marina Tce., Tel. 07/378 28 62, www.twynham.co.nz

AKTIVITÄTEN

Maori Rock Carvings. Kajaktouren ab Acacia Bay. Tel. 027/480 12 31, www.tka.co.nz

Taupo Bungy. Sommer tgl. 9.30–17 Uhr, 202 Spa Rd., Taupo, Tel. 0800/88 84 08, www.taupobungy.co.nz

Wairakei Terraces. Thermalbad. Tgl. 8.30–21 Uhr, Do bis 19 Uhr, Erwachsene ab $ 25, SH 1, Wairakei, Tel. 07/378 09 13, www.wairakeiterraces.co.nz

INFORMATION

i-Site Taupo. Tgl. 9–17.30 Uhr, 30 Tongariro St., Taupo, Tel. 0800/52 53 82, www.greatlaketaupo.com

25 Tongariro National Park

Vulkantrilogie

Tongariro ist der viertälteste Nationalpark der Welt und Neuseelands ältester Naturpark. Entstanden 1887, erhielt er aufgrund seiner kulturellen und spirituellen Bedeutung für Maori wie auch für seine atemberaubende Vulkanlandschaft die Anerkennung als UNESCO-Weltnaturerbe. Majestätisch thronen die drei Vulkankegel von Mount Ruapehu, Mount Ngauruhoe und Mount Tongariro über der Landschaft des 79 000 Hektar großen Parks.

Mitte: Die beliebteste Tageswanderung führt über den 17 Kilometer langen Tongariro Crossing durch dampfende Vulkanlandschaft.
Unten: Bergführer Peter Zimmer kennt Mount Ruapehu, Ngauruhoe und Tongariro genau.

Der Zugang zum Tongariro National Park führt über Whakapapa Village, National Park Village und Ohakune. Wer lieber abseits der Massen unterkommen möchte, findet in Raetihi die nötige Abgeschiedenheit. Direkt am Highway 1 in Waiouru befindet sich das größte Armeemuseum Neuseelands. Die kleine Nation kämpfte in vielen Kriegen und entsendet heute Soldaten zu Friedensmissionen. Von Relikten aus den Maori Land Wars bis zu Bildern vom Vietnamkrieg und dem Einsatz in Afghanistan – der Museumsbesuch vergeht hier wie im Fluge.

Feuerspuckende Giganten

Die drei mächtigen Vulkane entstanden vor rund zwei Millionen Jahren, gehören zum Pazifischen Feuerring und sind bis heute aktiv. Der Mount Ruapehu ist mit 2297 Meter der höchste und aktivste der drei Kegel und zeigt drei ausgeprägte Gipfel, zwischen denen sich ein Kratersee erstreckt. Die letzte Eruption war 2007. Im August und November 2012 brach der Te-Mari-Krater des Mount

Türkisblau leuchtet der Kratersee.

Tongariro aus. Heute zeigen Lichtsignale auf den Parkplätzen das Sicherheitsrisiko der Vulkane an, sie werden stetig überwacht. Die Landschaft des Tongariro National Park ist kontrastreich. Zwischen versteinerten Lavaströmen, heißen Quellen, Schotterhängen und dampfenden Fumarolen ragen die kahlen Kegel in den Himmel. Im unteren Bereich wächst dichter Laubwald, während in der harschen säurehaltigen Umgebung weiter oben nur Flachse, Alpenkräuter, Tussok-Gräser und Gestrüpp gedeihen. Die bizarren Farbgebungen der schwefelhaltigen Bäche, Wasserfälle und des Gesteins sind ebenso beeindruckend wie die türkisblau leuchtenden Emerald Lakes. Die düstere Kulisse des Vulkanreliefs war ein wichtiger Drehort der »Herr der Ringe«-Trilogie.

Tongariro Crossing

Das Tongariro Crossing ist die bekannteste und beliebteste Tageswanderung Neuseelands. Über Devil's Staircase führt die 17 Kilometer lange Route steil bis auf den Kraterrand des Mount Tongariro, vorbei an den Emerald Lakes und schließlich zurück in den Buschwald. Die Ketetahi Hot Springs sind in Maori-Hand und nicht zugänglich. Dennoch beeindruckt die Strecke mit ihren un-

Geheimtipp

SPASS FÜR NEUZEIT-COWBOYS

Western-Fans aufgepasst! Auf der Mellonsfolly Ranch, eine Autostunde von Ohakune entfernt, steht völlig versteckt eine alte Wildweststadt mit Gefängnis, Schmiede, Hotel und Saloon. Hufeisenwerfen, das Schießen auf Blechdosen, eine Pfeil-und-Bogen-Anlage, Essen am Lagerfeuer, Pferdeausritte und die Pokerrunde im Saloon gehören natürlich dazu. Die viktorianischen Zimmer sind stilecht, wer weniger Zeit hat, kann auch nur für einen Tag zu Besuch kommen, muss dann aber das Lagerfeuer auslassen. In der Nähe liegen Mountainbike- und Wanderwege. Eine authentische Architektur, elegante Möbel und über 400 Hektar Grund zum Austoben – an diesen surrealen Ort verirren sich garantiert keine Touristenmassen!

Mellonsfolly Ranch. 440 Crotons Rd., Ruatiti Valley, Tel. 06/385 33 46, www.oldwesttown.co.nz

Oben: Die Waitonga Falls an der Mountain Road bei Ohakune waren die Film-Location für »Der Herr der Ringe«.
Unten: 42 Traverse: Ultimative Mountainbike-Strecke auf der alten Holzfällerroute

terschiedlichen Vegetationszonen. Eine ebenso interessante Tageswanderung geht hinauf zum Ruapehu-Kratersee. Der schöne, 1,5-stündige Waitonga Falls Track nahe Ohakune führt zu einem 39 Meter hohen Wasserfall. Infos und Karten gibt es beim DOC und in den i-Sites.

Fahrradrouten

Der Bau von Mountainbike-Strecken sorgte für eine lukrative Ganzjahresvermarktung des Nationalparks. Die als bester Track der Nordinsel bekannt gewordene Route ist der 42 Traverse. Die 46 Kilometer lange Tagestour führt durch anspruchsvolles Terrain auf der ehemaligen Holzfällerroute, dem State Forest 42. Der 245 Kilometer lange Hikoi Track startet in Ohakune, gefahren wird in drei Tagen über die Bridge to Nowhere entlang des Whanganui River bis nach Castlecliff nahe Wanganui. Der 14 Kilometer lange, dreistündige Old Coach Road Trail auf einer stillgelegten Eisenbahnstrecke beeindruckt mit dem 45 Meter hohen Hapuawhenua-Viadukt, einer Downhill-Strecke und der Fahrt durch einen Eisenbahntunnel. Downhill-Freaks sollten den Fishers und den Martin Sash and Door Tramway Track ausprobieren. Alternativ kann eine White Water Rafting Tour auf dem Whakapapa River gebucht und so manche Stromschnelle überwunden werden.

Skifahren am Ruapehu

An den Hängen des Mount Ruapehu befinden sich zwei Skigebiete, Whakapapa und Turoa. Turoa verfügt mit 720 Meter über die längste Abfahrtsstrecke in Australasien, während sich Whakapapa mit der längsten Piste für Anfänger und 65 Abfahrten auf 1050 Hektar brüstet. Für Europäer ist der Schneespaß ungewöhnlich, denn der Blick vom Gipfel gleitet in grüne Täler.

Infos und Adressen

SEHENSWÜRDIGKEITEN

National Army Museum. Tgl. 9–16.30 Uhr, $ 15, SH 1, Waiouru, Tel. 06/387 69 11, www.armymuseum.co.nz

ESSEN UND TRINKEN

Powderhorn. Hotel, Restaurant, Bar. Mo–Fr 16 Uhr–spät, Sa/So 16 Uhr–spät, Mountain Rd., Ohakune, Tel. 06/385 88 88, www.powderhorn.co.nz

The Station Café & Restaurant. Speisen im 100-jährigen Bahnhof. Tgl. 9 –21 Uhr, Findlay St., National Park Village, Tel. 07/892 28 81, www.thestationcafe.co.nz

ÜBERNACHTEN

Chateau Tongariro Hotel. Historisches Vier-Sterne-Hotel am Skihang. SH 48, Mt. Ruapehu, Tel. 0800/24 28 32, www.chateau.co.nz

Hobbit Motor Lodge. Studio, Backpacker. Guter Ausgangspunkt, um den Nationalpark zu erkunden. 80 Goldfinch St., Ohakune, Tel. 06/385 82 48, www.the-hobbit.co.nz

Snowy Waters Lodge. Komfortable Lodge. 58 Ward St., Raetihi, Tel. 06/385 31 57, www.snowywaterslodge.co.nz

Whakapapa Holiday Park. Campingplatz. SH 48, Whakapapa Village, Tel. 07/892 38 97, www.whakapapa.net.nz

AKTIVITÄTEN

Adventure Outdoors River Rafting. 3948 National Park Village, Owhango, Tel. 0800/38 69 25, www.adventureoutdoors.co.nz

Guided Crater Tours. Kulturelle Ruapehu-Wanderung. Dez.–Mai, $ 145, Alpine Lifts, Whakapapa, www.mtruapehu.com/summer/

Mountain Shuttle. Bus zum Track. $ 30, TeKarehana, RD 1, Turangi, Tel. 0800/11 76 86, www.tongarirocrossing.com

TCB Ski Board and Bike. Equipmentverleih, 29 Ayr St., Ohakune, Tel. 06/385 84 33, www.tcbskiandboard.co.nz

INFORMATION

i-Site Ruapehu. Tgl. 9–17.30 Uhr, 54 Clyde St., Ohakune, www.visitruapehu.com

DOC Visitor Centres. Whakapapa Village: Sommer tgl. 8–18 Uhr, Tel. 07/892 37 29; Ohakune: tgl. 9–17 Uhr, 1 Mountain Rd., Tel. 06/385 84 27, www.doc.govt.nz

»Chateau Tongariro Hotel«: Stilvoll übernachten im Schlösschen am Berghang

26 Wairarapa
Klein, aber Wein

Die Wairarapa-Region liegt eine Autostunde nordöstlich von Wellington und zeichnet sich durch ein besonders mildes Klima aus. Mit den Rimutaka Ranges im Süden und den Tararuas im Westen ist die Ebene vor den Wettereinflüssen der Küste geschützt. Dieses Zusammenspiel und der fruchtbare Boden machen die Wairarapa zum perfekten Weinanbaugebiet.

Mitte: Landschaftsidylle Wairarapa: Weingüter, historische Örtchen und eine wilde Küste
Unten: Böden und Klima wie in Burgund: Aus Martinborough kommen prämierte Spitzenweine.

Wairarapa bedeutet »glitzerndes Wasser«: Der Ruamahunga River verbindet die drei Regionen Masterton im Norden, das zentrale Gladstone und Martinborough im Süden, fließt schließlich in den Lake Wairarapa und dann in die Palliser Bay. Masterton ist für Touristen relativ unspektakulär, in Carterton dagegen findet sich mit Paua World ein Outlet-Shop, der landestypische Souvenirs günstig ab Fabrik verkauft. Nahe Carterton liegt auch Stonehenge Aotearoa. Das nachgebaute, an die südliche Hemisphäre angepasste Observatorium mit seiner prähistorischen Technik ist voll funktionsfähig.

Greytown

Das Herz von Gladstone schlägt im charmanten Örtchen Greytown. 1854 ließen sich die ersten Siedler nieder, noch heute ist die Hauptstraße die mit der besterhaltenen viktorianischen Architektur des Landes. Parks mit altem Baumbestand, viele Obst- und Weinbauern und das Cobblestones-Siedlermuseum mit seinem Krankenhaus von 1875 und der alten Dorfschule machen den Ort zu einem interessanten Ziel. Neben Antiquitätenläden reihen sich elegante Designershops, kleine Souvenir- und Kunstgeschäfte, Cafés und edle Restaurants. Greytown zieht sogar internationale Stars wie Kate Winslet oder Gollum-Darsteller Andy Serkis an.

Wein aus Martinborough

»Seit 30 Jahren in der Flasche, 20 000 Jahre in der Fertigung« – so wirbt die junge Weinregion für ihre auf dem Weltmarkt prämierten edlen Tropfen. Über 20 000 Jahre erodierte der Ruamahunga River die Flussterrassen. Fruchtbarer Schlick liefert den Reben hervorragende Nährstoffe, die Steine speichern die Wärme der langen, heißen Sommertage und geben sie in den kühlen Nächten an die Rebstöcke ab. Die ersten Anbauversuche um 1880 scheiterten aufgrund der Prohibition um 1905. Als Wissenschaftler jedoch Parallelen zwischen den Boden- und Klimagegebenheiten Burgunds und Martinboroughs feststellten, wurde 1980 ein neuer Versuch unternommen: Zunächst entstanden vier Weingüter.

Heute überzeugen 20 Winzer mit handverlesenen Qualitätsweinen, die Region hat über 30 Weingüter. Martinborough steht vor allem für Pinot Noir und Sauvignon Blanc, ein Winzer reiht sich an den nächsten, und jeder begrüßt Gäste zu Weinproben. Wer deutsch sprechen möchte, kann die preisgekrönten Schubert Wines testen, Ata Rangi gehört zu den ältesten Gütern und Palliser Estate zu den größten der Region.

In Martinboroughs gemütlichem Zentrum liegt das 1882 erbaute »Martinborough Hotel«. Jeden November zieht das beliebte Weinfest Toast Martinborough am Square über 10 000 Besucher an. Der interessante Platz wurde von Ortsbegründer John Martin in Form der Union-Jack-Flagge gebaut und ist ein ganzjähriger beliebter Treffpunkt.

Geheimtipp

EIN TAG FÜR GENIESSER

Eine luxuriöse Tour führt Liebhaber der guten Küche und edler Tropfen zu den Spezialitätenproduzenten der Region, die mit Hingabe an der Perfektionierung ihrer Produkte arbeiten. Ob Oliven-, Obst- oder Weinanbau, die Gutsbesitzer berichten aus erster Hand von ihren besonderen Waren und geben interessante Einblicke in ihre oft innovative Praxis. Beleuchtet werden besonders die Burgunderweine der Wairarapa. Boutique-Shopping in Greytown gehört ebenso zu dem Ausflug wie die Fahrt in einem Privat-Van. Höhepunkt und Ruhepol ist ein Drei-Gänge-Mittagsmenü in Martinborough. Eine Transportoption per Zug von Wellington aus sowie Einzeltouren und größere Gruppen können arrangiert werden.

Zest Food Tour Martinborough. Täglich maximal vier Personen, Erwachsene $ 595, Marion Square Wellington, Tel. 04/801 91 98, www.zestfoodtours.co.nz

Oben: Lohnenswerter Abstecher zur Küste: Leuchtturm, Klippen und eine Robbenkolonie
Mitte: Die raue Küste am Cape Palliser ist die Heimat vieler Fischer, die Wellington beliefern.
Unten: Pukaha – Lebensraum der einzigen weißen Kiwis der Welt.

Cape Palliser

Das Cape Palliser bildet den südlichsten Punkt der Nordinsel. Die 1,5 Stunden lange Anfahrt zur größten permanenten Robbenkolonie der Nordinsel und dem 18 Meter hohen Leuchtturm lohnt sich unbedingt. Die Küste ist rau, Baden zu gefährlich, doch die bizarren Putangirua Pinnacles, Whatarangi Bluff und der Aorangi Forest Park bieten gute Alternativen. In Ngawi stehen wunderliche, bemalte Traktoren wie der »grüne Kermit« oder das »pinke Babe« am Strand, mit denen die Fischer ihre Boote ins Wasser ziehen. Die Snacks vom mobilen Fish-'n'-Chips-Wagen an der Hauptstraße sind frisch und lecker!

Ein paar Tage Strandurlaub lassen sich in den nördlicher gelegenen Badeorten Riversdale Beach und Castlepoint einrichten. 1770 entdeckte Captain James Cook die imposante Landzunge von Castlepoint, als er an der Ostküste der Nordinsel entlangsegelte und benannte die 162 Meter hohe Felszunge der heutigen Surfbucht, weil sie wie die Überreste eines Schlosses aussah, als Castle Rock. In der zweiten Bucht thront ein imposanter Leuchtturm auf den Klippen, auf denen auch seltene Riffreiher und Austernfischer brüten. Die erodierten Felsen hüten interessante Fossilien.

Kiwi-Aufzuchtstation

Das Wildlife Centre Pukaha Mt. Bruce liegt am Pukaha Forest. Ein Aushängeschild des Parks ist die Aufzucht von nachtaktiven Kiwis. Hier wurden die einzigen weißen Kiwis der Welt geboren, die keine Albinos sind, sondern ein seltenes weißes Gen besitzen. Einer davon, Manukura, kann sogar im Nachthaus beobachtet werden. Tagsüber werden die Besucher Freude an den frechen Kaka-Papageien haben. Das 942 Hektar große Reservat liegt 20 Minuten nördlich von Masterton.

Infos und Adressen

SEHENSWÜRDIGKEITEN

Cobblestones Museum. Tgl. 10–16 Uhr, Erwachsene $ 7, 169 Main St., Greytown, Tel. 06/304 96 87, www.cobblestonesmuseum.org.nz

ESSEN UND TRINKEN

Micro Winebar. Kleine Weinstube. Do–Mo 15–1 Uhr, 14c Ohio St., Martinborough, Tel. 06/306 97 16

The French Baker. Frische Backwaren. Mo–Fr 7.30–15, Sa/So bis16 Uhr, 81 Main St., Greytown, Tel. 06/304 88 73, www.frenchbaker.co.nz

Delikatessenernte: Crayfish-Taucher leben gefährlich, die Tiere haben scharfe Scheren.

Peppers Parehua Pavilion Restaurant. Hotel und Lokal mit frischer Bio-Küche. Frühstück 8.30–10.30, Abendessen ab 18 Uhr, 52 New York St., Martinborough, Tel. 06/306 84 05, www.peppers.co.nz/parehua/dining/

Café Medici. Café im Innenhof mit gutem Frühstück/Brunch, Tgl. 8.30–16 Uhr und Do–Sa ab 18.30 Uhr, 9 Kitchener St., Martinborough, Tel. 06/306 99 65, www.cafemedici.co.nz

ÜBERNACHTEN

Castlepoint Holiday Park & Motels. Rustikaler Ferienpark am Strand. 1–3 Jetty Road, RD 9, Tel. 06/372 67 05, www.castlepoint.co.nz

White Swan Hotel & Bar. Historisches Landhotel mit schönen Zimmern. 109 Main St., Greytown, Tel. 06/304 88 94, www.thewhiteswan.co.nz

Martinborough Hotel. Elegante Zimmer mit Historie. The Square, Martinborough, Tel. 06/306 93 50, www.martinboroughhotel.co.nz

EINKAUFEN

Paua World. Souvenir-Outlet. Mo–Fr 8.30–17 Uhr, Sa/So 9–17 Uhr, 54 Kent St., Carterton, Tel. 06/379 42 47, www.pauaworld.com

Schubert Wines. Tgl. 11–15 Uhr, 57 Cambridge Rd., Martinborough, Tel. 06/306 85 05, www.schubert.co.nz

AKTIVITÄTEN

Pukaha Mount Bruce National Wildlife Centre. Wildlifepark mit Kiwi-Aufzucht. Tgl. 9–16.30 Uhr, Erwachsene $ 20, SH 2, Eketahuna, Tel. 06/375 80 04, www.pukaha.org.nz

INFORMATION

i-Site Martinborough. Mo/So 10–16 Uhr, Di–Sa 9–17 Uhr, 18 Kitchener St., Martinborough, Tel. 06/306 50 10, www.wairarapanz.com

WELLINGTON: TOR ZUR SÜDINSEL

0
1 km
N
Johnsonville
Paparangi
Maungaraki
Woburn
Alicetown
Woburn Rd.
Railway Ave.
Lower Hutt
Hutt Rd.
Cuba St.
Jackson St.
Petone
The Esplanade
Shandon Golf Course
Randwick Rd.
Waione St.
Huth River
Seaview Rd.
Korokoro Stream
Middleton Rd.
Johnsonville Porirua Motorway
Newlands Rd.
Newlands
Johnsonville Park
Mt. Kaukau
445
Moorefield Rd.
Broad-meadows
Khandallah Park
Centennial Highway
Hutt Rd.
Khandallah Rd.
Khandallan
Ngaio
Waikowhai St.
Ngaio Gorge
Hutt Rd.
Wellington Urban Motorway
Wadestown
Tinakori Rd.
Pipitea
Waterloo Quay
Lowry Bay
Somes Island
Wellington Harbour
Port Nicholson
Marine Drive
Sunshine Bay
Davs

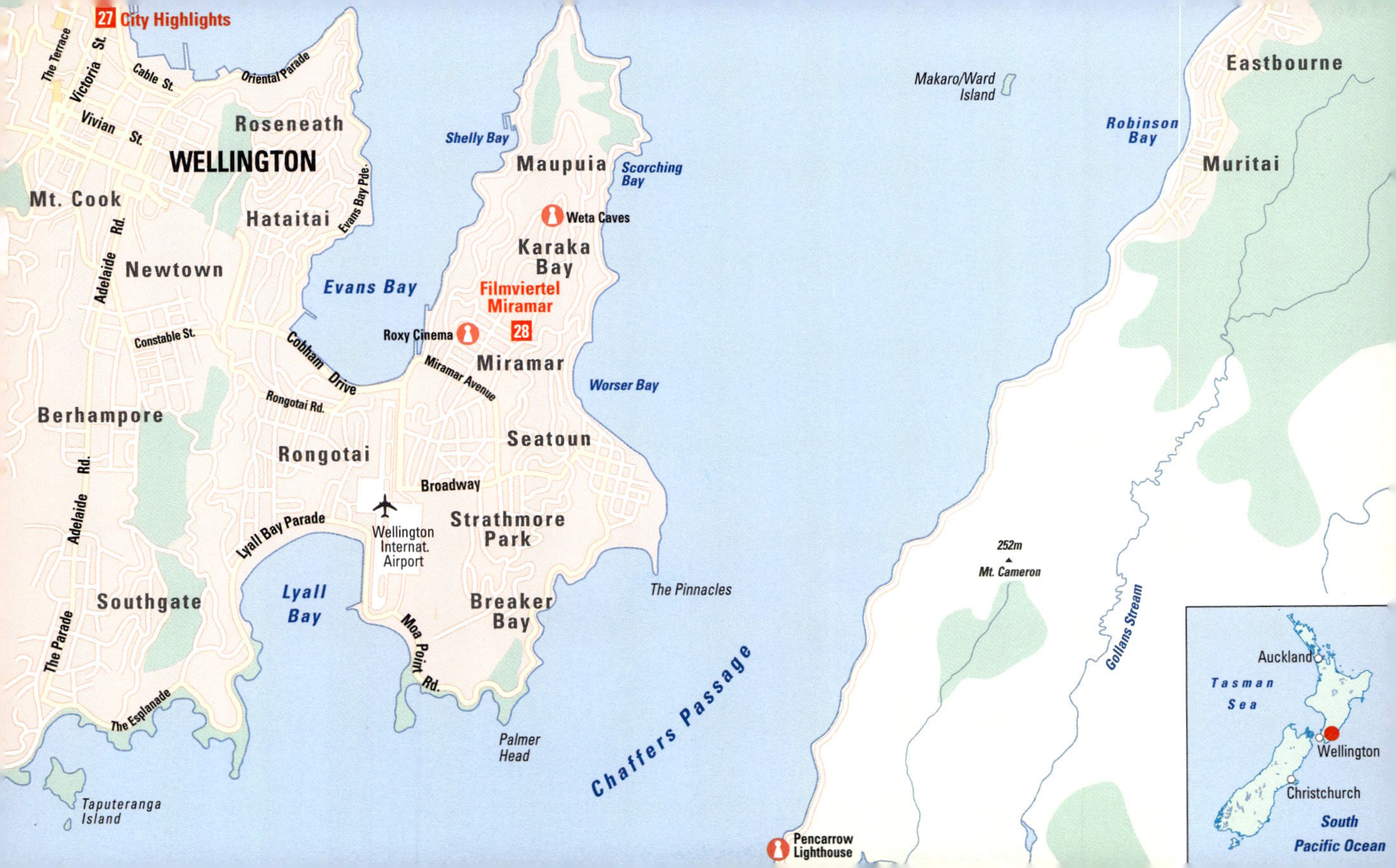

27 City Highlights
The Terrace
Victoria St.
Cable St.
Oriental Parade
Vivian St.
Roseneath
WELLINGTON
Mt. Cook
Hataitai
Evans Bay Pde.
Adelaide Rd.
Newtown
Evans Bay
Constable St.
Cobham Drive
Rongotai Rd.
Berhampore
Rongotai
Adelaide Rd.
Lyall Bay Parade
Southgate
Lyall Bay
The Parade
The Esplanade
Taputeranga Island
Shelly Bay
Maupuia
Scorching Bay
Weta Caves
Karaka Bay
Filmviertel Miramar
28
Roxy Cinema
Miramar Avenue
Miramar
Worser Bay
Seatoun
Broadway
Wellington Internat. Airport
Strathmore Park
Breaker Bay
Moa Point Rd.
The Pinnacles
Palmer Head
Chaffers Passage
Pencarrow Lighthouse
Makaro/Ward Island
Robinson Bay
Eastbourne
Muritai
252m
Mt. Cameron
Gollans Stream
Auckland
Tasman Sea
Wellington
Christchurch
South Pacific Ocean

Seite 162/163: Wellington, kleine, grüne Stadt mit viel Herz
Mitte: Lambton Quay: Moderne und historische Fassaden bilden das typische Gesicht Wellingtons.
Unten: Beehive-Parlamentsgebäude: Der Regierungssitz kann kostenlos besichtigt werden.

27 Wellington City
Kulturhauptstadt Neuseelands

Wellington hat sein eigenes Gesicht – viktorianische Gebäude liegen elegant neben modernen verspiegelten Hochhäuserfronten, hübsche Cottages aus der Siedlerzeit reihen sich an steilen grünen Hügeln. Dazu gesellen sich eine beeindruckende Kunstszene, ausgeprägte Cafékultur und interessante Läden. Wellington ist eine quirlige Metropole, Regierungssitz und eindeutig die Kulturhauptstadt Neuseelands.

Die Stadt liegt eingebettet zwischen der Cook Strait, einer Meerenge zwischen der Nord- und Südinsel, und den Rimutaka Ranges, einer Bergkette im Norden. Die südlichste Hauptstadt der Welt erstreckt sich entlang des weiten Hafenbeckens. Seinen Motor findet das Leben in der Innenstadt, die kompakt ist und sich wunderbar zu Fuß erkunden lässt. Hier ist das Regierungs- und Geschäftsviertel, hier gibt es bedeutende Museen und Neuseelands größte Veranstaltungshäuser – und Freizeitareale, eine lebhafte Gastronomieszene sowie das größte Vergnügungsviertel des Landes.

Beehive

Der »Beehive« ist Sitz der neuseeländischen Regierung und durch einen Tunnel mit dem Old Parliament Building verbunden. Das außergewöhnliche, 72 Meter hohe, erdbebensichere Bauwerk wurde 1979 fertiggestellt. Der Name – Bienenkorb – erklärt sich zunächst durch sein Aussehen, und durch eine Anekdote: Der schottische Architekt Basil Spence (1907–1976) hatte beim Skizzieren eine Streichholzschachtel der Marke Beehive neben sich liegen, wonach es dann trotz öffentli-

Te-Papa-Nationalmuseum: Neuseeland auf sechs tollen Etagen

cher Wiederstände seinen Namen erhielt. Auf die zehn Stockwerke verteilen sich Schwimmbäder, Cafés und Büros, der Premierminister sitzt ganz oben, direkt unter dem 20 Tonnen schweren Kupferdach. Die Kunstwerke neuseeländischer Schulen, der Marmorfußboden am Eingang und einige Gebäudeteile können besichtigt werden. Das historische gelbe Gebäude mit viktorianisch-gotischen Zügen oberhalb des Rosengartens im Park beherbergt die Parlamentsbücherei (1881–1899).

Lambton Quarter

Wellington ist ein multikultureller Ort, an dem innovatives Denken ohne Regularien möglich ist. Kiwis sind extrem tolerant, und das Interesse am Rest der Welt ist groß – Touristen werden mit offenen Armen empfangen. Viele Business-Hotels haben sich im Lambton Quarter angesiedelt, und zwischen den Häuserschluchten des Lambton Quay tummeln sich die Passanten vor edlen Boutiquen. Ganz in der Nähe befindet sich die Talstation des berühmten Wellingtoner Cable Car. Die 624 Meter lange Strecke führt bereits seit 1898 durch Tunnel zum Botanischen Garten und der Aussichtsplattform in Kelburn. Historisch interes-

Nicht verpassen

HAFEN- UND MUSEUMSTOUR

Eine Entdeckungsreise der eigenen Art hat das Museum of Wellington City & Sea im Programm. Die fünfstündige Tour beginnt am Hafen, von wo eine Fähre nach Matiu Somes Island übersetzt. Auf der Naturschutzinsel erfährt man bei einem Rundgang vieles über die interessante Geschichte des Eilandes und seine seltenen tierischen Bewohner. Auf der Rückfahrt gibt es Fish 'n' Chips, gestärkt geht es sodann ins Museum, in dem viele interessante Exponate zur Hafengeschichte ausgestellt sind. Im Rahmen der geführten Tour wird eine alte Schiffskajüte durchstreift – Hologramme in Maori-Wakas erzählen die Legenden der Vorfahren.

Museum of Wellington City & Sea, Ship 'n Chip Tour. Tgl. 10–17 Uhr, nur per Buchung am Vortag bis 17 Uhr, Erwachsene $ 49, 3 Jervois Quay, Queens Wharf, Tel. 04/472 89 04, www.museumswellington.org.nz

Oben: Wie Vogelnester: Häuser an den Hängen des Mount Victoria. **Mitte:** Fehlkonstruktion: Die Bucket Fountain in der Cuba Street spritzt die Passanten nass. **Unten:** Das Aushängeschild Wellingtons: sein historisches, funktionstüchtiges Cable Car

sant ist die Old Bank Arcade. Das Gebäude (1901) beherbergt viele kleine Läden und Cafés. Sein Herzstück ist eine goldene Uhr, die sich zur vollen Stunde öffnet und mit musikalischer Untermalung Szenen aus der Geschichte des Areals zeigt. In der Bogensektion des Untergeschosses sind Teile eines historischen Segelschiffes ausgestellt, denn vor dem großen Erdbeben 1855 war der Lambton Quay tatsächlich einmal die Küstenlinie.

Cuba Quarter

Über die Willis Street mit ihren Läden für Outdoorbekleidung, Camping und Surfen gelangt man in die Fußgängerzone: Die lebhafte Cuba Street ist der Mittelpunkt des gleichnamigen Viertels. Hier befinden sich kleine alternative Geschäfte, Music Stores mit Schallplatten und Secondhandläden. Überall lässt sich eine Kaffeepause einlegen, denn Wellington hat pro Kopf mehr Cafés als New York. Straßenmusiker und Artisten beleben die Cuba-Street-Szene, die ebenso bunt und kreativ wie das Viertel selbst ist. Jeden Freitag findet ein bunter Nachtmarkt statt.

Te Papa Tongarewa

Neuseeländische Museen sind meist interaktiv aufgebaut und häufig kostenlos zugänglich. Egal ob in einer Führung oder in Eigenregie, in Wellington kann man sich auf eine kulturelle Reise begeben – zur Geschichte des Landes, zu seiner Literatur, zu der Maori-Kultur, Geografie, Politik oder der Tierwelt. Ein Muss ist das Nationalmuseum Te Papa Tongarewa. Auf sechs Stockwerken werden alle wichtigen Themen zu Aotearoa angeschnitten: von seiner spezifischen Geografie, verbunden mit Vulkanen und Erdbeben, über die Landesgeschichte – von seiner einmaligen Flora und Fauna bis hin zur sagenumwobenen Maori-Kultur.

Ein Tag in Wellington

- **A Oriental Beach** – Frühstück und gemütlicher Spaziergang
- **B Te Papa Museum** – Nationalmuseum mit Riesenkalmar, Erdbebenhaus und Marae
- **C City to Sea Bridge** – Verbindet Waterfront und Stadtkern, i-Site am Civic Square
- **D Cuba-Street-Shopping** – Einkaufsbummel um die fehlerhaft konstruierte Bucket Fountain. Vorsicht, Spritzgefahr!
- **E Willis Street** – Souvenir- und Outdoorläden
- **F Old Bank Arcade** – Histor. Einkaufszentrum
- **G Talstation Cable Car** – In fünf Minuten zur Bergstation ins Grüne
- **H Bergstation Botanischer Garten** – Aussicht, Park, Sternwarte Carter Observatory, kostenloser Shuttlebus nach Zealandia
- **I Beehive Tour** – Kostenlose Führung der Regierungsgebäude
- **J Old St. Paul's Church** – Älteste Kirche Wellingtons, die einzige neugotische Holzkirche der Welt
- **K Dinner im Hafen** – Lokale mit Blick auf Meer und Skyline
- **L Embassy Theatre & Courtenay Place** – Historisches Weltpremierenkino, Partymeile

Nicht verpassen

NACHTS IM RESERVAT

Kiwis sind so selten geworden, dass es schwer ist, Neuseelands Nationaltier in freier Wildbahn aufzuspüren. Aus diesem Grund bietet Wellingtons Naturreservat geführte Kiwi-Touren an. Nach Einbruch der Dunkelheit startet die Gruppe – dann kommen die flügellosen, nachaktiven Laufvögel aus Erdhöhlen, um ihre Partner zu suchen. Ihre Rufe sind lautstark zu vernehmen, auch unzählige Glühwürmchen zünden ihre Laternen an. Im Naturreservat Zealandia leben darüber hinaus viele vom Aussterben bedrohte Tiere wie Tuatara-Echsen und Kaka-Papageien. Die Guides vermitteln jede Menge Insiderwissen und Hintergründe zu ihrem ehrgeizigen Naturschutzprojekt.

Zealandia by Night. $ 85, ab 12 Jahren, nur mit Vorabbuchung, Waiapu Rd., Karori, Tel. 04/920 92 13, www.visitzealandia.com

Courtenay Place ist die größte Vergnügungsmeile des Landes.

Museum of City & Sea

Gleich nebenan befindet sich das Wellington Museum of City & Sea, in dem Exponate zum frühen kolonialen Hafenleben ausgestellt sind, zu Schiffsunglücken und zur Beziehung der Maori zum Meer. Das Museum wurde unter die Top 50 der weltbesten Museen gewählt. Große Kunsthäuser sind weiter die Academy of Fine Arts, in der Wechselausstellungen gezeigt werden, und die City Gallery, deren Schwerpunkte avantgardistische wie traditionelle Kunst bilden. Kleine Kunstrouten können anhand kostenloser Broschüren aus der Touristeninformation unter freiem Himmel selbst begangen werden. Auch ein Abstecher zur ältesten und weltweit einzigen neugotischen Holzkirche, der Old St. Paul's Church, lohnt sich.

Konzerthäuser

Obwohl Wellington für eine Hauptstadt klein ist, gibt es überdurchschnittlich viele Bühnen, Konzerthäuser, Kinos und Theater. Die Town Hall, das Opera House und das Michael Fowler Centre sind die bekanntesten. Dort sind unter anderem das Royal New Zealand Ballett und das New Zealand Symphony Orchestra zu Hause. Und wer gern ins Kino geht: Im legendären, restaurierten Embassy Theatre werden Blockbuster und alternative Filme vor historischer Kulisse gezeigt. Starregisseur Peter Jackson selbst hat in den 1990er-Jahren Geld in die aufwendigen Renovierungsarbeiten gesteckt, um die Weltpremiere des dritten Teils der »Herr der Ringe«-Trilogie von Hollywood in das kleine Wellington zu ziehen – mit Erfolg.

Freizeit

Wellington ist eine grüne Stadt – seine vielen Parks und die Lage am Meer versprechen einen

großen Erholungswert. Besonders schön sind der Botanische Garten und der große Mount Victoria Park, in dem es sogar Mountainbike-Strecken gibt. Die gesamte Waterfront eignet sich zum Flanieren und Relaxen, die Oriental Bay zum Rollerbladen, Joggen, Boot- oder Rikschafahren. Der künstlich aufgeschüttete Stadtstrand lädt zum Baden und Beachvolleyballspielen ein. Auf den Märkten findet man originelle Souvenirs und Frisches für das Abendessen. Den Fisch gibt es direkt vom Boot.

Courtenay Place

Wellington steht nie still. Wer nachts in der Stadt unterwegs ist, schwimmt in einer Masse unzähliger Feiernder jeden Alters. Eine bunte Szene hat sich um den Courtenay Place entwickelt – Nachtschwärmer bevölkern die Straßen bis in die frühen Morgenstunden. Auf einem über 500 Meter langen roten Teppich fanden hier die Weltpremieren der Wellingtoner Filmindustrie statt. In Pubs und an Ständen gibt es die ganze Nacht über frische Snacks, und auf den Karten der vielen Multikulti-Restaurants steht so ziemlich jede Speise. In Neuseeland gibt es keine Großraumdiskotheken – getanzt und gefeiert wird überall, wo Platz ist. Neuseeländer scheuen sich auch nicht, im Restaurant oder zwischen den Sitzreihen im Kino aufzustehen und das Tanzbein zu schwingen.

Oben: Baden in der Pause am goldgelben Oriental Beach
Mitte: Rudern in Wellingtons Lagune – die Waterfront ist vielfältiges Freizeitareal.
Unten: Qual der Wahl: Segeltörn im Hafen oder Wanderung im Mount-Victoria-Stadtpark?

Infos und Adressen

SEHENSWÜRDIGKEITEN

Academy of Fine Arts. Tgl. 10–17 Uhr, Eintritt frei, 1 Queens Wharf, Tel. 04/499 88 07, www.nzafa.com

City Gallery. Tgl. 10–17 Uhr, Eintritt frei oder je nach Ausstellung, 101 Wakefield St., Civic Square, Tel. 04/913 90 32, www.citygallery.org.nz

Museum of Wellington City & Sea. Tgl. 10–17 Uhr, Eintritt frei, 3 Jervois Quay, Queens Wharf, Tel. 04/472 89 04, www.museumswellington.org.nz/museum-of-wellington-city-and-sea/

Old St. Paul's Church. Tgl. 9.30–17 Uhr, Eintritt frei, 34 Mulgrave St., Thorndon, Tel. 04/473 67 22, www.oldstpauls.co.nz

Regierungsgebäude. Kostenlose Tour zu jeder vollen Stunde. Mo–Fr 10–17 Uhr, Sa 10–16 Uhr, So 11–16 Uhr, 1 Molesworth St. Ecke Lambton Quay

Te Papa Tongarewa. Tgl. 10–18 Uhr, Eintritt frei, 55 Cable St., Tel. 04/381 70 00, www.tepapa.govt.nz

ESSEN UND TRINKEN

Beach Babylon. Strandcafé im 1970er-Jahre-Retro-Stil. Tgl. 8 Uhr–spät, 232 Oriental Parade, Tel. 04/801 77 17, www.beachbabylon.co.nz

Dockside. Authentisches Hafenrestaurant, internationale Speisen und Weine, schöner Ausblick. Tgl. 12–15 und 18–23 Uhr, Shed 3 Queens Wharf, Tel. 04/499 99 00, www.docksidenz.com

Matterhorn. Trendiges In-Lokal nicht nur für Filmstars – mit Tapas, Platten und traditionellen Gerichten. Tgl. 15 Uhr–spät, 106 Cuba St., Tel. 04/384 33 59, www.matterhorn.co.nz

Pizzeria Napoli. Italienische Holzofenpizza. Di–Sa 12–15 Uhr, tgl. 17 Uhr–spät, 30 Courtenay Place., Tel. 04/802 59 08, www.pizzerianapoli.co.nz

Olive. Gemütliches Café-Restaurant, mediterrane Küche. Im Innenhof wird gegrillt. So/Mo 8–15, Di–Sa 8 Uhr–spät, 170 Cuba St., Tel. 04/802 52 66, www.oliverestaurant.co.nz

Southern Cross. Café, Restaurant und Bar in einem Innenhof. Mo–Fr 8 Uhr–spät, Sa/So 9 Uhr–spät, 39 Abel Smith St., Tel. 04/384 90 85, www.thecross.co.nz

St. Johns. Restaurant mit Außenbereich an der Lagune. Di–So ab 11 Uhr, 5 Cable St., Waterfront, Tel. 04/801 80 17, www.stjohnsbar.co.nz

ÜBERNACHTEN

Base Wellington. Stilvolles Hostel in bester Lage, Mehrbett- und Doppelzimmer mit eigenem Bad. 21–23 Cambridge Tce., Tel. 04/801 56 66, www.stayatbase.com

Booklovers Bed & Breakfast. Villa am Mount Victoria für Bücherfreunde: Die Inhaberin ist Schriftstellerin, Bücher zum Mitnehmen; 5 Min. Fußweg zum Courtenay Place. 123 Pirie St., Tel. 04/384 27 14, www.booklovers.co.nz

Capital View Motor Inn. 21 geräumige, gut ausgestattete Selbstversorger-Apartments. Webb St. Ecke Thompson St., Tel. 0800/43 85 05, www.capitalview.co.nz

Museum Art Hotel Apartments. Boutiquehotel mit Hafenblick. 90 Cable St., Tel. 04/802 89 00, www.museumhotel.co.nz

EINKAUFEN

Area 51. Jeans- und Designershop; neuseeländische Modelabels. Mo–Do 9.30–17.30, Fr 9.30–18.30, Sa 10–17 Uhr, So 11–16 Uhr, Cuba St. Ecke Dixon St., Tel. 0508/27 32 51, www.area51store.co.nz

Old Bank Arcade. Mo–Do 9–19 Uhr, Fr 9–21, Sa 10–16, So 11–15 Uhr, 233/237 Lambton Quay, Tel. 04/922 06 00, www.oldbank.co.nz

Recycle Boutique. Secondhand-Designerkleidung zu erschwinglichen Preisen. Mo–Fr 9.30–18, Sa 10–17, So 11–16 Uhr, 143 Vivian St., Tel. 04/916 20 20, www.recycleboutique.co.nz

Wellington City Market. Schlemmerstände für Gourmets, frischer Fisch. So 8.30–12.30 Uhr, Chaffers Dock Building, Herd St.

Wellington Night Market. Interessante Stände, Musik, Tanz und Essen im bunten Lichtermeer. Fr 17–23 Uhr, Bank St. Ecke Cuba St.

VERANSTALTUNGEN

Veranstaltungen. www.eventfinder.co.nz

Embassy Theatre. 10 Kent Tce. Ecke Courtenay Plc., www.embassytheatre.co.nz

Michael Fowler Centre. Mit über 2000 Sitzplätzen das größte Auditorium Wellingtons. 111 Wakefield St., Tel. 04/801 42 31

Opera House. Die Bühne des 1913 gebauten Opernhauses ist größer als ihr Pendant in Sydney. 111/113 Manners St., Tel. 04/801 42 31

Town Hall. Gebäude von 1904 mit toller Akustik und Konzert-, Theater-, Tanz- und Musicalaufführungen. 111 Wakefield St., Tel. 04/801 42 31

AKTIVITÄTEN

Cable Car. Alle 10 Min., Mo–Fr 7–22, Sa 8.30–22 Uhr, So 8.30–21 Uhr, Hin- u. Rückfahrt $ 7,50, 1 Upland Rd., Kelburn, Tel. 04/472 21 99, www.wellingtoncablecar.co.nz

Kajakfahren & Rollerbladen. Fergs Kayaks verleiht Blades und Kajaks. Mo–Fr 10–21, Sa/So 10–18 Uhr, Shed 6 Queens Wharf, Tel. 04/499 88 98, www.fergskayaks.co.nz

Rikschaverleih. The Enormous Crocodiles Company. Di–So 10–18 Uhr, $ 16,50/30 Min., Overseas Terminal Waterfront, 5/20 Herd St. Tel. 027/276 22 69

Tretbootverleih. What NZ vermietet Boote, Räder und Rollerblades in der Lagune. Je nach Wetter tgl. 12–18 Uhr, Tel. 04/499 92 85, www.whatnz.co.nz

INFORMATION

i-Site Wellington. 8.30–17 Uhr, Civic Square, Tel. 04/802 48 60, www.wellingtonnz.com

Die Old St. Paul's Church in Thorndon ist die einzige neugotische Holzkirche der Welt.

HEIMAT NEUSEELAND

Vom Glück, in Wellington zu leben

Sabine und ihre Familie sind mittlerweile echte Kiwis.

»Bei schönem Wetter ist Wellington wirklich unübertrefflich!«, schwärmt Sabine und blickt über die Bucht ihrer Heimatstadt. Seit dreizehn Jahren lebt sie mit ihrem Mann und ihren zwei Kindern in Neuseeland. Die Arbeit hat das deutsche Paar 2005 ans andere Ende der Welt verschlagen, und bis heute sind sie geblieben. Nun verrät die Insiderin, was ihr an Land und Leuten so gefällt.

»Mein Mann hat sich damals hierher beworben und arbeitet jetzt seit vielen Jahren im Filmbereich in Wellington.« Ihre beiden Kinder wurden hier geboren und sind echte Kiwis. Aber die gesamte Familie fühlt sich in Neuseeland hei-

misch und genießt den hohen Freizeitwert der City. »Wir lieben einfach die Küste. Der nächste Strand ist nie weit, und die Beaches sind alle eher natürlich und wild. Das ist einfach schön!« Zu bestimmten Jahreszeiten kann man im Hafen Pinguine, Delfine und Orcas beobachten. Aber auch die Landtiere sind interessant. Die Kinder lernen über die heimischen Vögel wie Kiwis, Tui oder Fantails. Auch die riesigen Weta-Insekten tauchen schon mal im Garten auf.

Bei Neuseeland denkt man zunächst an tolle Landschaften und Natur. Aber im Alltag zählen noch ganz andere Dinge, zum Beispiel Schule: »Der Unterricht ist viel kindgerechter und offener. Gruppenarbeit ist ganz wichtig, und die Kids werden auch individueller nach ihrem Leistungsstand gefördert. Wir finden das super!« Das Schulsystem gleicht einem Gesamtschulprinzip. Den Kindern gefallen besonders die vielen Aktivitäten und Projekte wie *science-fair* oder die *school camps*. »Mein Sohn war in den vergangenen beiden Jahren einmal zum Abenteuer-Zelten mit Hochseilgarten und Kajakfahren. Das andere Mal ging die gesamte Jahrgangsstufe in ein *marae*. Dort schlafen dann über 80 Mann im Versammlungshaus der Maori, und es wurde ein traditioneller *hangi*, ein Essen im Erdofen zubereitet. Die Vermittlung der Maori-Kultur wird in der Schule extrem großgeschrieben.« Und an sonnigen Schultagen das Klassenzimmer an den Strand zu verlegen und den Kindern einen Segelkurs zu ermöglichen, gehört für Neuseeländer wie selbstverständlich dazu. Sabine findet es besonders gut, dass ihr Mann einfach auch mal in der Mittagspause in die Schule zu einer Veranstaltung kommen kann. »Welcher Vater kann das schon in Deutschland? Und unser Schulweg entlang der Küstenstraße ist jeden Tag aufs Neue ein absolutes Privileg!« Doch für die Deutsche zählen in Wellington noch ganz andere Dinge. Sie genießt die lebhafte Kaffee- und Gourmetszene. Ihr absoluter Lieblingsplatz ist die Frischeabteilung von Moore Wilsons in der Tory Street. »Dort gibt es Spezialitäten aus allen Ländern – auch deutsches Brot und Käse«, schwärmt sie. »Und die vielen gemütlichen Cafés oder die Wairarapa-Weinregion sind ein Traum für Genießer!«

Wenn Wellington allerdings seinem Ruf als *windy city* wieder einmal gerecht wird und es quer regnet, grinst Sabine verhalten über Touristen mit Regenschirmen. »Schirme sind hier wegen dem starken Wind nicht zu gebrauchen«, verrät sie. »Aber unabhängig vom Wetter: Viele Deutsche träumen davon, nach Neuseeland auszuwandern. Ich bin einfach umgezogen damals. Was für ein Glück für uns, hier leben zu können!«

28 Miramar-Halbinsel
Filme aus Wellywood

Wellingtons Filmstudios liegen auf der Miramar-Halbinsel. Hier produziert Starregisseur Peter Jackson seine Kinofilme und macht ohne Umstände Hollywood Konkurrenz. Wellywood ist im Gegensatz zu Hollywood weniger anonym und erlaubt Blicke hinter die Kulissen vieler Leinwandepen.

In Wellington versteckt man sich nicht hinter Bodyguards, Sicherheitskameras und überdimensionalen Studioschildern. Für alle, die den Film lieben, hat es hier seinen besonderen Reiz, die Heimat von Oscarpreisträgern aus der Kameraperspektive kennenzulernen.

Mitte: Weta Caves, Miramar: Requisiten, Miniaturen und Blicke hinter die Kulissen
Unten: Filmtouren führen zu Drehorten und enthüllen viel Insiderwissen für Fans.

Neuseeland ist Mittelerde

Seit die Tolkien-Verfilmung »Der Herr der Ringe« am 10. Dezember 2001 in die Kinos kam, ist ein unbeschreiblicher Hype um Aotearoa ausgebrochen. Neuseeland wurde über Nacht zu Mittelerde und Wellington zu Wellywood. Der Macher hinter der Trilogie, Starregisseur und Ur-Kiwi Sir Peter Jackson, rückte die Kreativität seiner Heimatstadt weltweit ins Rampenlicht.

Wellywood

Mit der Gründung von Jacksons Produktionsfirmen WingNut Films und 3Foot7, mit Weta Digital, den Profis der digitalen Filmanimation, und mit den Requisitenspezialisten vom Weta Workshop seines Freundes Sir Richard Taylor sowie seiner eigenen Postproduktionsstätte Park Road Post wurden über die Jahre die Kapazitäten für gigantische Hollywood-Blockbuster aufgestockt – es entstand eine Multi-Millionen-Dollar-Filmindustrie. Selbst viele Hollywoodregisseure verlagern mittlerweile ihre Dreharbeiten aufgrund der Weltklasse-Infrastruktur und der fantastischen Landschaftsvielfalt nach Neuseeland. Die internationalen Besucherzahlen haben sich seither verdoppelt.

Ein Blick hinter die Kulissen

Nicht alle Filmproduktionsstätten in Miramar sind öffentlich zugänglich – bis die Blockbuster in die Kinos kommen, herrscht strenge Geheimhaltung. Tolle Einblicke bekommen Gäste der Filmtourenanbieter – sie werden bis vor die Tore der Filmstudios und zu ehemaligen Drehorten gefahren und hören zahlreiche Anekdoten und Insidergeschichten. Kostenlosen Zugang gewähren die Weta Caves: Das Mini-Filmmuseum führt hinter die Kulissen von Kinoproduktionen aus Wellywood. Schwerter, Miniaturen und Kostüme versprechen ein großes Vergnügen.

»Window into Workshop« ermöglicht noch tiefere Einblicke. Von Props über Modelle, vom Filmdesign bis zum Bühnenbau ist alles ausgestellt. Während der Führung erfährt man aufschlussreiche Details zu Materialien, zu Techniken und Tricks aus der Filmkiste.

Hobbits am Strand

Viele Schauspieler wurden während ihrer monatelangen Dreharbeiten in Neuseeland richtig heimisch. So lernten die Hobbits in der Lyall Bay surfen, ihr bevorzugter Treff war das »Chocolate Fish Café«, zum Baden ging es an den goldgelben Strand der Scorching Bay. Wer sich unter die Filmschaffenden mischen will, sollte einfach dem »Café Polo« oder dem Roxy Cinema in Miramar einen Besuch abstatten.

Infos und Adressen

ESSEN UND TRINKEN

Café Polo. Di–Do 8–15.30, Fr/Sa 8–16, 17.30–spät, So 9–15 Uhr, 82–84 Rotherham Tce., Miramar, Tel. 04/380 72 73, www.cafepolo.co.nz

Chocolate Fish Café. Tgl. 8–17.30 Uhr, 100 Shelly Bay Rd., Tel. 04/388 28 08, www.chocolatefishcafe.co.nz

ÜBERNACHTEN

Acorns. Strandnahe Studios. 97 Inglis St., Seatoun, Tel. 027/445 22 61, www.acorns.co.nz

VERANSTALTUNGEN

Roxy Cinema. Historisches Kino. Tgl. 9 Uhr–spät, 5 Park Rd., Miramar, Tel. 04/388 55 55, www.roxycinema.co.nz

AKTIVITÄTEN

Realsurf. Ausrüstung, Unterricht. Mo–Fr 10–18, Sa/So 10–17 Uhr, Kingsford Smith St. Ecke Lyall Bay Pde., Tel. 04/387 87 98, www.realsurf.co.nz

Wellington Rover Tours. Filmtouren. 101 Wakefield St., Tel. 0800/42 62 11, www.wellingtonrover.co.nz

Weta Caves & Window into Workshop. Tour mit Workshop. Tgl. 9–17.30 Uhr, Erwachsene ab $ 25, Filmmuseum frei, 1 Weka St., Miramar, Tel. 04/380 93 61, www.wetanz.com

INFORMATION

Miramar – Tickets und Infos. www.miramarpeninsula.org.nz

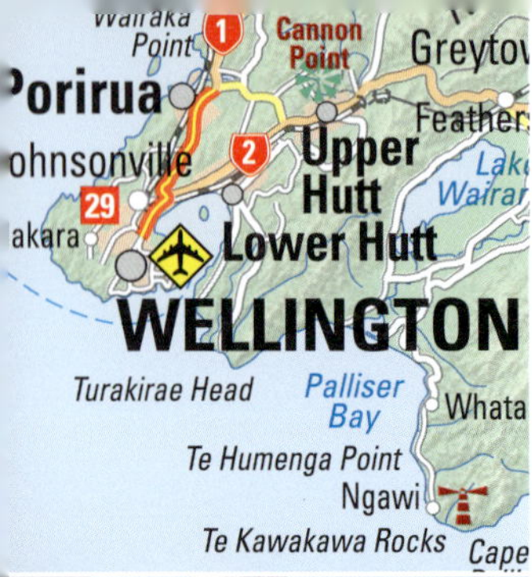

29 Wellington-Region

Robben und Papageien

Eine City verbindet man wohl vor allem mit Verkehrslärm und Menschenmassen. Doch Wellington hat durch seine besondere geografische Lage und geringe Größe einiges mehr in Stadtnähe zu bieten: viele Regionalparks, eine Robbenkolonie, Pinguine, Papageien und manchmal Orcas und Delfine. Für Besucher könnte das Motto gelten: Museumsbesuch am Vormittag – Wandern und Wildlife am Nachmittag!

Mitte: Somes Island: Neues Zuhause für bedrohte Tierarten auf der Naturschutzinsel
Unten: Wellingtons Region entdecken: Vororte und Regional Parks sind Traumziele.

Robbenkolonie Red Rocks

Wellingtons wilde Robbenkolonie liegt im Süden der City. Wer auf dem Küstenwanderweg vom Stadtteil Owhiro Bay aus startet, kommt nach 45 Minuten an rote Felsen. Sie entstanden durch Unterwasser-Vulkanausbrüche, Eisenoxid verleiht ihnen ihre signifikante Farbe. Die Robbenkolonie ist noch ein Stück weiter, in ihr leben von Mai bis Oktober männliche Tiere. Aber so niedlich die Robben auch aussehen, sie haben ebenso scharfe Zähne, man sollte deshalb stets einen Abstand von zehn Metern einhalten. Wer die Strecke nicht laufen möchte, kann mit Seal Coast Safari eine geführte Tour buchen.

Somes Island

Die mit 25 Hektar große Somes Island im Hafenbecken wird von der Fähre an der Queens Wharf mehrmals täglich angefahren. Nach Ankunft wird man in die Quarantänehütte des DOC geleitet, muss Taschen und Schuhe auf Schädlinge untersuchen. So soll die Sicherheit für das fragile Ökosystem gewahrt bleiben.

In der Siedlerzeit (19. Jahrhundert) wurde Somes Island aus Angst vor Tuberkulose als Quarantäneinsel genutzt. Im Zweiten Weltkrieg funktionierte man sie in ein Gefangenenlager um, in dem unter anderem Deutsche inhaftiert waren. Heute leben in dem Naturschutzgebiet Wetas, Tuatara-Echsen, Geckos, grüne Kakariki-Papageien und Pinguine. Ein Rundwanderweg führt zu einem alten Friedhof und einem Leuchtturm. Auch die original eingerichtete Quarantänestation sowie Kanonen- und Bunkeranlagen aus dem Zweiten Weltkrieg sind interessant.

Makara für Biker

Im Makara Peak Mountain Bike Park, Karori, 15 Minuten westlich des Zentrums, wurden kostenlos nutzbare Mountainbike-Strecken angelegt. Mehr als 25 Kilometer Tracks führen entlang hoher Klippen und durch Buschwald. Wer den Schildern nach Makara Beach folgt, gelangt in eine eingewachsene Kiesbucht, die sich bei wenig Wind zum Wandern eignet, Bunkeranlagen inklusive.

Eastbourne

Per Fähre oder Auto gelangt man in den idyllischen Küstenvorort Eastbourne. Neben dem Badestrand der Days Bay und dem East Harbour Regional Park mit Wanderwegen ist der Eastbourne Coastal Walkway sehr schön. Die rund acht Kilometer lange Strecke führt zum Pencarrow Lighthouse. Der Kiessand verbirgt schillernde, große Paua Shells, die sonst als teures Souvenir verkauft werden. An den Hängen leben Bergziegen, und mit Glück entdeckt man Little Blue Penguins. Zum gut elf Meter hohen Lighthouse (1859) führt ein Weg durchs Hinterland bis auf die Klippen. Es war der einzige Leuchtturm in Neuseeland, der je von einer Frau betrieben wurde.

Infos und Adressen

ESSEN UND TRINKEN

Pavilion. Eis und Pizza im Park. Mo/Di 8–16 Uhr, Mi–Fr 8–21 Uhr, Sa/So 9–21 Uhr, 611b Marine Dr., Days Bay, Tel. 04/562 77 75, www.daysbaypavilion.co.nz

ÜBERNACHTEN

Lighthouse. Schlafen im Leuchtturm. Island Bay, Tel. 04/472 41 77, www.thelighthouse.net.nz

The Walnut Tree. Komfortables B&B. 335 Muritai Rd., Eastbourne, Tel. 04/562 87 68

AKTIVITÄTEN

Mud Cycle. Bikeverleih. Mo–Fr 9.30–18.30 Uhr, Sa/So 10–17 Uhr, ab $ 35/4 Std., 424 Karori Rd., Tel. 04/476 49 61, www.mudcycles.co.nz

Seal Coast Safari. Robbentour. Erwachsene $ 115, 64 Dixon St., Tel. 04/801 60 40, www.sealcoast.com

East by West Ferry. 1 Queens Wharf Harbour, Tel. 04/499 12 82, www.eastbywest.co.nz

INFORMATION

Eastbourne Library. Kostenlose Wanderkarten. Mo–Fr 10–17.30 Uhr, Sa 10–14 Uhr, Rimu St., Eastbourne, Tel. 04/562 80 42

Makara Peak Mountain Bike Park. www.makarapeak.org/

NÖRDLICHE SÜDINSEL

Auckland
Tasman Sea
Wellington
Christchurch
South Pacific Ocean
Wharanki Beach
33 Farewell Spi
Puponga
Tasman
Whanganui Inlet
Golden Bay
Mangarakau
Paturau River
Ruataniwha Inlet
Rockville
Collingwood
Mt. Stevens 1213
Wakamarama Range
Aorere R.
Puramahoi
Wainui Bay
Pohara
Sea
Takaka
Waikoropupu Springs
Motupipi
Kotinga
Wekakura Point
Kahurangi
East Takaka
32 Abe N. P
Tasman Mountains
Marahau
Mt. Domett 1623
National
34
Kohaihai Bluff
Upper Takaka
Cobb Reservoir
Takaka River
Brooklyn
Oparara
Karamea R.
Ngatimoti
Karamea
Oparara R.
Park
Upper Moutere
Market Cross
Arapito
Arthur Range
Woodstock
Doveda
Little Wanganui
Mt. Kendall 1811
Tapawera
Karamea Bight
Kongahu Point
Radiant Range
Mokihinui River
Belgro
Mokihinui
Tui
Korere
Seddonville
Hector
Matiri Range
Granity
Kikiwa
Owen River
Kawatiri
Waimangaroa
Lyell Range
Cape Foulwind
Buller River
Mt. Murchison 1470
35
Carters Beach
Westport
Buller R.
Ariki
Murchison
Rotoroa
St. Arnaud
Lake Rotoroa
Lake Rotoiti
Inangahua Junction
Inangahua
Rainbow Ski Area
Charleston
D'Urville Flats
Mt. Travers 2338
Matakitaki
Matakitaki Station
Paparoa
Cronadun
Mt. Mahanga 1679
Burnbrae
Punakaiki
National
Reefton
Maruia River
Nelson Lakes National Park
Park
Paparoa Range
Glenroy River
Spenser Mts
Victoria Range
Mt. Ryall 1220
Totara Flat
Ikamatua
Waiuta
Clarence River
Springs Junction
Grey River
Ahaura

Stephens Island
Cape Stephens
Nile Head
Patuki
D'Urville Island
Te Marua
Greville Harbour
Old Mans Head
Chetwode Islands
Tasman Bay
French Pass
Admiralty Bay
Current Basin
Forsyth Island
Cape Jackson
Titirangi Bay
Maud Is.
Tawhitinui B.
Croisilles Harbour
Endeavour Inlet
Cape Koamaru
Delaware Bay
Duncan Bay
Pelorus Sound
30
Marlborough Sounds
Titahi Bay
Porirua
Manaroa
Waitaria Bay
Arapawa Island
Whangamoa
Sound
Kenepuru Head
Kenepuru
Portage
Tawa
Rabbit Is.
Hira
Rai Valley
Anakiwa
Queen Charlotte Sound
Cook Strait
31
Canvastown
Havelock
Johnsonville
Nelson
Picton
Waikawa
Tahunanui
Pelorus Bridge
Glasgow Bay
WELLINGTON
Richmond
Koromiko
Richmond Range
Rarangi
Okaramio
Tuamarina
Cloudy Bay
Rapaura
Spring Creek
Grovetown
Blenheim
Renwick
Big Lagoon
White Bluffs
Wairau River
Wairau Valley
Omaka Aviation Heritage Centre
Hillersden
Dashwood
Seddon
Lake Grassmere
Cape Campell
L. Grassmere
Pinnacle 2120
Ward
Awatere River
Needles Point
Wharanui
Tapuaenuku 2885
Clarence River
St. Bernard 2256
Molesworth
Kaikoura Range
Clarence
Seaward Kaikoura Range
Half Moon Bay
Hapuku
N
0
20 km

Seite 180/181: Anlegeplatz für Jachten und für große Fähren: Picton ist das Tor zur Südinsel.
Mitte: Viele Ferienhäuser sind in den Sounds nur per Wassertaxi erreichbar, Idylle pur!
Unten: Abendhimmel über dem gemütlichen Picton

30 Marlborough
Wasser und Wein

Die Region Marlborough wird durch die Kaikoura Ranges im Westen und Süden begrenzt. Das Klima um Blenheim ist mild und trocken – im breiten Flusstal des Wairau River erstrecken sich Weinberge, so weit das Auge reicht. Ganz anders sieht es in Nord-Marlborough aus: Hier wechseln sich fjordähnliche Wasserarme – die Sounds – mit schroffen Bergformationen und dichtem Urwald ab. Viele Feriendomizile sind nur per Boot erreichbar.

Picton ist nicht nur Fährhafen für die Boote der Nordinsel, es verfügt auch über ein sehenswertes Museum: Das Edwin Fox Museum gehört zum Weltkulturerbe und zeigt u. a. das neuntälteste Schiff der Welt (1853). Auf seinen Weltumrundungen beförderte es Immigranten und Handelsware, Verbrecher und Soldaten – und Florence Nightingale (1820–1910).

Sounds

Je weiter hinaus man sich auf die Schotterwege der Landzungen wagt, desto urtümlicher wird die Natur – besonders schön sind Elaine Bay, French Pass und Titirangi. Einsame Buchten und traumhafte Ferienhäuser versprechen erinnerungsreiche Tage. In vielen Teilen der Sounds trifft man auf Muschel- und Lachsfarmen. Peter Yealand erkannte früh das Potenzial für Grünlipp-Muscheln und erhielt 1971 die erste marine Farmlizenz Neuseelands. Heute trägt die florierende Aquakultur 160 Millionen NZD zur Exportwirtschaft bei. Die Wasserläufe ziehen auch Delfine und Orcas an, die man in geführten Touren beobachten kann.

Unterwegs auf dem Queen Charlotte Track

Queen Charlotte Track

Marlborough ist ein Wanderparadies: Berühmt ist der 70 Kilometer lange Queen Charlotte Track. In insgesamt vier Tagesetappen geht es von Ship Cove bis Anakiwa entlang türkisblauer Buchten und über idyllische Bergrücken. Wassertaxis bringen die Wanderer zum gewünschten Streckenabschnitt und transportieren das Gepäck zur nächsten Unterkunft. In den Sounds kommen auch Vogelliebhaber auf ihre Kosten: Per 40-minütiger Autofahrt oder mit dem Boot erreichen sie das Hotel-Café »Lochmara Lodge«: Das Wildlife Recovery und Kunstzentrum päppelt vom Aussterben bedrohte und verletzte Vögel auf, um sie dann wieder in die Wildnis zu entlassen. Das am besten gehütete Geheimnis hingegen ist der Saw Cut Gorge Track nahe Blenheim. Drei Stunden folgt man dabei dem Pfad durch eine Schlucht.

Pelorus River

Von den Bergketten der oberen Südinsel fließt der Pelorus River durch Buchenwald in den Pelorus Sound. Anwohner gehen im Sommer am kristallklaren Fluss campen, in den Schwimmlöchern baden und suchen nach Anbruch der Dämmerung die Fledermauskolonie auf. Regisseur Sir Peter

Geheimtipp

FEUCHT-FRÖHLICHE RADTOUR

Die sonnendurchfluteten Wither Hills im Süden und die rauen Richmond Ranges im Norden bilden die schöne Kulisse von Marlboroughs Weinregion, durch welche die Tour Bike the Vines führt: Die Teilnehmer werden abgeholt, erste Station ist das Forrest Estate, ein wissenschaftlich betriebenes Weingut. Danach gibt auf dem Seresin Estate Bio-Riesling zum Verkosten. Über Framingham Wines, einem der ältesten Güter der Region, geht es weiter zu den Wairau River Wines, die bei gutem Wetter den Lunch mit ausgesuchten Weinen an der frischen Luft servieren. Der nun folgende Schweizer Winzer Herzog steht für europäischen Charme und Perfektion, beim Weingut Cloudy Bay werden die Radler wieder aufgelesen.

Bike the Vines. Tgl. 9.30–15.30 Uhr, Komplettpreis ab $ 90, Blenheim, Tel. 021/84 66 07, www.exploremarlborough.co.nz

Oben: Salzproduktion am pinkfarbenen Lake Grassmere
Mitte: Kiwis lieben ihre Briefkästen – je ungewöhnlicher und origineller, desto besser.
Unten: Pelorus River: Drehort für die Flucht der Hobbits in Fässern aus dem Elbenreich

Jackson drehte auf dem Pelorus River Teile seines Films »Der Hobbit«. In einer rasanten Flucht entkommen die Zwerge in Fässern dem König aus dem Waldelbenreich. Vielleicht nicht ganz so wild geht es im Pinedale Motorcamp zu, das Autoreifen für die Flussfahrt zur Verfügung stellt.

Weinstöcke und Salzproduktion

1973 pflanzte der Pionier Frank Yukich die ersten kommerziellen Weinstöcke in Marlborough an und erklärte schon damals, der Wein werde die Region weltberühmt machen. Heute gibt es 90 Weingüter, der Sauvignon Blanc ist tatsächlich international geachtet und lebt jedes Jahr Mitte Februar auf dem Marlborough Wine Festival hoch. Am Lake Grassmere wird die Hälfte von Neuseelands Salzbedarf produziert. Kleine Teiche leuchten in unnatürlichen Rosa- und Lilatönen, die Farben werden durch Algen und Sea Monkeys verursacht. Eine Schlechtwetteralternative ist das Omaka Aviation Heritage Centre mit einer Sammlung von Flugzeugen aus dem Ersten Weltkrieg.

Radfahren auf der Station

Die Molesworth Station verbindet Marlborough mit Nord-Canterbury und ist mit ihren 180 000 Hektar Land die größte Farm Neuseelands. Ein 170 Kilometer langer Weg zieht vor allem Fahrradfahrer an, die zwischen zwei und fünf Tagen auf dem riesigen Gelände der Hochlandfarm unterwegs sind. Nahe Blenheim führt die Tour in Richtung Molesworth. Die erste Nacht schlafen die Radfahrer in einem urigen Quartier der Schafscherer. Über den Upcot Saddle und die Muller Station geht es ins Thermalgebiet Hanmer Springs. Lake Tennyson und der Ursprung des Clarence River sind die landschaftlichen Höhepunkte der Strecke, die in St. Arnaud endet.

Infos und Adressen

SEHENSWÜRDIGKEITEN

Edwin Fox Museum. Tgl. 9–17 Uhr, Erwachsene $ 15, Dunbar Wharf, Picton, Tel. 03/573 68 68, www.edwinfoxsociety.com

Omaka Aviation Heritage Centre. Tgl. 10–17 Uhr, Erwachsene $ 25, 79 Aerodrome Rd., Omaka Blenheim, Tel. 03/579 13 05, www.omaka.org.nz

ESSEN UND TRINKEN

Gramado's. Brasilianische Küche. Di–So 16 Uhr–spät, 74 Main St., Blenheim, Tel. 03/579 11 92, www.gramadosrestaurant.com

Gusto Café. Sehr gutes Frühstück/Brunch. Tgl. 7.30–14.30 Uhr, 33 High St., Picton, Tel. 03/573 71 71

The Mussel Pot. Frische Muschelspezialitäten. Tgl. 10–15 und 17 Uhr–spät, 73 Main Rd., Havelock, Tel. 03/574 28 24, www.themusselpot.co.nz

ÜBERNACHTEN

Hopewell Lodge. Cottage, Kajaks und Bikes. 7204 Kenepuru Rd., Double Bay, Kenepuru Sound, Tel. 03/573 43 41, www.hopewell.co.nz

Lochmara Lodge. Unmittelbar am Wasser gelegen, viele Aktivitäten werden angeboten. Lochmara Bay, Queen Charlotte Sound, Tel. 03/573 45 54, www.lochmaralodge.co.nz

Titirangi Farm Park. Rustikaler Zeltplatz in einer idyllischen Bucht, Option auf Hüttenbelegung. RD 4, 2545 Titirangi Rd., Picton, Pelorous Sound, Tel. 03/579 80 06

Pine Dale Motorcamp. Abenteuerliche Cabins am Fluss, Lagerfeuer, Flussabenteuer mit Autoradschläuchen. 820 Wakamarina Rd., Canvastown, Havelock, Tel. 03/574 23 49

AKTIVITÄTEN

Dolphin Watch Ecotours. Delfine hautnah, Vogelreservat. Ab $ 99, 1 Wellington St., Picton Foreshore, Tel. 03/573 80 40, www.e-ko.nz

Molesworth Tour Company. Mountainbike-Touren ab Blenheim, 50 SH 63 Renwick, Tel. 03/572 80 25, www.molesworthtours.co.nz

Picton Water Taxis. Waterfront Picton, Tel. 03/573 78 53, www.pictonwatertaxis.co.nz

INFORMATION

i-Site Picton. Tgl. 9–18 Uhr, Picton Foreshore, Tel. 03/520 31 13

i-Site Blenheim. Mo–Fr 8.30–17.30 Uhr, Sa/So 9–16 Uhr, 8 Sinclair St., Blenheim, Tel. 03/75 77 80 80

Legendärer »Mussel Pot«: Hier gibt es Seafood aus der Grünlipp-Muschelzucht der Sounds.

Mitte: An Nelsons Trafalgar Square liegt er Aufgang zur Christ Church.
Unten: Nelson ist der Obstkorb des Südens.

31 Nelson
The Sunshine Capital

Nelson wirbt mit dem Slogan »Sunshine-Capital of New Zealand«. Tatsächlich liegt die gemütliche, künstlerische Stadt klimatisch begünstigt und wird oft mit mediterranen Gebieten Europas verglichen. Dies macht Nelson zum Obstkorb der Südinsel und zur Weinregion. Mit seiner Nähe zu drei Nationalparks, deutscher Siedlergeschichte und einem hohen Freizeitwert ist es ein beliebtes Touristenziel.

Nelson unterteilt sich in zwei interessante Areale. In der Innenstadt gibt es viele Geschäfte, Restaurants sowie Kunst- und Kulturstätten, während an der Küste um Tahunanui weite Strände liegen.

Künstler in der Innenstadt

Wer sich ins Zentrum begibt, stößt auf bunte Geranien an den Vordächern der kleinen Shops und quirlige Passanten, die durch die Fußgängerzone flanieren. Nelson ist ebenso künstlerisch wie alternativ, die bekannten Bildhauer Michael MacMillan und Höglund Glas haben ihre Studios zwar außerhalb, doch viele Läden verkaufen ihre Exponate. Auch Juwelier Jens Hansen sitzt in der Innenstadt – er wurde durch seine Kreation des einen Rings für die »Herr der Ringe« -Filme weltbekannt.

Gegenüber der Trafalgar Street liegen der pompöse Aufgang zur Christ Church und das Gedenkmonument zur 100-jährigen Besiedlung von Nelson. Neben Bummeln und den gemütlichen Cafés, Bars, Brauereien und Restaurants lohnt ein Besuch der Stadt vor allem an Samstagen, wenn auf dem Montgomery Square Markttag ist. Neben

In Nelson geht es selbst am Hafen entspannt zu.

Kunstgegenständen bekommt man hier Handarbeiten und deutsche Bratwürste in einladender Atmosphäre mit musikalischer Untermalung. In Nelson ließen sich bereits 1843 deutsche Siedler nieder. Um Upper Moutere, damals St. Paulidorf und Sarau, kämpften die Immigranten gegen die Flut und schlechte Bodenverhältnisse an. Spätere Ankömmlinge etablierten in Waimea East die kleine Siedlung Ranzau. Einige Grabsteine auf dem Friedhof der St. Paul's Church und Ortsschilder wie »Schlachtstal« legen von den deutschen Einwanderern Zeugnis ab (siehe Seite 190ff.).

Ausflüge in die Umgebung

Auch als eine der Weinregionen hat Nelson einiges zu bieten, neben unzähligen Gütern, die täglich zu Weinproben einladen, findet man häufig hervorragende Gutsrestaurants und Luxusunterkünfte mitten im Weinberg. Die Weinroute führt Liebhaber ins Moutere Valley. Nelsons Nähe zu den Kahurangi, Abel Tasman und Nelson Lakes National Parks verspricht mit Wandern, Kajakfahren, Mountainbiken und White-Water-Abenteuern einen hohen Freizeitwert. In Tahunanui lockt der weite Strand nahe dem Flughafen Kitesurfer und Badegäste an. Ebenso empfehlenswert ist ein Ausflug nach Moturoa, Rabbit Island, einem schönen Küstenstreifen weiter westlich in der Tasman Bay. Und wer einen Adrenalinkick sucht, sollte mit der längsten Drahtseilbahn der Welt in 150 Meter Höhe drei Kilometer lang über Flusstäler gleiten.

Infos und Adressen

ESSEN UND TRINKEN

Hopgoods Restaurant. Wechselnde Menüs. Mo–Sa 17.30 Uhr–spät, 284 Trafalgar St., Nelson, Tel. 03/545 71 91, www.hopgoods.co.nz

ÜBERNACHTEN

The Sails Motel. Studios inklusive Frühstück und Rädern. 7 Trafalgar St., Nelson, Tel. 0800/72 45 76, www.thesailsnelson.co.nz

AKTIVITÄTEN

Happy Valley Adventures. Erwachsene ab $ 85, 194 Cable Bay Rd., Nelson, Tel. 03/545 03 04, www.happyvalleyadventures.co.nz

Kitesurf Nelson. Schule und Verleih. Tgl. 7–17 Uhr, 623 Rocks Rd., Tahunanui, Tel. 0800/54 83 63, www.kitesurfnelson.co.nz

INFORMATION

i-Site Nelson. Mo–Fr 8.30–17 Uhr, Sa/So 9–16 Uhr, 77 Trafalgar St., Tel. 03/548 23 04, www.nelsonnz.com

DEUTSCHE SIEDLER

Die Ankunft der »St. Pauli«

Im Jahr 1840, mit der Unterzeichnung des Treaty of Waitangi, begann die britische Regierung mithilfe der eigens gegründeten New Zealand Company, die neue Kolonie zu besiedeln. Doch nicht nur Briten, Schotten und Iren gehörten zu den ersten Siedlern: Deutsche waren im 19. Jahrhundert die größte nicht-britische Einwanderernation! Heute haben geschätzt 200 000 Neuseeländer deutsche Vorfahren.

Schon auf dem zweiten Forscherschiff von Captain James Cook 1769 befand sich der deutsche Naturforscher Johann Reinhold Forster. Dessen Beschreibung der neuen Welt aus dem Jahr 1773 war überwältigend und steigerte wohl die Erwartungen der ersten Neuseeland-Emigranten. In dem gekauften Überfahrpaket wurde ihnen sogar ein Stück Land versprochen.

Die »St. Pauli« erreicht Neuseeland

Im Juni 1843 läuft der Hamburger Dreimaster »St. Pauli« nach sechs beschwerlichen Monaten Seereise in den kleinen Hafen von Nelson auf der Südinsel ein.

Deutsche Siedlerhochburg: Das Kulturerbe lebt bis heute in Ortsschildern und Waren.

Ein frühes deutsches Siedlerhotel in Sarau, heute Upper Moutere

140 Passagiere gehen von Bord, unter ihnen lutherische Missionare, Handwerker, Ärzte, Diener und einfache Arbeiter. Es sind die ersten deutschen Siedler, die neuseeländischen Boden betreten. Was sie erwartet, ist jedoch alles andere als ein Paradies. Die Landvermessung der New Zealand Company kommt nur schleppend voran. Schließlich wird den Neusiedlern eines der wildesten Täler der Südinsel, rund 40 Kilometer von Nelson entfernt, zugewiesen. Zehn Familien gründen dort den Ort St.-Pauli-Dorf. Schlechte Bodenverhältnisse, Sturzfluten und Überschwemmungen verurteilen das Projekt bereits nach einem Jahr zum Scheitern. Sechs Männer errichten eine weitere Siedlung und nennen sie Sarau (heute Upper Moutere). Viele Frauen und Kinder bleiben jedoch zunächst in den Ankunftsbaracken von Nelson zurück. Die Männer schlagen sich durch wildes Buschwerk und bauen dort, wo sie später Hopfen, Kartoffeln und Wein anbauen wollen, notdürftig Schutzhütten aus Flachs und Farn. Landwirtschaftliche Erfahrungen hat keiner von ihnen.

Verstärkung kommt

Mit allen Kräften beginnen die Deutschen, das wilde Land zu kultivieren. Sie roden den Busch, legen Sümpfe trocken, bauen Straßen, Wohnhäuser, Kirchen und Schulen. Ein Jahr nach Eintreffen der »St. Pauli« läuft ein 500-Tonner in Nelson ein und bringt noch einmal Verstärkung aus Deutschland: Die Mecklenburger Familien bringen landwirtschaftliches Know-how mit. Sie sind sehr willkommen und siedeln sich in der Nähe der anderen Deutschen an, gründen das Dorf Ranzau. 1846 verzeichnet die provisorische Landkarte der Nelson-Region neben englischen Siedlungen bereits Ortsnamen wie St.-Pauli-Dorf, Sarau, Ranzau (heute Hope), Hanover, Neudorf und Rosental. 1857 eröffnet der deutsche Tischler Cordt Bensemann das erste Hotel im Upper Moutere Valley.

Allmählich leben sich die deutschen Siedler ein. Zum Hopfenanbau kultivieren sie Obstbäume, Schaf- und Kuhherden werden größer. Jahrzehntelang legen Immigrantenschiffe aus Hamburg an. Zwischen 1843 und 1910 wandern mindestens 10 000 Deutsche nach Neuseeland aus.

Wichtige Deutsch-Neuseeländer

Der Deutsche Friedrich Wohnsiedler war der erste, der versuchte, in der Hawkes Bay Wein anzubauen. Nachdem der Erfolg groß war, zogen viele andere Winzer nach, und ein neues Weinanbaugebiet war geboren. Auch der deutsche Fabrikant Bendix Hallenstein war ein Vorreiter: Er produzierte und verkaufte die erste Herrenmode in Neuseeland. Noch heute ist die Bekleidungskette beliebt. Deutsche, österreichische und Schweizer Wissenschaftler wie Julius von Haast, Dieffenbach oder Ferdinand von Hochstetter hatten bedeutenden Einfluss, viele Landvermessungen und Wissen über Botanik und Geografie gehen auf die Deutschen zurück. An sie erinnern heute noch Namen wie Haast Pass, Hochstetter Glacier, Dieffenbach Point oder Lendenfeld Peak. Musiker wie Julius Lemmer oder Karl Schmitt gehörten in Neuseeland zu den wichtigen Künstlern des 19. Jahrhunderts. Und der Missionar Friedrich Riemenschneider und Künstler wie Anton Teutenberg oder Eugène von Guérard sind bis heute in Aotearoa nicht mehr wegzudenken. Auch David Lange, einer der ehemaligen neuseeländischen Ministerpräsidenten, war ein Nachfahre der »St. Pauli«-Passagiere von einst.

Deutsche Spuren bis heute

Neben den ursprünglichen Dorfkirchen ist der Tabak-, Obst-, Oliven-, Wein- und Hopfenanbau auf den Einfluss der deutschen Einwanderer zurückzuführen. Einige Grabsteine auf dem Friedhof der St. Paul's Church, die Glocke Anna in der *Lutheran Church* in Ranzau und Ortsschilder wie »Schlachtstal« legen Zeugnis von den deutschen Erstsiedlern ab. Einige Dörfer werden allerdings im Ersten Weltkrieg aufgrund des Hasses auf die Deutschen und als Zeichen der Zugehörigkeit zu ihrer neuen Heimat Neuseeland von den Siedlern umbenannt. Aus diesem Grund anglisierten auch viele Familien ihre Namen. Etliche Nachfahren der einstigen deutschen Siedler leben noch heute in der Region: An der Neudorf Road unterhält ein Nachkomme der Ur-Siedler heute eine Schafskäsefabrik. Pastor-Heine-Nachkommen betreiben ein Fuhrunternehmen, und viele Bensemanns sind Polizisten, Lehrer oder Hopfenbauer. Auf der Bensemann Road lebt Peter Bensemann als Farmer in der sechsten Generation.

Um Neudorf findet man auf seiner Reise insgesamt 25 Weingüter, einige wie Seifried, Neudorf-Wein oder Himmelsfeld sind wieder in deutscher Hand. Darüber hinaus ist das Gebiet bis heute die einzige Hopfenanbauregion Neuseelands geblieben.

Die lutherische St. Paul's Kirche. Auf dem Friedhof liest man auch deutsche Namen.

Mitte: Tata Beach, Golden Bay: nur einheimische Urlauber nördlich des Abel Tasman Parks
Unten: Abel Tasman, der Südpazifik Neuseelands: Kajakfahren und Wandern zwischen Robben

32 Abel Tasman National Park

Ein Stück Südpazifik

Der Abel Tasman National Park ist mit nur 22 530 Hektar zwar der kleinste seiner Art in Neuseeland, jedoch einer der beliebtesten. Er wurde 1942 eröffnet – genau 300 Jahre nach der Ankunft des ersten europäischen Entdeckers und Namensgebers Abel Tasman (1603–1659). Wanderwege durch unberührte Natur, geschützte Buchten, goldene Strände, Palmen, Wasserfälle und skurrile Felsformationen ziehen jedes Jahr Tausende von Touristen an.

Besonders gut eignet sich der 67 Kilometer nordwestlich von Nelson gelegene Nationalpark zum Wandern, Baden, Segeln und Kajakfahren. Die Golden Bay und der Abel Tasman Park haben mit acht Metern den größten Gezeitenunterschied Neuseelands – bei Ebbe werden Pferdeausritte im Watt angeboten. Reizvoll sind auch kombinierte Wander-Kajaktouren als Tages- oder Mehrtagesausflüge – Backpacker-Unterkünfte, Ferienhäuser, Motels und Campingplätze in Motueka, Marahau und Kaiteriteri fangen die Touristen auf. Obwohl die Besucherzahl von 150 000 pro Jahr viel erscheint, ist der Park nie überfüllt. Für den Aufenthalt sollten mindestens zwei bis drei Tage eingeplant werden.

Abel Tasman Coast Track

Der Abel Tasman Coast Track gehört zu den neun »Great Walks« Neuseelands. Die Höhenunterschiede auf dem 51 Kilometer langen Küstenwanderweg sind nur gering, und selbst ungeübte Wanderer können daher die Strecke in

drei bis fünf Tagen zurücklegen. Für den Rücktransport benötigt man dann ein Wassertaxi, das, ebenso wie die Übernachtungen im Park, bereits im Vorfeld organisiert werden sollte. Zur Auswahl stehen vier DOC-Hütten, mehrere Zeltplätze, einige Privathäuser und Cottages. Eine ungewöhnliche Alternative ist die Übernachtung auf dem schwimmenden Backpacker-Katamaran in der Anchorage Bay. Seine Stockbettkabinen sind zwar eng, aber gekühlte Getränke und ein gegrilltes Abendessen machen alle Unannehmlichkeiten wieder wett.

Von Marahau gelangt man zu Wasserfällen, Hängebrücken und auf einem Abzweig zu den wildromantischen Mermaid Pools. Über die Anchorage Bay führt der Weg in Richtung Norden. Spätestens in Onetahuti wird klar, weshalb schon vor Antritt der Reise die Gezeitentabelle studiert werden sollte: Der Abschnitt lässt sich nur bei Ebbe passieren. Ein Besuch des Parks ist auch als Tagesausflug machbar. Eine schöne Route ist Torrent Bay – Cleopatra's Pool, der Falls River und die Cascade-Wasserfälle sind ebenfalls lohnenswerte Ziele. Bei der Wanderung Mutton Cove – Separation Point kommt man an einem Robbenkindergarten vorbei.

Nicht verpassen

LUXUS IM NIRGENDWO

Mitten im Herzen des Abel Tasman National Park liegt eine Öko-Lodge, die von der Infrastruktur des Landes gänzlich abgeschnitten ist – sie ist nur per Hubschrauber, Wanderung oder Boot erreichbar. Von Feuchtgebieten umgeben, gruppieren sich 26 Suiten und Zimmer um einen Zentralblock, mit Café und Restaurant. Der Sternekoch und ein Team aus 20 Angestellten kümmern sich im Sommer um das Wohl der Gäste. Wer ein bisschen Luxus liebt oder sich bei der Wanderung auf dem Coast Track nach einem deftigen Mittagessen sehnt, ist hier richtig. In der kleinen, abgeschiedenen Oase gibt es garantiert keinen Fernsehempfang, keine Zeitung und kein Handynetz.

Awaroa Lodge. Ende Sept.–Ende Mai geöffnet, Awaroa Bay, Abel Tasman National Park, Tel. 03/528 87 58, www.awaroalodge.co.nz

Mit dem Kajak die Küste entlang

Besonders reizvoll ist es, den Park auf dem türkisfarbenen Wasser entlang der Granitklippen zu erkunden – nirgendwo sonst in Neuseeland wird mehr Kajak gefahren als im Abel Tasman National Park. Es gibt zahlreiche Verleihfirmen und Tourenanbieter, die für Erfahrene und Neulinge vom Transport über die Ausrüstung bis hin zu Einweisungskursen alles anbieten.

Empfehlenswert sind Ausflüge zum sogenannten Split Apple Rock, einer gespaltenen Gesteinskugel aus der Eiszeit, und von Onetahuti nach Tonga Island. In der marinen Schutzzone leben Robben und viele Fischarten, Seesterne und Langusten. Auch Delfine und Orcas verirren sich hierher, und Little Blue Penguins vollführen waghalsige Akrobatikmanöver. Wer mit seinem Kajak nicht dieselbe Strecke zurückpaddeln möchte, kann sich ein Shuttle organisieren oder zurückwandern. Ein gut funktionierendes Netz aus Wassertaxis bringt die Gäste in jeden Teil des Parks, holt sie wieder ab und transportiert sogar das Kajak.

Takaka

Die Region um Takaka gehört nicht mehr zum Abel Tasman Nationalpark, jedoch zur Golden Bay. Wer den Touristenströmen weiter südlich entgehen möchte, sollte die Fahrt in den einsamen Norden auf sich nehmen, wo er mit leeren Sandbuchten und gemütlichen Cafés wie in Pohara und in der Ligar Bay belohnt wird. Besonders schön ist der Strand Wharariki Beach. Das Grove Scenic Reserve nahe Clifton mit seinen majestätischen Rata-Bäumen und Luftwurzeln lässt sich gut erwandern. Der rund eineinhalbstündige Wainui Falls Track führt zu einem Wasserfall, ein Kalkstein-Canyon hat sich tief in die Landschaft gegraben.

Oben: Der Split Apple Rock bei Kaiteriteri ist ein beeindruckendes Überbleibsel aus der Eiszeit. **Mitte:** Kleine Community im Norden der Golden Bay: der Urlaubsort Takaka auf einen Blick **Unten:** Der Canyon wurde von den Wainui Falls ausgewaschen.

Infos und Adressen

ESSEN UND TRINKEN

Park Café Marahau. Schönes Ambiente. Tgl. 8–20 Uhr, RD 2, Marahau, Tel. 03/527 82 70, www.parkcafe.co.nz

Penguin Café Pohara. Strandnah mit Garten. Tgl. 10 Uhr–spät, 822 Abel Tasman Dr., Pohara, Tel. 03/525 61 26, www.penguincafe.co.nz

Shoreline Café. Gemütliches Strandlokal. Mi–So 8–19, Mo/Di 8–16 Uhr, 1 Inlet Rd., Kaiteriteri, Tel. 03/527 85 07, www.shorelinekaiteriteri.co.nz

The Wholemeal Cafe. Café in historischem Theater. Tgl. 7 Uhr–spät, 60 Commercial St., Takaka, Tel. 03/525 94 26, www.wholemealcafe.co.nz

ÜBERNACHTEN

Anchorage Hut. DOC-Hütte. Erwachsene $ 32, www.doc.govt.nz

Aqua Packers Floating Backpackers. Stockbetten auf einem Katamaran. Tel. 0800/43 07 44, www.aquapackers.co.nz

Kaiteriteri Beach Camp. Cabins und Zeltplatz. Kaiteriteri-Sandy Bay Rd., Tel. 03/527 80 10, www.kaiteriteribeach.co.nz

Old Mcdonalds Farm & Holiday Park. Backpacker und Zeltplatz auf einer Farm. Harveys Rd., Marahau, Tel. 03/527 82 88, www.oldmacs.co.nz

AKTIVITÄTEN

Abel Tasman Kayaks. Touren und Verleih. 273 Sandybay-Marahau Rd., Marahau, Tel. 0800/73 25 29, www.abeltasmankayaks.co.nz/

Marahau Horse Treks. Reiten am Strand. Clydesdale Adventures, Sandy Bay Rd., Marahau, Tel. 03/527 84 25

Marahau Sea Kayaks & Water Taxis. Verschiedene Touren und Transport zu jeder Stelle im Nationalpark. Franklin St., Marahau, Tel. 0800/52 92 57, www.msk.co.nz

Abel Tasman Seashuttle. Tour, Wassertaxi und Transport. Kaiteriteri Beach, Tel. 03/527 86 88, www.abeltasmanseashuttles.co.nz

INFORMATION

DOC Visitor Centre. Mo–Fr 8.30–17 Uhr, Sa/So 9–16 Uhr, Millers Acre, 79 Trafalgar St., Nelson, Tel. 03/546 93 39

i-Site Motueka. Tgl. 8.30–17 Uhr, 20 Wallace St., Motueka, Tel. 03/528 65 43, www.motuekaisite.co.nz

Zelt, Camper oder Ferienhaus? Die Golden Bay bietet für jeden das Richtige.

Mitte: Cape Farewell: Nördlichster Punkt der Südinsel an der langgestreckten Landzunge
Unten: Besonderheiten des Farewell Spit: Sanddünen, Watt-Brutplatz, Robben, Walfriedhof

33 Farewell Spit

Einstige Sandbrücke zur Nordinsel

Das Farewell Spit ist eine langgezogene, rund 800 Meter breite Landzunge am nördlichen Ende der Golden Bay und hält mit seinen 35 Kilometern Länge den Rekord in Neuseeland. Und auch unter Wasser führt die aus Sand bestehende Landmasse noch sechs Kilometer weiter – einst hat sie sogar die Nord- und Südinsel miteinander verbunden. Heute ist das mit Wildlife und Historie erfüllte Reservat bis zur Spitze nur in einer Tour zugänglich.

Auf Maori bedeutet Spit Onetahua »aufgehäufter Sand«. Archäologische Funde deuten darauf hin, dass sich bereits vor 700 Jahren Maori hier niederließen. Die Nordseite der Landzunge ist steil und erodiert, stetiger Wind verändert unentwegt die bis zu 20 Meter hohen Dünen. Der 30 Meter hohe Leuchtturm am Cape Farewell wurde 1870 in Betrieb genommen. Der Gezeitenunterschied ist extrem, das Wasser zieht sich bis zu sieben Kilometer zurück und hinterlässt so ein 80 Quadratkilometer großes Feuchtgebiet, das ein perfekter Nahrungsgrund für Robben und 112 verschiedene Vogelarten ist – für Wale jedoch zur tödlichen Falle wird. Besucher können den Puponga Farm Park mit seinen Robben sowie die Kaihoka Lakes, den Wharariki Beach und das Mangarakau-Sumpfgebiet auf eigene Faust erkunden.

Per Tour zur Spitze

Nur mit einer geführten Tour bekommt man die Genehmigung, als Tourist bis zum Farewell Spit mit seinem Leuchtturm zu kommen. Bereits am

Fossil Point gibt es eine Robbenkolonie, und Fossilien treten aus dem Felsgestein hervor. Auch unzählige Vögel haben hier ihre Heimat, darunter 30 000 australische Strandläufer, ganz in der Nähe liegt eine Tölpelkolonie. Von den Guides erfährt man Maori-Legenden und Hintergründe zu Neuseelands erster Radarstation, auch weisen sie auf Stellen hin, an denen Wale regelmäßig stranden.

Walfriedhof

Über 680 Wale starben seit Beginn der Aufzeichnungen am Farewell Spit. Durch ihre Beschaffenheit ist die Landzunge für das Sonar der Säugetiere schwer erkennbar, und Massenstrandungen sind keine Seltenheit. Oft sind es über 100 Tiere; vier bis sechs Meter lange Pilotwale, die auf Sand laufen. Mit feuchten Tüchern versuchen Helfer, die Tiere zu kühlen und mit der nächsten Flut ins Wasser zurückzubefördern. Im Februar 2011 gelang es auf diese Art, über 70 Wale zu retten, doch 2014 verendeten wieder einmal 50 Pilotwale am Strand. Die Kadaver können nicht entsorgt werden, sodass Besucher einige traurige Entdeckungen machen.

Waikoropupu Springs

Die als Pupu Springs geläufige Attraktion ist die größte Frischwasserquelle Neuseelands und für Maori von maßgeblicher kultureller Bedeutung. Rund 14 000 Liter sprudeln pro Sekunde an die Oberfläche. Durch seine Reinigung im Boden ist es das klarste Wasser Neuseelands, welches je wissenschaftlich gemessen wurde. Untersuchungen ergaben eine Unterwassersicht von 63 Metern, nur das nahezu gefrorene Wasser des Weddell-Meeres in der Antarktis weist diese Reinheit auf. Besonders reizvoll ist auch die Vielfalt an Moosen rund um die Quelle und die große Zahl an Aalen.

Infos und Adressen

ESSEN UND TRINKEN

Old School Café. Gemütliches Café mit Produkten aus der Region. Sommer tgl. 10 Uhr–spät, Main Rd., Pakawau, Tel. 03/524 84 57, www.oldschoolcafe.co.nz

ÜBERNACHTEN

Farewell Gardens. Kleiner, properer Zeltplatz mit Cabins. 37–39 Seddon St., Port Puponga, Tel. 03/524 84 45, www.farewellgardens.co.nz

Wharariki Beach Holiday Park. Einfache Cottages, Backpackers und Zeltplatz in toller Lage. Wharariki Beach, Tel. 03/524 85 07, www.whararikibeachholidaypark.co.nz

AKTIVITÄTEN

Farewell Spit Tours. Öko-Touren. Erwachsene $ 155, 6 Tasman St., Collingwood, Tel. 0800/80 82 57, www.farewellspit.com

Waikoropupu Springs. Eintritt frei, sechs Kilometer westlich von Takaka

INFORMATION

i-Site Takaka. Mo–Fr 10–12.30 und 13–15.30 Uhr, Willow St., Takaka, Tel. 03/525 91 36

Putzige Robbenbabys am Wharariki Beach Farewell Spit

Mitte: Blick vom Great Walk auf den Scotts Beach am Heaphy Track im Kahurangi National Park
Unten: Opera Arch: Fossile Knochenfunde von Moas in der riesigen Honeycomb-Höhlenwelt

34 Kahurangi National Park

Unberührtes Wunderland

Die bekannteste Attraktion ist der Heaphy Track, der durch Teile des Kahurangi-Nationalparks führt – doch der Durchschnittstourist hat in der Regel noch nie etwas von der isolierten Gegend um Karamea gehört. Uralte Kalksteinhöhlen, in denen spektakuläre archäologische Funde liegen, dichter, bemooster Busch und skurrile Bewohner verbergen sich in diesem versteckten Kleinod an der Westküste.

Über Westport führt der Highway 67 in anderthalb Stunden nach Karamea, von wo aus man seine Exkursion in den Kahurangi National Park beginnen kann. Unter der Woche gibt es einen öffentlichen Bus und einen Flugservice. Das gemütliche Örtchen im Nordwesten der Südinsel genießt ein besonders mildes Klima und hat mehr Sonnenstunden als sonst ein Abschnitt an der wilden Westküste. Lagunen sowie die Flussläufe und Schwimmlöcher des Karamea und Mokihinui, des Wanganui, Oparara und Kohaihai River eignen sich bestens zum Baden und für Wassersportarten wie Kajakfahren, Raften und Angeln. Ein ganz besonderes Vergnügen ist es, in alten Autoreifen die Stromschnellen hinunterzusausen.

Die gut 500 Einwohner sind freundlich und offen. Auf dem Wochenmarkt verkaufen Tony und die Deutsche Frauke aus ihrer Privatmetzgerei Karamea Smallgoods hervorragende Wurstwaren. Ein kleiner Supermarkt, eine Tankstelle, die Touristeninformation mit praktischem DVD-Verleih, einige Lokale und Cafés sowie zahlreiche Unterkünfte sorgen für den nötigen Komfort.

Knochenfunde

Der Kahurangi National Park ist ein Wunderland zwischen Bergen und Steilküste, das über Millionen von Jahren unberührt blieb. Im Laufe der Evolution bildeten sich die merkwürdigsten Kreaturen heraus: Über 50 archäologische, 20000 Jahre alte Knochenfunde in Höhlen zeugen von der Existenz vergangener Tierspezies wie dem Riesenvogel Moa oder dem Haast's Eagle. Vögel, die vom Aussterben bedroht sind, haben hier noch immer ihr Zuhause. Die Küste wurde erst spät von Maori besiedelt, um 1860 kamen die ersten Goldschürfer, doch erst 1874 wurde eine Siedlung gebaut. Das Karamea Centennial Museum öffent auf Anfrage.

Heaphy Track

Wanderfreunde finden im Nationalpark ein Naturparadies aus bemoosten Buschwäldern, Nikau-Palmen, malerischen Tussock-Grassenken und idyllisch eingebetteten Wasserläufen vor. Hier leben Kaka- und Kea-Papageien, Kiwis, die einzige fleischfressende Riesenschnecke der Welt und viele andere Tiere. Neben dem viertägigen, 82 Kilometer langen Heaphy Track gibt es auch noch die unbekannteren Wangapeka und Karamea-Leslie Tracks zur Auswahl sowie kürzere Tageswanderungen.

Höhlenexkursionen

Besucher, die den besonderen Kick suchen, werden per Hubschrauber mitten im Nirgendwo abgesetzt, von wo aus es sich wandern, raften, Kajak fahren und biken lässt. Das Oparara Basin und die Honeycomb Hill Arch und Coves – große Kalksteinhöhlen – sind zum Teil nur in einer geführten Tour zugänglich. Zu entdecken gibt es Glühwürmchen, Steinarchen und Höhlensysteme aus Korallen, Perlen, Pools und subfossilen Ablagerungen.

Infos und Adressen

ESSEN UND TRINKEN, ÜBERNACHTEN

Karamea Village Hotel. Landhotel mit Restaurant. Waverley Ecke Wharf Rd., Tel. 03/7826800, www.karameahotel.co.nz

Last Resort. Stilvolle Cottages, Restaurant- und Barbetrieb. Tgl. 7 Uhr–spät, 71 Waverly St., Tel. 03/7826617, www.lastresortkaramea.co.nz

Rongo Backpackers & Farm Baches. 17 Wharf Rd./130 Waverley St., Tel. 03/7826667, www.rongobackpackers.com oder www.karameafarmbaches.co.nz

AKTIVITÄTEN

Helicopter Charter Karamea. 79 Waverley St., Tel. 03/7826111, www.helicharterkaramea.com

Karamea Outdoor Adventures. Raften, Reiten, Kajaken. Bridge St., Tel. 03/7826161, www.karameaadventures.co.nz

Karamea Express. Shuttle zum Heaphy Track. RD 3, Tel. 03/7826757

The Oparara Guided Tours. Market Cross, Tel. 03/7826652, www.karameainfo.co.nz

INFORMATION

Karamea Info. Mo–Fr 9–17 Uhr, Sa/So 9–12 Uhr, 106 Bridge St., Tel. 03/7826652, www.karameainfo.co.nz

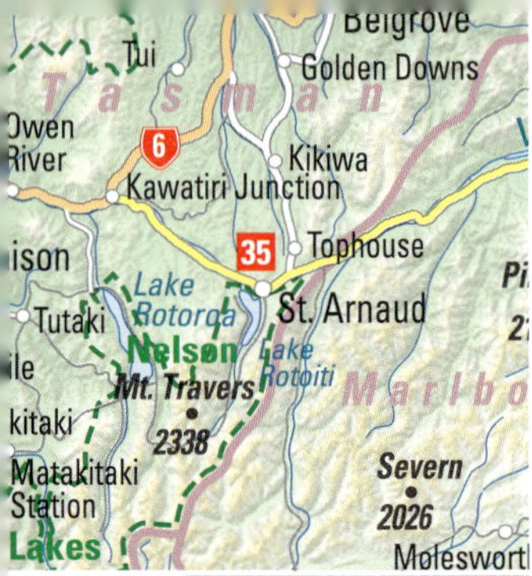

Mitte: Der Blick vom Mount Robert auf Lake Rotoiti erinnert an die Bergwelt in Südtirol.
Unten: Wildes Campen ist hier teilweise untersagt – Schilder helfen, Bußgelder zu vermeiden.

35 St. Arnaud
Nelson Lakes National Park

Der Nelson Lakes National Park liegt weitab der ausgetretenen Touristenpfade. Der gut 100 000 Hektar große Park wurde 1956 ins Leben gerufen und umfasst zwei idyllische Seen, Täler und die nördlichsten Bergketten der Southern Alps – die St. Arnaud Range und Mount Robert. In unberührter Natur lässt es sich perfekt wandern und angeln.

Die Bergwelt des Nelson Lakes National Park ist um zwei attraktive Seen zentriert, den Lake Rotoiti und den Lake Rotoroa. Ob für Wanderer, Wassersportler oder Skifahrer zur kalten Jahreszeit, die Region ist leicht zugänglich und gut erschlossen.

St. Arnaud

St. Arnaud ist rund 100 Kilometer von Nelson und Blenheim entfernt und das Tor zum Nationalpark. Das kleine Alpendorf liegt am Nordende des Lake Rotoiti. Bis 1921 wurde es noch Rotoiti genannt, doch da es in Neuseeland noch andere Orte mit diesem Namen gibt, entschied man sich zu einer Umbenennung. Birken säumen die zwei öffentlichen DOC-Campingplätze in der Kerr und der West Bay. Neben einigen Unterkünften gibt es alle nötigen Geschäfte im Ort. Das Infozentrum des DOC unterrichtet über die Naturschutzbemühungen des Rotoiti Nature Recovery Project, über Wandertouren sowie Flora und Fauna der Region.

Lakes Rotoiti und Rotoroa

Für jede Art von Wassersport eignet sich der Lake Rotoiti. Auf ihm kann man segeln, Kajak fahren und hervorragend Forellen angeln. Schwimminseln und eine Wasserskianlage bieten zusätzlichen Badespaß. Einmal im Spätsommer findet die Classic Boat Show statt. Dann ist der Ort bis auf das letzte Bett ausgebucht, und Bootfans treten in ihren historischen, oft hölzernen Wassergefährten gegeneinander an. Der Lake Rotoroa hingegen ist naturbelassen und wilder – eine wunderbar friedliche Idylle zum Ausspannen!

Die Bergwelt

Um die beiden Seen gibt es eine Vielzahl an Wanderpfaden – auch Mountainbiker kommen auf ihre Kosten. Vor allem Tages- und Mehrtageswanderungen in die Bergwelt mit ihren Wasserfällen sind ein Erlebnis, es gibt auch kombinierte Wander- und Bootstouren. Besonders schön ist der St. Arnaud Range Track zu den Parachute Rocks. Oberhalb der Baumgrenze bieten sich Ausblicke in alle Himmelsrichtungen. Die beliebteste Mehrtagestour ist der Travers-Sabine Circuit. Die 80 Kilometer lange Route führt tief in den Nationalpark hinein, der von 2000er-Gipfeln umgeben ist. Im D'Urville-Flats-Tal und am Mount Mahanga hat das Department of Conservation komfortable Hütten eingerichtet. Dank Naturschutzbemühungen lassen sich im Nationalpark wieder Kiwis, Kaka- und Kakariki-Papageien und andere seltene Vögel sowie Eidechsen beobachten.

Rainbow Ski Area

Das kleine Skigebiet an der Ostseite der St. Arnaud Range liegt auf 1500 bis 1700 Höhenmetern, ist weit unkommerzieller als die großen Skiareale Neuseelands und beinhaltet immerhin fünf Lifte mit 15 verschiedenen Abfahrten. Eine Skischule mit Ausrüstungsverleih, Café und Shop ist direkt an die Pisten angegliedert.

Infos und Adressen

ÜBERNACHTEN

Nelson Lakes Motels. Familien-Cottages, Units. SH 63, St. Arnaud, Tel. 03/521 18 87, www.nelsonlakes.co.nz

Alpine Lodge. Gemütliche Studios, Backpackers und Bikeverleih. Restaurant Sommer tgl. 8–10, 12–14 (außer Di), 17.30–21 Uhr, Lake Rotoiti, St. Arnaud, Tel. 03/521 18 69, www.alpinelodge.co.nz

EINKAUFEN

Alpine Village Store. Tankstelle, Laden, Bikeverleih. 8–17.30 Uhr, 74 Main Rd., St. Arnaud, Tel. 03/521 18 54, www.npd.co.nz

AKTIVITÄTEN

Rainbow Ski Area. Shuttle von St. Arnaud. Mitte Juli–Mitte Okt. tgl. 9–16 Uhr, www.skirainbow.co.nz

Rotoiti Water Taxis. Shuttle, Bootsfahrten, Ruderbootverleih, Angeltouren. Tel. 021/70 22 78, www.rotoitiwatertaxis.co.nz

INFORMATION

DOC Nelson Lakes. 8–16.30 Uhr, View Rd., St. Arnau, Tel. 03/521 18 06, www.doc.govt.nz

Nelson Lakes i-Site: Infos, Buchungen, Tipps und Souvenirs

CANTER-BURY

Auckland
Tasman Sea
Wellington
Christchurch
South Pacific Ocean
Charleston
Tiromoana
Paparoa Range
Dolomite Point
Punakaiki
Paparoa National Park
Mt. Ryall 1220
Totara Flat
Ikamatua
Maimai
Blackball
Rapahoe
Point Elizabeth
Grey River
Ahaura
Nelson Creek
Ngahere
Greymouth
Stillwater
Lake Hochstetter
Karoro
Paroa
Gladstone
Moana
Kopara
Lake Brunner
Dillmanstown
Seaview
Mitchells
Rotomanu
Hokitika
Taramakau R.
Inchbonnie
Aickens
Mananui
Lake Mahinapua
Kaniere
Lake Kaniere
Otira
Arthur's Pass National Park
Kokatahi
Ross
Kowhitirangi
Ka Tiritiri o te Moana
Arthur's Pass
Cass
Mt. Murchison 2400
Lake Ianthe
Rolleston Range
Harihari
Castle Hill Village
Torlesse R
Whataroa
Rakaia River
Lake Coleridge
Lake Mapourika
Porters Pass
Mt. Arrowsmith 2781
Lake Coleridge
Springfield
Franz Josef Waiau
Lake Heron
Glentunnel
Otorokua Point
Fox Glacier
Westland
Erewhon Station
Windwhistle
Karangarua
Mt. Cook 3754
Mt. Cook
The Thumbs 2545
Mt. Taylor 2333
Alford Forest
Malte Brun 3155
National
Lake Clearwater
Methven
Jacobs River
Park
National Park
Mesopotamia Station
Hakatere
Rakaia River
Two Thumb Range
Mount Somers
Barrhill
Mahitahi
Godley River
Rangitata River
Mt. Sefton 3151
Ashburton Forks
Aoraki Mount Cook
Tasman R.
Lake Tekapo
Mt. Musgrave 2246
Ben McLeod Range
Winchmore
Mayfield
Landsborough River
Hopkins River
Dobson River
Glenntanner
Lagmhor
Dun Fiunary 2499
Lake Alexandrina
Carew
Tinwald
Arundel
Mt. Huxley 2499
Ben Ohau Range
Lake Pukaki
Lake Tekapo
Woodbury
Hinds
Rangitata R.
Ealing
Eiffelton
Barrier Range
Tekapo River
Allandale
Opuha R.
Geraldine
Lowcliffe
Burkes Pass
Fairlie
Winchester
Lake Ohau
Twizel
Mt. St. Mary 2337
Pukaki R.
Grampian Mts
Albury
Pleasant Point
Clandeboye
Temuka
Ohau R.
Cave
Levels
Caroline Bay
Clearburn
Timaru
Lake Benmore
40
MacKenzie Country
Ahuriri River
Southburn
Pareora R.
Pareora
Omarama
Kirkliston Range
Hakataramea River
The Hunters Hills
Esk Valley
St. Andrews
Lindis Pass
Benmore
Lake Aviemore
Hunter

Paenga
Matakitaki Station
Mt. Travers 2338
Nelson Lakes
National Park
Tapuaenuku 2885
Wharanui
Severn 2026
Awatere River
Molesworth
St. Bernard 2256
Clarence River
Clarence
Seaward Kaikoura Range
Maruia River
Burnbrae
Springs Junction
Mt. Jervois 1853
Maruia Springs
Clarence River
Half Moon Bay
Hapuku
36
Kaikoura
South Bay
Mt. Tinline 1747
Goose Bay
Kaikoura Peninsula
Hanmer Range
37
Hanmer Springs
Boyle Village
Mt. Lyford Village
Waiau
Hundalee
Lake Sumner
Mt. Longfellow 1900
Rotherham
Parnassus
Culverden
Cheviot
Hurunui R.
Gore Bay
Masons Flat
Hurunui
Domett
Greta Valley
Waikari
Omihi
Waipara R.
Waipara
Motunau Beach
Amberley
Loburn North
Leithfield Beach
Ashley R.
Rangiora
Waikuku
Pegasus Bay
Oxford
Kaiapoi
Belfast
Waimakariri R.
New Brighton
West Melton
38
CHRISTCHURCH
Kirwee
Mount Cavendish
Rolleston
Lyttelton Harbour
Port Hills
Burnham
Pigeon Bay
Okains Bay
Tai Tapu
Le Bons Bay
Irwell
Little River
Doyleston
Southbridge
Lake Ellesmere (Te Waihora)
Akaroa
L. Forsyth
Lakeside
Birdlings Flat
Akaroa Harbour
Pohato Penguins
Kaitorete Spit
39
Akaroa Head
Dorie
Rakaia Huts
Banks Peninsula
Canterbury Bight
PAZIFISCHER OZEAN
N
0
25 km

Seite 204/205: Zu Canterburys Höhepunkten gehören Aoraki Mt. Cook und Lake Pukaki.
Mitte: Atemberaubende Kaikoura Ranges: Die Bergkette reicht bis an den Pazifik heran.
Unten: Nach sieben Minuten Atemholen tauchen die Wale ab.

36 Kaikoura
Giganten der Meere

Kaikoura hat eine interessante Maori- und Siedlergeschichte. Aus der einstigen Walfängergegend entwickelte sich eine Hochburg des Waltourismus. Die einzigartige Geografie vor der Küste zieht viele außergewöhnliche Meeresbewohner an. Riesige Blauwale, verspielte Delfine, majestätische Albatrosse, Pinguine, Robbenbabys und eine beeindruckende Vogelwelt lohnen, mindestens zwei Tage einzuplanen.

Hikurangi Marine Reserve

Nirgendwo sonst auf der Welt existiert ein über 500 Meter tiefer Unterwasser-Canyon direkt vor der Küste. Dieses geografische Phänomen liefert Walen, Delfinen, Robben, Pinguinen und Albatrossen eine reichhaltige Nahrungsquelle und optimale Lebensbedingungen. Nach über 20 Jahren Verhandlungen wurden 2014 das erste Wal-Sanctuary Neuseelands sowie das 10 416 Hektar große Hikurangi Marine Reserve eingerichtet. Noch kurz zuvor waren Schiffe internationaler Ölriesen trotz einheimischer Proteste vor der Küste gelegen, um nach Bodenschätzen zu suchen.

Kaikoura ist das Whalewatch-Eldorado Neuseelands und bringt der Tourismusindustrie jährlich rund 134 Millionen Dollar ein. Neben Buckel-, Pott- und Glattwal lebt hier der Gigant, der Blauwal. Mit bis zu 33 Meter Länge und einem Gewicht von 200 Tonnen ist er das größte Tier der Erde.

Für die Beobachter ist das Naturschauspiel magisch, lautstark blasen die Wale nach dem Auftauchen meterhoch Gischt in die Luft. Danach atmen

Die Tiefseespalte vor der Küste ist ein Lebensraum für Wale.

sie für einige Minuten ein, bevor sie wieder in die Tiefe abtauchen. Der spektakulärste Moment ist, wenn die Fluke als Letztes senkrecht im Wasser verschwindet. Noch besser kann man die Ausmaße der Meeressäuger bei einem Whalewatch-Flug wahrnehmen. Zudem tummeln sich Pinguine, Orcas, Dusky-Delfine und verschiedene Albatrosarten im Meer. Albatrosse gehören mit Flügelspannweiten von über 3,5 Metern und einem Gewicht von zwölf Kilo zu den größten und schwersten flugfähigen Vögeln der Welt. Einige Unternehmen bieten auch das Schwimmen mit Delfinen und Robben an.

Ohau Point Fur Seal Sanctuary

Das Sanctuary ist die erste Robben-Schutzzone Neuseelands. Die große Kolonie kann entlang des Peninsula Walkway besichtigt werden, auch Little Blue Penguins leben an der Küste. Vom Point-Kean-Parkplatz führt ein Weg zu einer Panorama-Aussichtsplattform. Besonders im Frühjahr lohnt sich ein Stopp am Ohau Waterfall rund 27 Kilometer nördlich. Die Robbenmütter lassen ihre Jungtiere, die Heuler, am geschützten Wasserfall, während sie tagsüber auf Fischfang gehen. In dem

Geheimtipp

RAFTING-TOUR AUF DEM CLARENCE RIVER

Das Clarence-River-Tal liegt eine halbe Autostunde nördlich von Kaikoura. In der geologisch aktiven Zone zwischen den Seaward und Kaikoura Ranges ragt der Tapuae-o-Uenuku mit 2884 Metern in den Himmel empor. Wer dem Flusslauf per Rafting-Tour folgt, kann mit Herz und Seele in den Clarence River »eintauchen« und erfährt nebenbei einiges zur Geschichte, Natur und Landwirtschaft. Der Clarence fließt 225 Kilometer lang durch vier Ländereien, unter anderem durch Neuseelands größte Farm, die Molesworth Station. Die Strecke bietet Stromschnellen, Schluchten, einen eigentümlichen Bewuchs und eine abwechslungsreiche Vogelwelt.

Clarence River Rafting. Touren von einem halben Tag bis zu sechs Tagen. RD 1, 3802 SH 1, Tel. 03/319 69 93, www.clarenceriverrafting.co.nz

Oben: Waipapa Bay, Crayfish: Pflichtstopp bei Kaikouras legendärem Straßenverkauf
Mitte: Frischer geht es nicht – günstige Langusten vom Boot direkt auf den Tisch
Unten: Gore Bay: Surfstrand, Badelagune, Flussbett

»Robbenkindergarten« lernen die Kleinen, sich gekonnt im Wasser zu bewegen.

Maori und Walfänger

Archäologische Funde bestätigen, dass Maori bereits vor 900 Jahren auf der Kaikoura-Halbinsel Moas jagten und sich aus dem reichhaltigen Meer ernährten. Die erste Walfangstation öffnete 1843. Im Fyffe House befand sich die Waiopuka Whaling Station, heute hat eine Ausstellung die Geschichte der Walfangindustrie aufbereitet, die einst 100 Männer beschäftigte. Als um 1850 die Zahl der Wale sank, orientierten sich viele zur Farmwirtschaft um. Dennoch war der Walfang bis 1964 erlaubt! Jahrtausendealte Geschichte können Besucher in den Tropfsteinhöhlen Maori Leap Caves erfahren – Fotografieren erlaubt!

»Kai« bedeutet auf Maori Essen, und »Koura« ist Crayfish, die Languste. Für diese Meeresspezialität ist Kaikoura bekannt. »Nin's Bin« ist ein legendärer Budenverkauf 20 Minuten nördlich von Kaikoura. Seit 1970 bekommt man an dem bekannten Imbiss die günstigsten Muscheln in Weißwein und fangfrische Langusten.

Cheviot

Auf der Weiterfahrt Richtung Christchurch in den Süden liegt die Bade- und Surfbucht Gore Bay nahe dem Highway 1. Wer von der Gore Bay bei Ebbe um die Felsen klettert, gelangt nach Port Robinson. Hier, im Hurunui District, mündet der gleichnamige Fluss zwischen der Steilküste in den Südpazifik. Am Ende der Mündung hat sich eine Badelagune gebildet. Der kleine Ort Cheviot ist das Zentrum der Urlaubsregion und bietet die nötige Infrastruktur. Sehr zu empfehlen ist der Coastal Track von der Manuka Bay zur Flussmündung.

Infos und Adressen

SEHENSWÜRDIGKEITEN

Fyffe House. Ehemaliges Walfängerhaus. Do–Mo 10–18 Uhr, Winter bis 16 Uhr, Erwachsene $ 10, 63 Avoca St., Kaikoura, Tel. 03/3195835, www.heritage.org.nz

ESSEN UND TRINKEN

Beach House Café. Lokal in historischer Villa. Tgl. 7.30–15.30 Uhr, 39 Beach Rd., Kaikoura, Tel. 03/3196035

Green Dolphin Restaurant & Bar. Authentisches Restaurant. Tgl. 17 Uhr–spät, 12 Avoca St., Kaikoura, Tel. 03/3196666, www.greendolphinkaikoura.com

Nin's Bin. Langusten- und Muschel-Bude. Sommer tgl. 9–17 Uhr, SH 1, Rakautara, Half Moon Bay, Tel. 03/3196454

ÜBERNACHTEN

Albatross Backpacker Inn. Gemütlich, günstig. 1 Torquay St., Kaikoura, Tel. 0800/222247, www.albatross-kaikoura.co.nz

Anchor Inn Motel. Toplage am Strand. 208 The Esplanade, Kaikoura, Tel. 0800/720033, www.anchorinn.co.nz

Hapuku Lodge & Tree Houses. Gut ausgestattetes Baumhaus für den besonderen Anlass. SH 1 Ecke Station Rd., Kaikoura, Tel. 03/3196559, www.hapukulodge.com

AKTIVITÄTEN

Albatross Encounter. Delfin-, Pinguin- und Albatrosbeobachtung vom Boot aus. Ab $125/3,5 Std., 96 Esplanade, Kaikoura, Tel. 0800/733365, www.encounterkaikoura.co.nz

Maori Leap Cave. Höhlentour. Erwachsene $15, SH 1, Kaikoura, Tel. 03/3195023

Whale-Watch-Bootstour. Waltouren drei- bis viermal täglich, wetterabhängig! Vorbuchung empfohlen, Erwachsene $ 150/3,5 Std., Whaleway Station Rd., Kaikoura, Tel. 0800/655121, www.whalewatch.co.nz

Whale-Watch-Flug. 30-minütiger Flug, Air Kaikoura. Erwachsene ab $ 165, 627 SH 1, Peketa Kaikoura, Tel. 03/3196579, www.airkaikoura.co.nz

INFORMATION

i-Site Kaikoura. Hervorragende Rundum-informationen und Buchungsmöglichkeit, Souvenirs. Sommer Mo–Sa 8.30–18 Uhr, So 9–17.30 Uhr, Winter Mo–Fr 9.30–17 Uhr, Sa/So 10–16 Uhr, West End, Kaikoura, Tel. 03/3195641, www.kaikoura.co.nz

Dimensionen überblicken: Walbeobachtung auch aus der Luft per Hubschrauber

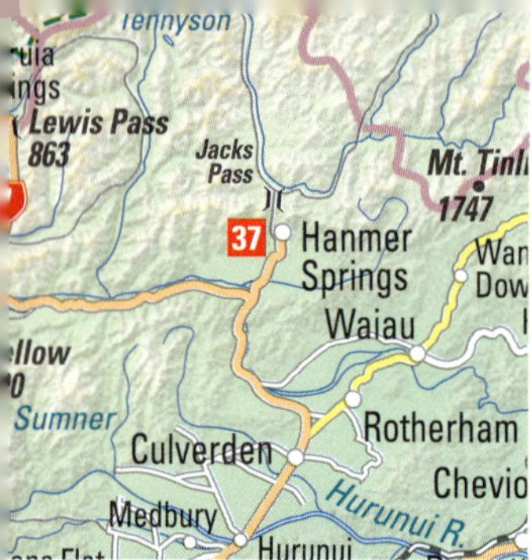

37 Hanmer Springs

Das Thermalparadies

Hanmer Springs ist ein beliebtes Ferienziel für Kiwis und Touristen aus aller Welt. Das Alpendorf im Hurunui-Distrikt entstand Ende des 19. Jahrhunderts um die heißen Quellen, die heute sofort mit dem Ortsnamen assoziiert werden. Umringt von bewaldeten Berghängen bietet Hanmer Entspannung pur und viele Möglichkeiten für Bergsport.

Hanmer Springs liegt 135 Kilometer oder 90 Minuten genau mittig auf der Strecke zwischen Christchurch und Kaikoura, vom Highway 7, der Nord-Süd-Verbindung, sind es nur neun Kilometer bis dorthin. In der Hochsaison operieren Shuttlebusse von Christchurch aus. Selbst im Winter ist der kleine Ort stark frequentiert, dann locken die zwei Skigebiete Hanmer Springs Ski Area und Mount Lyford Wintersportler an. Auch wenn das Dörfchen nur knapp 900 Einwohner hat, schwillt es doch jede Feriensaison um das Doppelte an.

Hot Pools

Hauptattraktion des Ortes sind seine mehrfach mit Tourismuspreisen ausgezeichneten heißen Thermalquellen. Sie entstanden durch gebrochenes Felsgestein entlang der sogenannte Hanmer Faultline, einer geografischen Plattenverwerfung, und finden schon seit 125 Jahren regen Zulauf.
Im Jahr 2009 wurde dann die Erweiterung des Komplexes um mehrere Becken, weitere Wasserrutschen, eine Eislaufbahn und eine Verlegung des bestehenden Pools angeregt. Trotz einiger Einsprüche setzte man die Umbaumaßnahmen mit einem Budget von 7,5 Millionen Dollar durch.

Mitte: 125 Jahre heißer Badespaß, 2009 wurden die Hot Pools mit Rutschen und Kinderbecken erweitert.
Unten: Entspannung im Alpendorf: Thermalquellen haben Hanmer Springs berühmt gemacht.

Heute finden Jung und Alt eine Outdoor-Thermalbadelandschaft vor, die allen Bedürfnissen und Anforderungen gerecht wird. Einige Becken mit Wasserspielsachen und drei Rutschen sind speziell für Familien gedacht, Spa-Bäder sowie Wellness- und Massagebereiche werden von Gästen bevorzugt, die sich entspannen wollen. Das Wasser hat eine Temperatur von 36 bis 42 Grad, und hungrige Wassersportler können sich im »Garden House Café« mit Frühstück, Mittag- und Abendessen stärken.

Hanmers Bergwelt

Besonders schön ist die Wanderung von Hanmer auf den Conical Hill. In Serpentinen schlängelt sich der Weg bis zur Kuppe, von der man nach rund 30 Minuten Fußmarsch eine fantastische Aussicht genießen kann. Wer sich richtig sportlich betätigen will, findet im Hanmer Forest eine großes Netz aus über 30 Kilometern Wander- und Radwegen für jeden Anspruch. Der Easy Rider Trail kann mit im Ort geliehenen BMX- oder Mountainbikes auch von Kindern befahren werden und macht richtig Spaß.

St. James Conservation Area

Wer eine Mehrtageswanderung oder eine Fahrradtour mit Hüttenübernachtungen im Sinn hat, sollte sich die nahegelegene St. James Conservation Area einmal näher ansehen. Auch eine Kajaktour auf dem Waiau River dort ist wunderschön. Ein guter Anbieter für Touren und Transport ist St. James Journeys, der individuelle Pakete zusammenstellt. Andrew kennt die Gegend wie seine Westentasche und liefert interessante Fakten zur Geografie und Geschichte. Hanmer Springs ist zudem das Tor zur Molesworth Station, nach St. Arnaud zu den Nelson Lakes, zum Lake Tennyson und zur Rainbow Station.

Infos und Adressen

ESSEN UND TRINKEN

No.31 Restaurant. Europäische Küche. Di–So 17–24 Uhr, 31 Amuri Ave., Tel. 03/315 70 31

Powerhouse Café. Breakfast und Lunch. Tgl. 7.30–14 Uhr, 8 Jacks Pass Rd., Tel. 03/315 252, www.powerhousecafe.co.nz

ÜBERNACHTEN

Hanmer Apartments. Zimmer inklusive Fahrräder. 4 Woodbank Rd., Tel. 03/315 71 35, www.hanmerapartments.co.nz

Settlers Motel. Gut und günstig. 6 Leamington St., Tel. 03/315 73 43, www.settlershanmer.co.nz

AKTIVITÄTEN

Hanmer Springs Thermal Pools & Spa. Tgl. 10–21 Uhr, Erwachsene $ 24, 42 Amuri Ave., Tel. 0800/44 26 63, www.hanmersprings.co.nz

St. James Journeys. Transport und Touren. 26 Leamington St., Tel. 03/315 50 86, www.stjamesjourneys.co.nz

INFORMATION

Hurunui i-Site. Tgl. 10–17.30 Uhr, 40 Amuri Ave., Hanmer Springs, Tel. 03/315 00 20, www.visithanmersprings.co.nz

Mitte: Zerstörtes Wahrzeichen: Erdbebenschäden an der Cathedral, Civic Square
Unten: Seit 1905 macht man Sightseeing mit der Tram.

38 Christchurch
Die Auferstehung der Garden City

Christchurch ist mit 350 000 Einwohnern die zweitgrößte Stadt Neuseelands und das Tor zur Südinsel. Der Flughafen in Canterbury schleust jährlich 5,7 Millionen Passagiere durch. Trotz der Erdbebenschäden und des damit entstandenen Negativimages gibt es viel zu entdecken. Wer Christchurch besucht, kann Teil eines interessanten Stadtplanungsprozesses werden.

Ursprünglich galt Christchurch als die britischste Stadt Neuseelands. Historische Gebäude, die Cathedral als Wahrzeichen am Civic Square und ihre Parks verliehen der oft als »Garden City« betitelten Stadt ihren besonderen Charakter. Heute wandelt sich das Image im Zuge einer modernen Stadtplanung.

Im September 2010 und im Februar 2011 ereigneten sich mehrere Erdbeben in Christchurch. Durch die Schockwellen nur fünf Meter unter der Erde wurde der gesamte Innenstadtbereich schwer beschädigt, 185 Menschen ließen ihr Leben. In den folgenden Monaten wurden etliche Bauten abgerissen. Der komplette Wiederaufbau wird laut Prognosen noch bis 2020 andauern.

Mit Fahrrad, Tram oder Gondola

Mit dem Fahrrad können Besucher jetzt die Wiederauferstehung der Hauptstadt Canterburys miterleben. Die Tour eröffnet viele Perspektiven. Glen Tregurther ist Bürger und Schauspieler, geschickt lotst er seine Kunden an Umleitungen vorbei an alle interessanten Punkte der Stadt. Durch die Tour

wird das stetig neue Gesicht von Christchurch lebendig. Eine Alternative ist, die Innenstadt mit der historischen Tram inklusive Fahrerkommentar zu entdecken. Für ein Zehn-Euro-Tagesticket kann flexibel an allen sieben Stationen ein- und ausgestiegen werden. Für Romantiker wird eine Gondola-Fahrt in Holzbooten auf dem Avon River durch den Botanischen Garten angeboten.

Cathedral

Lange Zeit wurde über die Zukunft der zerstörten Cathedral am Civic Square debattiert. Das ehemalige Wahrzeichen war Aushängeschild für den Tourismus. Drei Entwürfe standen zur Auswahl, darunter auch der Wiederaufbau der alten Steinkirche. Nach Gesichtspunkten wie Bauzeit, Preis und Aussehen entschied man sich aber für eine moderne Variante. Nun entsteht am Civic Square eine moderne Kirche mit skulpturartigem Turm. Um die Kirchengemeinde bis zur Fertigstellung aufzufangen, wurde 2013 eine Übergangskirche gebaut. Der japanische Stararchitekt Shigeru Ban konstruierte die international als »Cardboard Cathedral«, als Pappkathedrale bekannt gewordene Kirche mit 700 Sitzplätzen und bunt gearbeiteten Glasfenstern. Das Skelett der

Einfach gut!

FRÜHE SIEDLERGESCHICHTE

Bis heute lebt in Lyttelton ein Funke Kolonialzeit fort: Hier, zwölf Kilometer südlich von Christchurch, begann 1850 die Besiedlung. Strände in einem geschützten Hafenbecken, Künstler, Cafés und Boutiquen ergeben ein interessantes Pflaster für Antiquitätenliebhaber, Wassersportler und Musiker. Samstags findet von 10 bis 13 Uhr der Farmers Market statt. Die historische Timeball Station (1876) wird derzeit wiederaufgebaut und half den Seefahrern bereits 1876 bei der Navigation und genauen Zeitansage. Im Hafen liegt Quail Island. Auf der 81 Hektar großen Insel wurden 1901 und 1910 Hunde und Ponys für die britischen Antarktisexpeditionen gehalten, heute ist die Insel ein Naturreservat.

Lyttelton Info Centre. Mo–Fr 10–16 Uhr, Sa 10–16 Uhr, So 11–15 Uhr, 20 Oxford St., Tel. 03/328 90 93, www.lytteltonharbour.info

Oben: Designte Cardboard Cathedral am Latimer Square: Übergangskirche aus 98 Pappröhren
Mitte: Antarctic Centre: Christchurch war Startpunkt für Südpolexpeditionen seit 1900.
Unten: Wander- und Mountainbike-Paradies Port Hills

Kirche bilden 98 je 20 Meter lange Pappröhren, die jeweils 120 Kilo schwer und mit Polykarbon überzogen sind. Heute ist die Pappkathedrale, die rund 20 Jahre halten soll, der Publikumsmagnet Nummer eins.

Während das Arts Centre, eine Kollektion von 23 historischen Gebäuden im neugotischen Baustil, noch restauriert und komplettiert wird, ist das Isaac Theatre Royal in der Gloucester Street bereits fertig. Das historische Theater von 1908 ist das spirituelle Zuhause des britischen Schauspielers Sir Ian McKellen, der Neuseeland nach seiner Rolle als Gandalf in »Der Herr der Ringe« und dem »Hobbit« als zweite Heimat sieht und zehn Millionen Neuseeländische Dollar Spendengelder für seinen Wiederaufbau sammelte.

Reise zum Südpol

Ebenso einen Besuch wert ist das Canterbury Museum. Gezeigt werden auch eine umfangreiche Maori-Kollektion und die weltweit größte Sammlung von Objekten aus der heroischen Zeit der Antarktisentdeckung. Noch mehr Südpol zum Anfassen gibt es im Antarctic Centre in Flughafennähe. Christchurch ist das Tor zur Antarktis: Rund 100 internationale Armeeflugzeuge mit über 5500 Passagieren und 1400 Tonnen Fracht starten jährlich zum Südpol. Besucher können in dem Zentrum eine simulierte 3-D-Fahrt in die Antarktis unternehmen, einen Schneesturm erleben, eine antarktische Lichtshow sehen oder in einem Schneemobil fahren.

Eat Street

Auch die New Regent Street ist eine gemütliche Einkaufsmeile aus Boutiquen, Restaurants und kleinen Lädchen zum Stöbern. Sie stammt aus dem Jahr 1930 und war im damals beliebten spanischen Missionsstil errichtet worden. Als »Eat Street« wird die Essmeile in der Victoria Street bezeichnet, die auch bei Nacht belebt ist. Erfinderische Besitzer eröffneten einige verrückte, originelle Bars: Im »Revival« sind die Stühle aus Einkaufswagen gefertigt, und im »Smash Palace« ist die Bar ein alter Bus.

Port Hills und Canterbury Plains

Wer aus der Betonwüste der City herausmöchte, sollte die Port Hills ansteuern. Auf dem Weg dorthin lohnt sich ein Stopp an der Gondel, die auf den Mount Cavendish führt. Historisch interessant ist der Weg zum Godley Head Farm Park mit Tunnelsystemen, alten Geschützstellungen und Suchscheinwerferanlagen aus dem Zweiten Weltkrieg.

Schöne Ausflüge zu Weinproben führen in das hoch dotierte Waipara Vine Valley. Auch der Umweg nach Castle Hill lohnt sich. 2002 erklärte der Dalai Lama die Gegend als spirituelles Zentrum des Universums. Die riesigen, runden Kalksteinkolosse der Hügellandschaft sind besonders bei Kletterern beliebt. Fantasy-Fans pilgern regelmäßig hierher, denn die Region war unter anderem Kulisse für eine Schlacht in den »Narnia«-Filmen und für den »Hobbit«.

Infos und Adressen

SEHENSWÜRDIGKEITEN

Antarctic Centre. Tgl. 9–17.30 Uhr, Erw. $ 59, 38 Orchard Rd., Airport, Tel. 03/357 05 19, www.iceberg.co.nz

Canterbury Museum. Tgl. 9–17 Uhr, Rolleston Ave., www.canterburymuseum.com

Pappkathedrale. Tgl. 9–17 Uhr, 234 Hereford St., www.cardboardcathedral.org.nz

ESSEN UND TRINKEN

Pedro's House of Lamb. Spanische Küche. Tgl. 16–20 Uhr, 17 Papanui Rd., Tel. 03/387 07 07, www.pedros.co.nz

ÜBERNACHTEN

Jailhouse Hostel. Schlafen im einstigen Gefängnis. 338 Lincoln Rd., Addington, Tel. 0800/52 45 46, www.jail.co.nz

AKTIVITÄTEN

Christchurch-City-Radtour. Ab $ 50/2 Std., 2 Cambridge Tce., Tel. 0800/73 32 57, www.chchbiketours.co.nz

Gondel. Seilbahn zur Aussichtsplattform, 10–17 Uhr, Erw. $ 28, 10 Bridle Path Rd., Heathcote Valley, www.gondola.co.nz

River Avon Gondolas. Bootsfahrten. Sommer 9–18 Uhr, Winter 10–16 Uhr, $ 28/30 Min., Worcester Bridge, Tel. 03/366 03 37, www.welcomeaboard.co.nz

INFORMATION

i-Site Christchurch. 8.30–17 Uhr, 28 Worcester Blvd., Tel. 03/379 96 29, www.christchurchnz.com

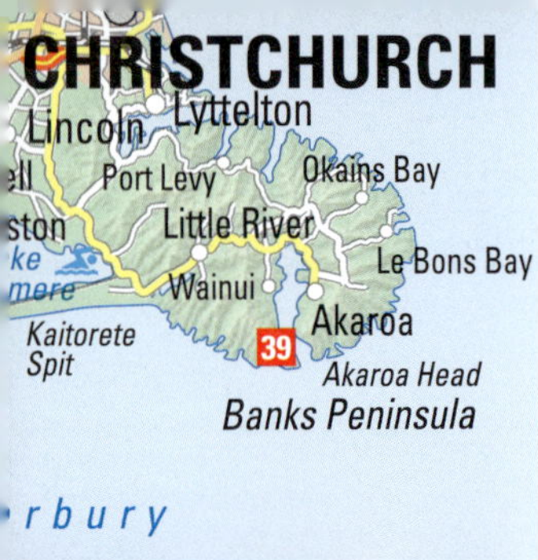

39 Banks Peninsula
Französisches Erbe

Akaroa liegt 84 Kilometer südlich von Christchurch auf der Banks Peninsula, einer landschaftlich beeindruckenden Halbinsel mit unzähligen Buchten und mildem Klima. Einst wurde Akaroa auch als »Riviera von Canterbury« bezeichnet, heute nennen die Einwohner ihren Ort liebevoll »das Juwel in der Krone Canterburys«. Die idyllische Natur, künstlerisches Flair, französischer Charme sowie Robben, Pinguine und Delfine sind Kennzeichen der Halbinsel.

Akaroa bedeutet auf Maori »der lange Hafen«, und diese geografische Beschreibung trifft das kleine Städtchen in der langgezogenen Meeresbucht genau. Obwohl sich die Bevölkerungszahl auf lediglich 624 Einwohner beläuft, kann der hübsche Ort im Sommer auf über 5000 Menschen anschwellen. Denn seit den starken Erdbeben in Christchurch und der damit verbundenen Zerstörung des Lytteltoner Hafens docken die Kreuzfahrtschiffe jetzt in Akaroa an.

Akaroas Charme: Einkaufsbummel in netten Boutiquen und gemütliche Kaffeepausen

Französische Walfänger

1838 hatte Jean François Langlois (geb. 1808), Kommandant des Walfängers »Cachalot«, befunden, er müsse aus Neuseeland eine französische Kolonie machen. Im umliegenden Ozean tummelten sich die Wale, und die Bucht würde sich hervorragend eignen, um den Tran nach Paris zu verschiffen. Er verhandelte mit zwölf Stammesführern der Ngai Tahu von Port Cooper, tauschte Mäntel, Schuhe, Hüte, Pistolen, Äxte und französische Francs gegen Land und kehrte als stolzer

Besitzer eines Großteils der Halbinsel zurück nach Frankreich.

Erst zehn Jahre später kehrte er nach Neuseeland zurück, an Deck standen die ersten 63 Immigranten. Während seiner Abwesenheit hatten jedoch die Briten den Vertrag von Waitangi unterzeichnet, und Neuseeland war zur britischen Kolonie geworden. Die Engländer akzeptierten die Besitztümer der Franzosen ohne Streitigkeiten, und die Siedler ließen sich nieder und etablierten das Städtchen Akaroa. Bis heute wird jedes zweite Jahr Ende Oktober das French Festival zelebriert.

Charme und Historie

Der Reiz des Ortes besteht aus seinen bildhübschen Häuschen, kleinen Boutiquen, gemütlichen Gärten und Parks. Ohne Fast-Food-Ketten und Hochhäuserfronten genießen Touristen das künstlerisch angehauchte französische Flair. Der Giant's-House-Skulpturengarten zeigt überdimensionale Kunstgebilde, die im Anwesen eines historischen Herrenhauses installiert sind, das ebenso besichtigt werden kann. Besonders sehenswert ist das Akaroa Museum. Hier dreht sich alles um die Siedlergeschichte und die Anfänge des Orts, sowie um Frank Worsley (1872–1943), den heimischen Kapitän des Schiffes von Ernest Shackleton, das

Nicht verpassen

SCHWIMMEN MIT DEN HECTORS

Die Möglichkeit, im Meer mit Delfinen zu schwimmen, sollte jeder Neuseeland-Reisende wahrnehmen. Die wohl einmaligste Gelegenheit bietet sich im Akaroa Harbour, wo sich Hectors tummeln, die kleinsten Delfine der Welt, von denen es nur noch 7000 Exemplare gibt. Ausgestattet mit einem Schnorchel können maximal zwölf Personen an dem Trip teilnehmen. Auch ein Neoprenanzug ist dabei, weil das Wasser mit 17 Grad nicht sehr warm ist. Im geschützten Hafen kommen die Delfine den Schwimmern ganz nahe, und viele fragen sich, wer eigentlich wen begutachtet. Sollte kein Kontakt mit den Tieren möglich sein, wird ein Teil der Kosten zurückerstattet. Eine warme Dusche am Ende ist Gold wert.

Swimming with Dolphins. Drei-Stunden-Trip inklusive Ausrüstung ab $ 160, Main Wharf, Akaroa, Tel. 03/304 76 41, www.swimmingwithdolphins.co.nz

1914 zur berühmten transarktischen Expedition aufbrach. In der Okains Bay liegt das gleichnamige Maori- und Kolonialmuseum, das aus einer Privatsammlung entstand und interessante Maori- und Siedlerartefakte zeigt.

Käse und Olivenöl

Dank des mediterranen Klimas gedeihen auf der Banks Peninsula Früchte, Wein und Kräuter sehr gut. So gibt es eines der besten Olivenöle des Landes, Zitronen, Walnüsse, Qualitätsweine und handgemachte Käsesorten. Barry's Bay Cheese Factory ist die älteste noch operierende Käserei der Südinsel. Alle zwei Tage wird Käse hergestellt, der in einem Laden mit passenden Weinen angeboten wird.

Zwei Weltrekorde

Im Hafenbecken des Ortes leben neben Robben auch die kleinsten Delfine der Welt – die Hectors. Per Bootstour kann man die Kalksteinklippen betrachten und den intelligenten, nur knapp über einen Meter großen Delfinen näherkommen. Besonders schön ist eine Fahrt auf dem historischen Segelschiff »Fox II«. Von klassischer Musik angelockt springen die Meeressäuger mit der runden Rückflosse dann oft aus dem Wasser.

Auch die Halbinsel ist sehenswert. Le Bon Bay und Okains Bay eignen sich am besten zum Baden und Surfen. In der Pohatu-Pinguinkolonie brüten 1300 Little Blue Penguins, die Kolonie ist der größte Nistplatz auf dem Festland im austro-asiatischen Raum. Die nur 30 Zentimeter großen Tiere sind die kleinsten Pinguine der Welt. Es werden auch geführte Touren per Kajak angeboten, und für Mountainbiker gibt es eine 13 Kilometer lange Downhill-Strecke.

Oben: Die isolierte Bucht Le Bon Bay ist ein französisches Erbe.
Mitte: Älteste Käsemanufaktur der Südinsel: Hier wird handgefertigt.
Unten: Die kleinsten Pinguine der Welt (30 cm) leben in der Pohatu Little Blue Penguin Colony.

Infos und Adressen

SEHENSWÜRDIGKEITEN

Akaroa Museum. Mo–Fr 10.30–16.30 Uhr, verschiedene Touren, 71 Rue Lavaud, Akaroa, Tel. 03/304 10 13, www.akaroamuseum.org.nz

Barrys Bay Cheese Factory. Tgl. 9–17 Uhr, SH 75, Main Rd., Barrys Bay, Tel. 03/304 58 09, www.barrysbaycheese.co.nz

Okains Bay Museum. Tgl. 10–17 Uhr, Erwachsene $ 10, 1146 Main Rd., Okains Bay, Tel. 03/304 86 11, www.okainsbaymuseum.co.nz

The Giant House Sculpture Garden. Sommer tgl. 12–17 Uhr, Winter 14–16 Uhr, $ 20, 68 Rue Balguerie, Akaroa, Tel. 03/304 75 01, www.thegiantshouse.co.nz

ESSEN UND TRINKEN

The Little Bistro. Hochwertiges Essen, nicht für kleine Kinder geeignet. Di–Sa 17.30–spät, 33a Rue Lavaud Akaroa, Tel. 03/304 73 14, www.thelittlebistro.co.nz

ÜBERNACHTEN

Akaroa Criterion Motel. Große Zimmer in Zentrums- und Meeresnähe. 75 Rue Jolie, Akaroa, Tel. 0800/25 27 62, www.holidayakaroa.com

Onuku Farm Hostel. Tonga-Hütte, Zeltplatz und Farmzimmer auf 430 Hektar Grund außerhalb des Ortes. Es werden Kajak- und Delfintouren angeboten. 89 Hamiltons Rd., Akaroa, Tel. 03/304 70 66, www.onuku.co.nz

AKTIVITÄTEN

Fox II Sailing Wildlife Cruises. Delfintour auf historischem Segelschiff. Dez.–Mai tgl. 10.30 und 13.30 Uhr, Erwachsene $ 80, Daly's Wharf, Akaroa, Tel. 0800/369 72 45, www.akaroafoxsail.co.nz

Pohato Penguin Tours. Spannende, etwa vierstündige Kajaktour zur Pinguinkolonie. Erwachsene ab $ 90, Flea Bay Rd., Flea Bay, Tel. 03/304 85 42, www.pohatu.co.nz

INFORMATION

i-Site Akaroa. Tgl. 9–17 Uhr, 74a Rua Lavaud, Akaroa, Tel. 03/304 77 84, www.akaroa.com

Umgezogen: Der historische Leuchtturm von 1879 stand einst an Akaroas Hafeneingang.

40 Mackenzie Country
Türkisblaue Seen, hohe Berge

Mit 19 Berggipfeln über 3000 Meter Höhe bietet der Aoraki Mount Cook National Park eine Bergkulisse wie aus dem Bilderbuch. Schneebedeckte Gipfel ragen majestätisch hinter den türkisblauen Gletscherseen Lake Pukaki und Lake Tekapo auf, die in der dominierenden braunen Tussokgras-Landschaft leuchten.

Das Mackenzie Country dehnt sich zwischen den südlichen Alpen im Westen aus – dem Lindi's Pass im Süden, dem Burkes Pass im Norden und dem Waitaki Valley im Westen. Es erhielt seinen Namen vom bekanntesten Schafsdieb Neuseelands. 1856 stahl der Schotte James Mackenzie 1000 Schafe von der ältesten Schafsfarm im südlichen Canterbury. Er floh und trieb die Herde in eine höher gelegene, unbewohnte Grasebene, die er zuvor entdeckt hatte – das heutige Mackenzie Country.

Von Norden nach Tekapo

Die spektakuläre Landschaft mit ihren blühenden Lupinen brachte dem Mackenzie Country zahlreiche Auftritte in Werbe- und Kinofilmen. Ein toller Rundwanderweg liegt am Mount Somers. Im gleichnamigen Ort startet der Tagestrip, der an den beeindruckenden steinernen Pinnacles vorbeiführt. Karten sind beim DOC und im Laden von Mount Somers erhältlich.

Lake Tekapo und Lake Pukaki

Der Lake Tekapo eignet sich als Ausgangspunkt für Rundflüge über die südlichen Alpen. Die Flightseeing-Tour von Air Safari dauert eine Stunde. Der Ausflug in der Achtsitzer-Maschine führt

Mitte: Eispartikel färben ihn milchig – türkisblauer Lake Pukaki vor Aoraki Mount Cook. **Unten:** Die Church of the Good Shepard am Seeufer des Lake Tekapo ist die meistfotografierte Kirche.

über Seen und Merino-Farmen und über Duzende von Gletschern zur wolkenverhangenen Westküste. Das meistfotografierte Gebäude von Tekapo ist die steinerne Church of the Good Shepherd am Seeufer.

Wer dem Highway 8 gen Süden folgt, gelangt an den türkisfarbenen Lake Pukaki. Wie auch der Lake Tekapo wird er von Gletscherwasser gespeist, feinste graue Gesteinspartikel färben ihn milchigblau. Rudern, Wasserskifahren und Angeln sind beliebt, zum Baden sind beide Gewässer zu kalt. Die Delikatesse aus den Seen sind Lachse, die man direkt an der Autobahn erstehen kann. Einige Seen des Mackenzie Country wurden zur Gewinnung von Wasserenergie angelegt und liefern heute einen Großteil des Stroms für die Nordinsel.

Mount Cook

Am Lake Pukaki zweigt der Highway 80 von der Hauptroute ab und führt in die Bergwelt der schneebedeckten Gipfel. Der mit 3754 Metern höchste Berg Neuseelands, der Aoraki Mount Cook, ist von Schneemassen bedeckt, die bis zu einen Kilometer tief sind. Die Straße 80 führt entlang des Ufers über Glentanner ins Aoraki Mount Cook Village. In dem Alpendorf kann man zunächst in die Fußstapfen der neuseeländischen Bergsteigerlegende Sir Edmund Hillary (1919–2008) treten. In Gedenken an den ersten Menschen, der den Mount Everest bestieg, wurde das Hillary Alpine Centre eingerichtet. Neuseelands größter Bergsteiger erklomm ebenfalls als Erster und im Training für die Everest-Besteigung die schwierige Südwand des Mount Cook. Im hochmodernen 2- und 3-D-Kino mit Kuppeldecke sowie in den Ausstellungsräumen wird die Geschichte des Nationalhelden erzählt. Unzählige Routen stehen für Wanderer und Kletterer zur

Nicht verpassen

DARK SKY RESERVE

Ein besonders klarer Sternenhimmel und die unverschmutzte Luft des Mackenzie Basin und Mount Cook National Park machten das 4000 Quadratkilometer große Areal 2012 zum internationalen Dark Sky Reserve. Der Ort Tekapo wird abends nicht beleuchtet, denn das Licht kollidiert mit der Forschungsarbeit des Mt.-John-Observatoriums. Durch die starken Teleskope kann man Jupiter erkennen, die Mondkrater studieren und auf den bereitgestellten Stativen den nächtlichen Himmel mit seinen Tausenden Sternen sogar fotografieren. Das Dark Sky Reserve wurde auf Rang fünf der Plätze gewählt, die man als Reisender auf der Welt gesehen haben muss.

Mt. John Observatory. Verschiedene Tages- und Nachttouren mit Shuttle von Tekapo, Erwachsene ab $ 148, SH 8, Lake Tekapo, Tel. 03/680 69 60, www.earthandsky.co.nz

Oben: Ein Muss: Hooker Valley Track über Schwingbrücken in majestätischer Alpenkulisse
Mitte: Typischer Kiwi-Viehmarkt in Omarama.
Unten: Beste Infrastruktur erleichtert entspanntes Radwandern durch Canterbury.

Auswahl. Ein besonders schöner Kurztrip ist der dreistündige Hooker Valley Track über mehrere Schwingbrücken zum Hooker Lake. Wahrlich beeindruckend ist der Tasman Glacier Lake mit seinen schwimmenden Eisschollen. Vom Ausblickspunkt erkennt man seine gewaltige Ausdehnung. Wer noch näher an das tiefblaue, jahrtausendealte Eis gelangen möchte, kann zum Seeufer laufen oder eine Glacier Explorer Tour buchen und mit dem Boot bis an die Eisbrocken heranfahren.

Das südliche Mackenzie

310 Kilometer lang ist der neue Alps2Ocean-Fahrradweg vom Mount Cook nach Oamaru an die Ostküste. Er führt durch den geografischen Korridor des Waitaki Valley, der bereits von frühen Maori genutzt wurde. Ihre Gesteinsmalereien zieren bis heute die Felsklippen. Wer mit dem Auto gen Süden fährt, gelangt durch Twizel. Das Arbeiterstädtchen entstand 1968, um das gigantische Wasserkraftwerk zu bauen. Als der Bau des Kraftwerks in den 1980er-Jahren beendet war, wollten Politiker den Ort einfach wieder schließen. Die Einwohner kämpften verbissen und gewannen. Dennoch ist Twizel heute recht trist und kein Highlight. Gen Süden lohnen der Lake Ohau und Lake Benmore als Abstecher für Wassersportler. Aufgrund besonderer Fallwinde an den Southern Alps ist das Basin um Omarama ein bekanntes Eldorado für Gleitschirmflieger.

Infos und Adressen

SEHENSWÜRDIGKEITEN

Sir Edmund Hillary Alpine Centre. Sommer tgl. 7.30–20.30 Uhr, Winter tgl. 8–19 Uhr, Erwachsene $ 20, Hermitage, 89 Terrace Rd., Mt. Cook Village, Tel. 03/435 18 09, www.hillarycentre.co.nz

ESSEN UND TRINKEN

Reflections Restaurant. Frische Gerichte und schöner Ausblick. Tgl. 7–20.30 Uhr, SH 8, Lake Tekapo, Tel. 03/680 62 34, www.reflectionsrestaurant.co.nz

The Old Mountaineers Cafe Bar & Restaurant. Gemütliches Lokal mit Panoramafenstern und frisch zubereiteten Speisen aus Bio-Zutaten. Larch Grove Rd., Mt. Cook Village, Tel. 03/435 18 90, www.mtcook.com/restaurant

ÜBERNACHTEN

Hermitage Hotel. Exklusives Hotel und Motel-Units vor fabelhafter Alpenkulisse. 89 Terrace Rd., Mt. Cook Village, Tel. 0800/68 68 00, www.hermitage.co.nz

Lake Tekapo Motel & Holiday Park. Cabins, Motelzimmer, Zeltplatz, Lodge und Backpackers am Seeufer. 2 Lakeside Dr., Lake Tekapo, Tel. 03/680 68 25, www.laketekapo-accommodation.co.nz

AKTIVITÄTEN

Air Safaris Grand Traverse. Rundflug über die südlichen Alpen. Tgl. 8.30–17.30 Uhr, Erwachsene $ 370, Tekapo-Twizel Rd., Lake Tekapo, Tel. 03/680 68 80, www.airsafaris.co.nz

Glacier Explorers. 2,5-Stunden-Tour auf den Tasman Glacier Lake. Erwachsene $ 155, Start »Hermitage Hotel« (siehe Übernachten), Tel. 03/435 18 09, www.glacierexplorers.com

Glide Omarama. Paragliding für Anfänger und Profis. Ab $ 345/30 Min., Terminal Building, Omarama Airfield, Tel. 03/438 95 55, www.glideomarama.com

INFORMATION

Alps2Ocean Cycle Trail. www.alps2ocean.com

Aoraki Mount Cook DOC Visitor Centre. Sommer tgl. 8.30–17 Uhr, Winter tgl. 8.30–16.30 Uhr, SH 80, 1 Larch Grove, Mt. Cook Village, Tel. 03/435 11 86, www.mtcooknz.com und www.doc.govt.nz

Erfrischungspause leicht gemacht: Coffee Carts, mobile Kaffeewagen, stehen überall.

DIE WEST-KÜSTE DER SÜDINSEL

Auckland
Tasman Sea
Wellington
Christchurch
South Pacific Ocean
0
20 km
N
Tasman Sea
Saltwater Lagoon
Okarito Lagoon
43
Rotokino
Okarito
The Forks
Karangarua
Lake Mapour
Lake Matheson
Gillespies Beach
Franz Jo
42
Westland
Otorokua Point
Fox Glacier
Jacobs River
Mt. Cook
3754
National
Malte
315
Bruce Bay
National
Titiitira Head
Piakatu Point
Abbey Rocks
Park
Mahitahi
Copland Pass
Park
Mt. Sefton
3151
Knights Point
Aoraki
Mount Cook
Tasman R.
Lake Moeraki
Lake Moeraki
Lake Paringa
Haast Junction
River
River
Mt. Mcfarlane
2057
44
Haast
Dun Fiunary
2499
Landsborough
Hopkins
Dobson River
Haast
River
Jackson Head
Jackson Bay/Okahu
Jackson Bay
Mount Aspiring
National Park
Lake Pukaki
Cascade Point
Waiatoto
Mt. Huxley
2499

Carters Beach
Westport
Cape Foulwind
Tauranga Bay
Owen River
Murchison
Lyell
Buller R.
Ariki
Tutaki
Inangahua Junction
Inangahua
Six Mile
Charleston
Paenga
Matakitaki
Matakitaki Station
Kaipakati Point
Punakaiki Pancake Rocks
Perpendicular Point
Punakaiki
Paparoa National Park
Cronadun
Reefton
Crushington
Burnbrae
Maruia River
Upper Matakitaki
Maruia
Nelson Lakes National Park
Isolierte Westküste
41
Barrytown
Waimaunga
Ikamatua
Waiuta
Totara Flat
Hukawai
Grey River
Springs Junction
Maruia Springs
863
Lewis Pass
Rapahoe
Ahaura
Point Elizabeth
Cobden
Ngahere
Lake Hochstetter
Mt. Rameses
1453
Greymouth
Stillwater
Paroa
Gladstone
Kaimata
Moana
Haupiri
Amuri Pass
Lake Brunner
Hope Pass
Dillmanstown
Mitchells
Rotomanu
Lake Sumner
Seaview
Hokitika
Inchbonnie
Harper Pass
Jacksons
Kaniere
Lake Mahinapua
Otira
Arthur's Pass National Park
Mt. Crossley
1980
Kokatahi
Arthur's Pass
924
Lake Kaniere
Poulter River
Ross
Arthur's Pass
Esk River
Kakapotahi
Mt. Murchison
2400
Mt. White Station
Waitaha
Bealey Spur
Chest Peak
1936
Wilberforce River
Cass
Lake Pearson
Harihari
Glentui
Castle Hill Village
Lake Coleridge
Porters Pass
View Hill
Oxford
Cust
Fernside
Mt. Arrowsmith
2781
Bexley
Springfield
Lake Coleridge
Waddington
Eyreton
Kirwee
Lake Heron
Glentunnel
Erewhon Station
Mt. Taylor
2333
Windwhistle
Darfield
Hornby
Aylesbury
Rolleston
The Thumbs
2545
Lake Clearwater
Alford Forest
Methven
Burnham
Hakatere
Rakaia River
Mesopotamia Station
Lake Emma
Ellesmere
Lincoln
Springburn
Rangitata River
Mount Somers
Lauriston
Irwell
Selwyn Huts
Ashburton Forks
Montalto
Chertsey
Rakaia
Leeston
Lake Ellesmere
Greenstreet
Mt. Musgrave
2246
Mayfield
Southbridge
Dromore
Dorie
Ruapuna
Ashburton
Rakaia Huts
Lismore
Peel Forest
Seafield
Sherwood Downs
Tinwald
Arundel
Canterbury Bight
Lake Tekapo
Hinds
Allandale
Hakatere
Kimbell
Ealing
Geraldine
Longbeach

Seite 226/227: Die raue, verwunschene West Coast
Mitte: Mystischer, geschichtsträchtiger Regenwald überzieht die Berge am Porarari River.
Unten: Zwischenstopp Swingbridge Lake Brunner: Seeidylle statt triste Arbeiterstadt

41 West Coast
Minenarbeiter und Goldgräber

»Te Tai o Poutini« heißt die West Coast der Südinsel auf Maori. Die Region erstreckt sich vom Kahurangi Point im Norden über 600 Kilometer bis zum Awarua Point im Süden. Nirgendwo ist der schmale Streifen zwischen der rauen Tasmanischen See im Westen und den Südlichen Alpen im Osten breiter als 50 Kilometer. Statistisch gesehen ist die West Coast die am dünnsten besiedelte Gegend Neuseelands, hier leben nur 31 000 Menschen, oft betitelt als »Coasters«.

Durch vorherrschende Westwinde und die Southern Alps hat die West Coast eine hohe Niederschlagsrate. Dichter Regenwald, wilde Flussläufe, unberührte Seen und eine faszinierende Küstenlandschaft bieten dem Besucher vielzählige Höhepunkte. Der Highway 6, auch Great Coast Road genannt, zählt zu den zehn schönsten Küstenstraßen der Welt. Neben Kohleabbau und dem

GUT ZU WISSEN

MINENSTADT OHNE STOPP

Greymouth wurde nach dem Gouverneur Sir George Grey (1812–1898) benannt und liegt an der Meermündung des Grey River. Die größte Stadt der Westküste ist recht trostlos und wird von Minenarbeitern bewohnt. Lohnenswert ist hingegen ein Ausflug nach Moana zum 37 Kilometer entfernt liegenden Lake Brunner. In der bezaubernden Idylle hält auch der TranzAlpine-Zug, der von Greymouth durch die südlichen Alpen bis nach Christchurch fährt.

Goldrausch im 19. Jahrhundert ist die Westküste bekannt für ihre grüne Jade Pounamu.

Von Nord nach Süd

Die Straße führt von Nelson über die beeindruckende Buller Gorge an die Westküste. Fußgänger können hier auf der mit 110 Metern längsten Schwingbrücke Neuseelands über die Schlucht balancieren. Auch eine Drahtseilbahn überspannt die Gorge, Jetboats operieren auf dem Fluss. Einige Kilometer weiter biegt die Abzweigung der ersten Passstraße zur Ostküste über den Lewis-Pass. Weiter südlich quert man über den steilen Arthur's und den Haast-Pass die südlichen Alpen.

Westport

Wer genügend Zeit mitbringt, kann einen Umweg nach Westport machen. 40 Minuten nördlich liegt Denniston Experience, eine Kohlemine (1880), die mit einer Bahn zugänglich ist. Mittels Hologramm erfährt der Besucher von der harten Arbeit eines Minenarbeiters im Schacht und darf auch selbst zur Schaufel greifen. In Westport lohnt sich ein Abstecher zum zehn Kilometer westlich gelegenen Cape Foulwind. In der Robbenkolonie ziehen Mütter ihre Jungen groß. Ein gut ausgebauter Wanderweg führt in rund eineinhalb Stunden über Farmland an die Küste zur Cape Foulwind Road und weiter zur Robbenkolonie in der Tauranga Bay. Im Windschatten des Cape, zur Flussmündung des Buller River hin, liegt Carters Beach. Dies ist der einzige Strandabschnitt der Westküste, der für Schwimmer als sicher gilt. Zurück in Westport wird im Coaltown Museum gezeigt, wie die Pioniere der Kolonie unter den harschen Lebensbedingungen, die sie in der Region vorfanden, für ein besseres Leben kämpften.

Einfach gut!

DER GEIST DER GOLDGRÄBER

Im Nordwesten der Südinsel erwacht gerade wieder ein Geist zum Leben. Die lange vergessene Goldgräberroute zwischen Lyell in der Upper Buller Gorge und dem mächtigen Mokihinui River im Norden ist wahrlich ein 80 Kilometer langes Outdoor-Museum. Vorbei an fünf Geisterstädten kreuzt die Strecke majestätische Wälder, offene Tussok-Grasgipfel, Flussbetten und vergessene Täler. Der Geist der Männer, die hier 1870 Gold suchten, hängt noch immer im Nebel der Wildnis und macht die Route für Wanderer und Mountainbiker zu einem unvergesslichen Erlebnis. Erfahrene Mountainbiker sollten zwei bis vier Tage einplanen, die Old Ghost Road hat Schwierigkeitsstufe 4. Geübte Wanderer können die Distanz in fünf Tagen zurücklegen. Jeder sollte stets für schlechtes Wetter gerüstet sein! Hüttenoptionen, Tourenanbieter und weitere Informationen gibt es unter:

Old Ghost Road.
http://oldghostroad.org.nz

Oben: Die Pancake Rocks bei Punakaiki wirken bei Flut am spektakulärsten.
Mitte: Te Waipounamu – zu Deutsch: Jade
Unten: Was Hokitika für Jade ist, ist Ross für Gold: Goldgräbermuseum und Goldfelder

Charleston und Reefton

Wer über die Küstenstraße fährt, gelangt nach Charleston, wo ein Wildwasserfluss unterirdisch durch eine Höhle sprudelt, die mit Autoreifen durchquert werden kann. Auf der Inlandsroute hingegen, dem Highway 69, kommt man nach Reeften. Im interaktiven Museum ist das Replikat einer Minenarbeiterhütte aus den 1860er-Jahren zu sehen. Die bärtigen Insassen Gavin, Peter und Geoff mimen das Leben im 19. Jahrhundert.

Pfannkuchenfelsen

Die erodierte Küste mit den skurril aufeinandergeschichteten Steinformationen, dem überdimensionalen Flachsbewuchs und den weißen Puscheln des Toetoe-Grases ist ungezähmt – vor allem während der Flut sprüht die Brandung imposant aus den Gesteinslöchern (*blowholes*). Auf einem Klippenrundweg kann man sich selbst davon überzeugen, dass die Pancake Rocks nicht zu Unrecht ihren Namen tragen.

Hokitika

Der unscheinbare Ort wurde durch sein Wildfood Festival bekannt. Jeden März probieren mutige Esser Huhu Grubs, dicke weiße Maden, die für Maori eine Delikatesse sind. Bei gegrillten Käfern, Zikaden in Schokolade und Livemusik rücken die Besucher näher zusammen. Besonders schön im Ort sind die jadeverarbeitenden Schmuckateliers. Ein nächtlicher Ausflug zum Hokitika Glowworm Dell, einer Glühwürmchenhöhle, startet am Richards Drive gegenüber der Shining Star Beachfront. Wer auf der Fahrt in die Gletscherregion einen Zwischenstopp plant, sollte das Historic Goldfields Heritage Centre in Ross besuchen. Zu sehen sind Artefakte aus der Goldgräberzeit, eine einstündige Wanderung führt in Goldfelder.

Infos und Adressen

SEHENSWÜRDIGKEITEN

Coaltown Museum. Sommer tgl. 9–17 Uhr, Winter Mo–Fr 9–16.30 Uhr, Sa/So 10–16 Uhr, Erwachsene $ 10, 123 Palmerston St., Westport, Tel. 03/789 82 04, www.coaltown.co.nz

The Bearded Miners. Tgl. 11–16 Uhr, gegen Spende, Shiel St., Broadway Reefton, Tel. 03/732 83 77, www.reefton.co.nz

ESSEN UND TRINKEN

Fat Pipi Pizzas. Authentisches Lokal. Mo/Di 17–20, Mi–So 12–14.30 und 17–20 Uhr, 89 Revell St., Hokitika, Tel. 03/755 63 73, www.fatpipi co.nz

The Bay House. Essen mit schöner Aussicht. Do–Sa 11 Uhr–spät, So 10.30–16 Uhr, Tauranga Bay Rd., Cape Foulwind Westport, Tel. 03/789 41 51, www.bayhouse.co.nz

ÜBERNACHTEN

Nikau Retreat. Lodge, Cottages, Zeltplatz. 19 Hartmount Pl., Punakaiki, Tel. 03/731 11 11, www.tenikauretreat.co.nz

Omau Settlers Lodge. Am Wasser. 1054 Cape Foulwind Rd., Westport, Tel. 03/789 52 00, www.omausettlerslodge.co.nz

Shining Star Beachfront. Gemütliche Cottages. 16 Richards Dr., Hokitika, Tel. 03/755 89 21, www.accommodationwestcoast.co.nz

AKTIVITÄTEN

Barrytown Jade. Jadeschnitzen. Ab $ 100, 2726 Coast Rd., Barrytown, Tel. 03/731 14 66, www.punakaiki.co.nz/listing/make-your-own-jade-carving/

Skeleton Crew Carving Studio. Workshop Bone Carving. Erwachsene $ 65, Barrytown, Tel. 022/478 56 08

Underworld Adventures. Höhlenrafting. SH 6, Charleston, Tel. 03/788 81 68, www.caverafting.com

West Coast Treetop Walk. Tgl. 9–16.15 Uhr, 1128 Woodstock-Rimu Rd., Hokitika, Tel. 0508/87 33 86 77, http://treetopsnz.com

INFORMATION

Hokitika i-Site. Mo–Fr 8.30–17 Uhr, Sa/So 10–17 Uhr, 36 Weld St., Hokitika, Tel. 03/755 61 66, www.hokitika.org

Westport i-Site. Tgl. 9–17 Uhr, 123–125 Pal-merston St., Westport, Tel. 03/789 66 58, www.westcoasttravel.co.nz

Den Umweg wert: In Reefton lebt die Goldgräbergeschichte bis heute weiter.

42 Franz-Josef- und Fox-Gletscher

Vergängliche Schönheit

Nirgendwo sonst auf der Welt gibt es Gletscherzungen, die bis an den Regenwald heranreichen. Nur wenige Kilometer vom Meer entfernt kann man nahe des Fox- und Franz-Josef-Gletschers an einem Tag baden, im Eis kraxeln und im Buschwald wandern! Das Schmelzwasser des ewigen Eises speist unzählige Seen und Flussläufe mit Wasserfällen, die malerisch vor der Kulisse der majestätischen Berge liegen.

Das Zentrum und den Ausgangspunkt für den Gletscher bildet der Ort Franz Josef. 1865 benannte der deutsche Geologe Julius von Haast (1822–1887) den Gletscher nach dem österreichischen Monarchen Franz Joseph I. (1830–1916). Dieser stiftete 1907 im Gegenzug ein Gämsenpaar, was bis heute verheerende Folgen für das sensible Ökosystem der Bergwelt hat. Der Name Fox-Gletscher geht auf den neuseeländischen Premierminister William Fox (1812–1893) zurück.

Mitte: Die südlichen Alpen bestehen aus majestätischen Bergen und Gletschern, mit 19 Gipfeln über 3000 Meter Höhe.
Unten: Fox- und Franz-Josef-Gletscher: Hier reicht der Urwald bis an die Gletscherzungen.

Tränen der Hinehukatere

Maori nennen Franz Josef »Ka Roimata o Hinehukatere« – Tränen der Hinehukatere. Einer Legende zufolge war Hinehukatere eine furchtlose Frau, die gern im Gebirge kletterte. Einmal nahm sie ihren Freund Wawe mit, der von einer Lawine verschüttet wurde und starb. Hinehukatere blieb mit gebrochenem Herzen zurück und weinte viele Tränen, die den Berg hinunterflossen. Die Götter froren diese ein, das Eis wurde zum Gletscher und erinnert seitdem an die Trauer über den Verlust einer großen Liebe.

Franz-Josef-Gletscher

Die Eismasse des Franz Josef bedeckt 20 Quadratkilometer und ist zwölf Kilometer lang, reichte jedoch einst bis über die heutige Küstenlinie hinaus. Besonders eindrucksvoll ist der Höhenunterschied: Der Gipfel ist 2700 Meter hoch, die Gletscherzunge liegt auf 240 Metern – das macht ihn zum steilsten Gletscher der Welt. Auf einer geführten Gletscherwanderung trifft man auf blaues Eis, Eishöhlen und kommt an tiefen Gletscherspalten und bizarren Eisgebilden vorbei. Eine einstündige, gut beschilderte Wanderung ab dem Parkplatz nahe des Highway ist auch ohne Guide möglich. Über eine Geröllwüste geht es an tosenden Wasserfällen vorbei zur Gletscherzunge. Der kuriose Anblick des Regenwaldes neben dem Gletschereis ist eine vergängliche Kulisse. Franz Josef ist der am schnellsten schmelzende Gletscher der Welt.

Fox-Gletscher

Die 23 Kilometer lange Straße Richtung Fox kreuzen viele türkisblaue Flüsse, deren Wasser Schlickablagerungen der Gletscher mit sich fortträgt. Der Fox-Gletscher ist weniger frequentiert als Franz Josef, doch die Gletscherzunge des 13 Kilometer langen, 2600 Meter hohen und 300 Meter breiten Eismassivs ist ebenfalls zu Fuß zu erreichen. Besonders schön ist eine Nachtwanderung zur Farngrotte am südlichen Ortsende von Fox Town, der Tausende von Glühwürmchen ihr Licht schenken.

Lake Matheson

Unweit von Fox Town liegt der berühmte Spiegelsee Lake Matheson. Neben einem Café und dem Souvenirshop führt ein gut ausgebauter Wander-

Einfach gut!

HELI-HIKE

Die abgeschottete Bergwelt mit ihren majestätischen Gipfeln und Gletschern ist in weiten Teilen nur aus der Luft zu erreichen – zum Beispiel mit dem Hubschrauber. The Helicopter Line bringt ihre Teilnehmer, ausgestattet mit Spikes, Pickeln und Seilen, in die bizarre Schneelandschaft des Franz-Josef-Gletschers. Nach einem atemberaubenden Flug leiten erfahrene Guides die Gruppe sicher zu den spektakulärsten Eisformationen und in tiefblaue Höhlen. Nirgendwo sonst auf der Welt ist ein Gletscher auf diese Art für Touristen zugänglich – doch auch nirgendwo sonst schmilzt das Eis so schnell wie hier. Die Gletschertour findet nur bei gutem Wetter statt und ist nicht ganz billig.

The Helicopter Line. Drei-Stunden-Tour. Erwachsene $ 429, Ausrüstung inklusive, Main South Rd., Franz Josef, Tel. 0800/80 77 67, www.helicopter.co.nz

Oben: Bilderbuchkulisse: Im Lake Matheson spiegeln sich Mount Cook und der Tasman Glacier.
Mitte: Der Kea ist der einzige Bergpapagei der Welt.
Unten: Vergängliche Schönheit: Foto der am schnellsten schmelzenden Gletscher der Welt

weg zum beliebtesten Fotomotiv der Westküste. Wer Glück mit dem Wetter hat, erblickt auf der Oberfläche des tiefdunklen Sees ein perfektes Spiegelbild des Mount Tasman und des Mount Cook.

Wandern in der Wildnis

Die Gletscherregion, wie das Whataroa Valley (Dreitageswanderung) oder der Copland Track zu Naturbecken mit heißem Thermalwasser, eignen sich hervorragend für Wanderungen. Nicht selten begegnet man Keas: Diese intelligenten Vögel sind die einzigen Bergpapageien der Welt. Vorsicht, die Westküste ist berüchtigt für extreme Wetterumschwünge. Per Kajak gelangt man über die Flussläufe in Bereiche des Regenwalds, die sonst unzugänglich sind. Am Gillespies Beach leben im Winter unter der Waikowhai Bluff 1500 Robben, im Sommer aalen sich nur einige auf den Klippen.

Wer von vornherein ein paar Tage in der Gletscherregion eingeplant, hat größere Chancen auf Sonne. Schlechtwetter-Alternativen sind die Glacier Hot Pools und das Franz Josef Wildlife Centre. Die Pools liegen unter dem dichten Blätterdach des Regenwaldes, werden mit Gletscherwasser gespeist und sind wohltemperiert. Im Wildlife Centre werden Brutprogramme für Rowi-Kiwis und Haast-Tokoekas unterhalten, von denen jeweils nur noch 400 Exemplare existieren.

Infos und Adressen

ESSEN UND TRINKEN

Aviators Café. Frühstück mit guten und frischen Backwaren. Tgl. 10–20.30 Uhr, Alpine Adventure Centre, Main Rd., Franz Josef, Tel. 03/752 01 34

Alice May. Deftige Hausmannskost. Tgl. 16.30–21 Uhr, Cowan St. Ecke Cron St., Franz Josef, Tel. 03/752 07 40

King Tiger. Südostasiatisches Lokal, Speisen auch zum Mitnehmen. Tgl. 16 Uhr–spät, 70 Cron St., Franz Josef, Tel. 03/752 00 60, www.kingtiger.co.nz

ÜBERNACHTEN

58 On Cron. Motel in guter Lage. 58 Cron St., Franz Josef, Tel. 03/752 06 27, www.58oncron.co.nz

Glowworm Cottages. Günstiges Backpacker-Motel. 8 Cron St., Franz Josef, Tel. 0800/82 48 62, http://sircedrics.co.nz/hostels/glow-worm/

Rainforest Retreat & Holiday Park. Baumhäuser und Campingplatz mit Pools und Sauna. 46 Cron St., Franz Josef, Tel. 0800/87 33 46, www.rainforestretreat.co.nz

AKTIVITÄTEN

Franz Josef Glacier Guides. Gletschertouren, Main Rd., Franz Josef, Erwachsene ab $ 525, Tel. 0800/48 43 37, www.franzjosefglacier.com

Glacier Country Kayaks. Touren durch den Westland-Nationalpark und auf dem Lake Mapourika. Erwachsene $ 145, 64 Cron St., Franz Josef, Tel. 03/752 02 30, www.glacierkayaks.com

Glacier Hot Pools. Tgl. 11–21 Uhr, Erwachsene $ 28, Cron St., Franz Josef, Tel. 0800/04 40 44, www.glacierhotpools.co.nz

West Coast Wildlife Centre. Tgl. 10–22 Uhr, Erwachsene $ 38, Cowan St., Franz Josef, Tel. 02/752 06 00, www.wildkiwi.co.nz

INFORMATION

Franz Josef i-Site & DOC Westland Tai Poutini. Tgl. 8.30–16.45 Uhr, 13 SH 6, Franz Josef, Tel. 03/752 07 96, www.glaciercountry.co.nz

Fox Town ist perfekt als gemütliches Basislager für Entdeckungstouren in die Gletscherwelt.

Mitte: Neuseeländische Everglades: Edle weiße Eisreiher brüten in der Okarito Lagoon.
Unten: Die Lagune und ihre Wasserarme lassen sich per Kajak naturnah erkunden.

43 Okarito Lagoon
Größtes Sumpfgebiet Neuseelands

In der Lagune zwischen der Tasmanischen See und den majestätischen Südlichen Alpen mit den schneebedeckten Gipfeln des Mount Cook und des Mount Tasman leben nur 35 Menschen. Doch im 19. Jahrhundert boomte der Ort. Die Okarito-Lagune ist mit ihren zwölf Quadratkilometer Fläche das größte natürliche Sumpfgebiet Neuseelands und ein echter Geheimtipp!

Der Abzweig vom Highway zwischen Lake Mapourika und Franz-Josef-Gletscher ist leicht zu übersehen. Von dort sind es 13 Kilometer zur Okarito Lagoon. Das Feuchtgebiet wird von mehreren Abflüssen des Sees gespeist, 76 Vogelarten haben hier einen einmaligen Lebensraum gefunden. Neben dem seltensten der vier Kiwi-Arten, dem Rowi oder Okarito Brown Kiwi, leben im Regenwald und Sumpfgebiet weiße Eisreiher. Die Vögel mit ihrem außergewöhnlichen Gefieder heißen auf Maori »Kotuku« und sind den Ureinwohnern heilig.

Goldgräbergeschichte

Einst war Okarito der drittgrößte Hafen der Westküste und zählte über 4000 Einwohner. Bis 1910 legten Segelboote auf ihrem Weg nach Australien ab. Durch den Goldrausch 1865 kamen bis zu 500 Menschen pro Tag an, in Kürze wurden 35 Hotels benötigt und Stores eröffnet. Erst als die Querverbindung zum Highway 6 gebaut wurde, ebbte der Hafenbetrieb ab. Das einzige und älteste verbliebene kommerzielle Gebäude der Westküste, der Donnovan's Store (1865), ist heute Gemeindezentrum, Museum und Konzertsaal.

Die neuseeländischen Everglades

Der dichte Regenwald wird hier von Wasserläufen durchzogen, die an die amerikanischen Everglades erinnern. Noch beeindruckender als eine Motorbootfahrt ist ein Kajakausflug. Vorsicht, nachmittags kommt häufig starker Wind auf! Neben Entenarten, schwarzen Schwänen, Löffelreihern und Krähenscharben sollte man nach dem einen Meter großen Eisreiher Ausschau halten. Lange wurde er wegen seiner Federn gejagt und von eingeschleppten Nagetieren drastisch dezimiert, sodass 1940 nur noch vier Paare übrig waren. Wer mit White Heron Tours bucht, sieht sogar die einzige neuseeländische Kotuku-Landkolonie. Kotukus haben die Eigenart, ihre Hälse zu umschlingen und dabei lautstark mit den Schnäbeln zu klappern.

Wandern im Wetland

Eine Strandwanderung entlang der langen Sandküste wirkt wie Balsam für die Seele. Der dreistündige Track to Three Mile ist nur bei Ebbe begehbar, der 45-minütige steil ansteigende Trig Track belohnt die Anstrengung mit einem atemberaubenden Blick auf die Lagune. Bei einer Kiwi-Night-Spotting-Tour kann man das inzwischen seltene nachtaktive Nationaltier in freier Wildbahn sehen und hören, wenn es mit Anbruch der Dunkelheit aus seiner Erdhöhle herauskommt und auf Nahrungssuche geht.

In Okarito gibt es nur wenige Unterkünfte, alle Einkaufsmöglichkeiten und Lokale befinden sich im 20 Minuten entfernten Ort Franz Josef. Deshalb sollte man sich im Vorfeld ausreichend mit Lebensmitteln versorgen und eines der privaten Ferienhäuser oder Hostels wie das ehemalige Schoolhouse reservieren.

Infos und Adressen

ESSEN UND TRINKEN

Okarito Nature Tours. The Strand, Okarito, Tel. 0800/65 27 48, www.okarito.co.nz

ÜBERNACHTEN

Okarito Beach House & Royal Hostel. 29 The Strand, Okarito, Tel. 03/753 4080, www.okaritobeachhouse.com

Okarito School House & Campsite. Hostel und Zeltplatz. The Strand, Okarito, www.doc.govt.nz

Private Ferienhäuser. Siehe Information

AKTIVITÄTEN

Okarito Boat Tours. Unterkunft und Bootstouren. Erwachsene ab $ 35, Wharf Okarito Lagoon, Tel. 03/753 42 23, www.okaritoboattours.co.nz

Okarito Kiwi Tours. Nachttour. Erwachsene $ 75, 53 The Strand, Okarito, Tel. 03/753 43 30, www.okaritokiwitours.co.nz

Okarito Nature Tours. Geführte Kajaktouren. Ab $ 100, Kajakverleih ab $ 55, The Strand, Okarito, Tel. 0800/65 27 48, www.okarito.co.nz

White Heron Tours. Bootstouren zur Kotuku-Kolonie. Erwachsene ab $ 150, Whataroa, Tel. 0800/52 34 56, www.whiteherontours.co.nz

INFORMATION

Okarito-Infos und Links zu Ferienhäusern. www.okarito.net

Mitte: Den urtümlichen Busch kann man am Lake Moeraki nahe Haast am besten zu Fuß erkunden.
Unten: Geheimtipp Okahu in der Jackson Bay: Im Oktober leben hier mehr Robben und Crested Penguins als Menschen.

44 Haast
Expedition Regenwald

Die Region Haast erstreckt sich auf gut 2500 Quadratkilometern von der Westküste über den Haast Pass bis nahe an Wanaka heran. Drei kleine Gemeinden, Haast Beach, die sogenannte Haast Junction am Abzweig des Highway und Haast Town sind die einzigen besiedelten Areale. Regenwälder, die Tasmanische See, Flüsse und der unberührte Mount Aspiring National Park machen Haast zu einem spektakulären Naturreservat.

Die Region erhielt ihren Namen nach dem deutschen Geologen Julius von Haast (1822–1887), der sie mit Ferdinand von Hochstetter (1829–1884) vermessen hat. Seit 1990 ist Haast das Herzstück des Te Waipounamu und Teil des UNESCO-Weltnaturerbes. Dennoch unterschätzen viele Besucher die Landschaft und ihr einmaliges Wildlife. Das Alpendörfchen Haast ist Ausgangspunkt für Expeditionen in den Regenwald, die südliche Jackson Bay fernab des Highway ist vielen Touristen gänzlich unbekannt.

Zu Fuß im Regenwald

Am besten erkundet man Haast zu Fuß. Die meisten Rundreisenden kommen aus der Gletscherregion, von wo aus der erste interessante Punkt Lake Moeraki ist. An dem See beginnt der 20 Minuten lange Ship Creek Tauparikaha Walk vorbei an den höchsten Bäumen Neuseelands. Der Knight's Point am südlichen Seeende beeindruckt mit bizarren Felsformationen. Man hat eine fantastische Rundumaussicht und kann am Arnott Point manchmal Robben entdecken. Auch vom Alpendorf Haast gehen ein paar kurze Wanderwege ab, wie zu den 28 Meter hohen Thunder Creek Falls, zu den Fantail Falls oder den Blue Pools, Becken mit glasklarem Wasser.

Per Boot im Regenwald

Vom Ort aus werden auch Flussfahrten mit Kajak und Jetboat angeboten. Waiatoto Jetboat Safari ist die weltweit einzige Tour, die vom Meer über Flussläufe in die Berge führt. Das Unternehmen besitzt ferner Lizenzen für den Waiatoto, den Arawhata und für den Landsborourgh, Clarke und Burke River. Der Wald ist immer noch so unberührt wie vor Tausenden von Jahren, als ihn große Moas – straußenähnliche Laufvögel – durchstreiften und der längst ausgestorbene Haast-Riesenadler seine Kreise durch die Lüfte zog.

Okahu

Wer den Highway an der Haast Junction verlässt und der Küstenstraße folgt, gelangt zur Jackson Bay in das Fischerdorf Okahu. Im Oktober leben in der Bucht mehr Robben und Crested Penguins als Menschen. Im legendären »Cray Pot« gibt's Fish 'n' Chips.

Mount Aspiring National Park

Nur wenige nutzen die Wanderwege im Norden des Mount Aspiring National Park oder die Hollyford Route aus dem Gebiet hinunter ins Fjordland. Der Nationalpark ist einer der einsamsten Fleckchen Neuseelands. Ob Makarora Queenstown Lakes, das Cascade Plateau oder die kargen, rot leuchtenden Red Hills: Die Schönheit der Natur, ihre Klänge und ihre Kraft begeistern. Mit einem Hubschrauber im Nirgendwo abgesetzt kann man den Ort erkunden, den die Zeit vergessen hat.

Infos und Adressen

ESSEN UND TRINKEN

The Cray Pot. Nov.–März tgl. 12–19.30 Uhr, Jackson Bay, www.thecrazypotnz.com

The Hard Antler. Deftige Küche. Tgl. 11–21.30 Uhr, Marks Rd., Haast, Tel. 03/750 00 34

ÜBERNACHTEN

Collyer House Guest Lodge. Zimmer in toller Lage. Jacksons Bay Rd., Haast, Tel. 03/750 00 22, www.collyerhouse.co.nz

Haast Beach Holiday Park. 1348 Haast Jackson Bay Rd., Tel. 03/750 08 60, www.haastpark.com

Wilderness Lodge. SH 6, Lake Moeraki, Haast, Tel. 03/750 08 81, www.wildernesslodge.co.nz

AKTIVITÄTEN

Fiordland Coast Walks. Wandertouren. Tel. 0800/23 92 55, Haast, www.fiordlandcoastwalks.com

Waiatoto River Safari. 1921 Jackson Bay Rd., Haast, Tel. 0800/ 53 87 23, www.riversafaris.co.nz

INFORMATION

Haast DOC. Haast/Ecke Jackson Bay Rd., Haast, Tel. 03/750 08 09

Legendär – Essen im »Cray Pot«

DER SÜDEN DER SÜDINSEL

Tasman Sea
Big Bay
Long Reef
Lake McKerrow
Lake Alabaster
Mount Aspiring National Park
Mt. Aspiring 3027
Milford Sound
Mitre Peak 1683
Milford Sound
Mt. Earnslaw 2816
Hollyford River
Arcadia Station
Paradise
Richardson Mts.
Mt. Bonpland 2348
Glenorchy
Kinloch Lodge
Skippers Canyon
Queenstown Region 46
Bligh Sound
Bare Cone 866
George Sound
Clinton R.
Round Head
Franklin Mts.
Mt. Tanilba 1242
Knobs Flat
Livingstone Mts.
Arthurs Point
Queenstown
Caswell Sound
Nugget Point
Eglinton River
Mount Nicholas Station
Kelvin Heights
Charles Sound
Mt. Pisgah 1551
Stuart Mts.
Walter Peak Station
Nancy Sound
Thompson Sound
Fiordland National Park
Mt. Irene 1859
Lake Te Anau
Te Anau Downs
North Mavora Lake
Lake Wakatipu
Fiordland und Fiordland National Park 47
Murchison Mts.
Eyre Peak 1968
Doubtful Sound
Eyre Mountains
Mt. Soaker 1600
Gore
Dagg Sound
Lake Manapouri
Jacksons Peak 1699
Te Anau
Oreti River
Towing Head
Deep Cove
The Key
West Dome 1270
Parawa
Mid Dome 1478
Manapouri
Dingwall Mts.
Mt. Ward 1713
Flat Mt. 1748
Five Rivers
Breaksea Sound
Takitimu Mts.
Mossburn
Lumsden
Resolution Island
Dusky Sound
Bowen Channel
Monowai
Balfour
Cook Channel
Blackmount
Kaherekoau Mts.
Lake Monowai
Waiau River
Oreti River
Edwardson Sound
Ohai
Dipton
West Cape
Caroline Peak 1704
Benmore
Treble Mt 1043
Feldwick
Lake Hauroko
Limehills
Long Sound
Clifden
Scotts Gap
Mt. Aitken 1189
Otautau
Drummond
Browns
Lake Poteriteri
Wairaurahiri R.
Tuatapere
49 Southland
Aparima R.
Otahuti
Hedgehope
Preservation Inlet
Te Waewae
Fairfax
Ryal Bush
Te Waewae Bay
Grove Bush
Long Reef
Sand Hill Point
Thornbury
Orepuki
Lorneville
Otatara
Wakaputa
Riverton
Invercargill
Oreti Beach
New River Estuary
Awarua
Greenhills
Awarua Bay
Bluff
Tiwai Point
Foveaux Strait
Solander Island
Saddle Point
Codfish Island
Freshwater R.
Gull Rock Point
Stewart Island 50
Halfmoon Bay (Oban)
Mason Bay
N
0 25 km

Timaru
Lake Wanaka
Lake Benmore
Mt. Melina 1905
Omarama
Fairview
Southburn
St. Andrews
The Hunters Hills
Hakataramea River
Alta
Mou Waho Island
Lake Hawea
Lindis Pass
Lake Aviemore
Hunter
Lake Hawea
Gladstone
Otematata
Lake Waitaki
Makikihi
Hawea Flat
Hook
Wainono Lagoon
45
Wanaka
Albert Town
Dunstan Creek
Lake Waitaki
Kurow
Waimate
Lindis Valley
Otekaieke
Ikawai
Morven
Cardrona River
Queensberry
St. Bathans
Duntroon
Waitaki River
Glenavy
Tarras
Ngapara
Peebles
Lake Dunstan
Becks
Livingstone
Waitaki Bridge
Lowburn
Manuherikia River
Naseby
Weston
Gibbston
Cromwell
Omakau
Oturehua
Mt. Pisgah 1643
Five Forks
Oamaru
Bannockburn
Ranfurly
Incholme
Ophir
Poolburn
Kakanui Mts
Maheno
Clyde
Gimmerburn
Kyeburn
Herbert
Earnscleugh
Galloway
Patearoa
Morrisons
Waianakarua
Obelisk 1695
Alexandra
Poolburn Reservoir
48
Central Otago
Rock and Pillar Range
Hyde
Moeraki Boulders
Hampden
Moeraki
Rough Ridge
Rock and Pillar
Katiki Point
Gorge Creek
Manorburn Reservoir
Dunback
Katiki
Paerau
Bushey
Greenland Reservoir
Moonlight
Pinelheugh 1124
Middlemarch
Palmerston
Roxburgh
Sutton
Hummock
Soutra Hill 1015
Dumbarton
Pukerangi 736
Waikouaiti
Waikaia River
Whitecoomb 1455
Ettrick
Taieri River
Seacliff
Millers Flat
Hindon
Warrington
Clarks Junction
Taiaroa Head
Lee Stream
Port Chalmers
Otago Peninsula
Beaumont
Lake Mahinerangi
Dunedin
Portobello
Heriot
Mosgiel
Larnach Castle
Waipori Falls
Berwick
Macandrew Bay
Kelso
Tuapeka West
Waikaka
Lawrence
Brighton
Tapanui
Lake Waihola
Waihola
Waikoikoi
Tuapeka Mouth
Taieri Mouth
Pukerau
Greenfield
Popotunoa
Clutha River
Milton
Kaiwera
Moneymore
Chrystalls Beach
Mataura
Clinton
Balclutha
Kaitangata
Otanomomo
Wyndham
Romahapa
Summer Hill
Awatea
Kaka Point
Mokoreta
Nugget Point
Owaka
Tirohanga
Catlins Lake
Jack's Blowhole
Tahakopa
49
Ratanui
Tokanui
Papatowai
Catlins
Waikawa
Chaslands
Cathedral Caves
Otara
Curio Bay
PAZIFISCHER
OZEAN
Tasman Sea
Auckland
Wellington
Christchurch
South Pacific Ocean

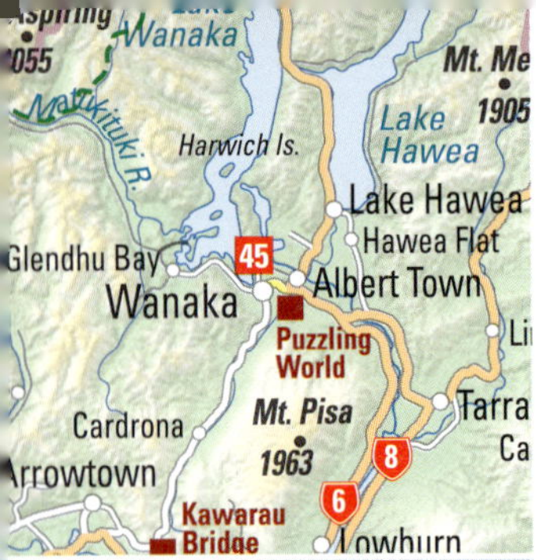

Seite 242/243: Schafe und sanfte Hügel in Central Otago
Mitte: Eingebettet zwischen den Bergrücken liegt der sympathische Ort am Lake Wanaka.
Unten: Im Warbirds & Wheels Museum

45 Wanaka

Ein Meisterwerk der Natur

Die Bewohner nennen ihr Wanaka »Lifestyle Reserve«, und wer die Landschaft aus Seen und Gipfeln kennengelernt hat, spricht von einem »epischen Meisterwerk der Natur«. Hinzu kommt das große Herz der Bürger, welche die Devise »Gastfreundschaft ist kein Gewerbe, es ist die zweite Natur« tatsächlich leben. Wo für jeden Touristen Queenstown Pflicht ist, wird das ruhigere, sympathische Wanaka allzu oft übersehen.

Wanaka hat 6000 Einwohner, nur im Winter, wenn die Urlauber auf die Skipisten von Cardrona und Treble Cone drängen, schwillt der Ort auf 15 000 Menschen an. Tourismus ist der Hauptwirtschaftsfaktor, dennoch strahlen Wanaka und der Mount Aspiring National Park Ruhe aus. Paare lieben die atemberaubende Bergkulisse und lassen sich im Hubschrauber für ein Hochzeitsfoto auf die Gipfel fliegen. Von der Luxus-Lodge am Hang mit vollverglaster Lounge bis zum gemütlichen Campingplatz am See stehen viele Unterkünfte zur Auswahl. Besonders schön ist Wanaka im Herbst, wenn das intensive Licht die Natur in ein Farbenmeer verwandelt.

In Wanaka herrscht eine gemütliche Cafékultur. Die blühenden Felder der Lavendelfarm mit eigener Ölproduktion können ebenso besichtigt werden wie das interessante Kunststudio von Martin Hill und Philippa Jones – das Paar kreiert beeindruckende Außenskulpturen aus natürlichen Materialien. An Regentagen ist das Wanaka National Transport and Toy Museum mit seinem antiken Spielzeug eine gute Alternative. Im Warbirds &

Wheels Museum zeigt Sir Tim Wallis seine große Sammlung exquisiter Gefährte aus aller Welt. Auch die Puzzling World mit ihren verrückten Labyrinthen und Illusionsräumen ist unterhaltsam.

Lake Wanaka

Lake Wanaka ist der viertgrößte See des Landes und mit 45 Kilometer Länge stets präsent. Mou Waho Island, eine Naturschutzinsel im See, hat auf ihrem Gipfel einen weiteren, kleinen See, den Arethusa Pool – ein See im See. Besonders gut zu beobachten sind hier drollige Wekas und Hunderte von Wetas, Neuseelands Rieseninsekten. Besucher können auf der Insel übernachten. Auch eine Kajaktour nach Ruby Island bietet sich an.

Ein Geheimtipp sind die Motatapu Gorge Swimming Holes rund 30 Minuten außerhalb von Wanaka im Motutapu Valley. Das Naturbecken ist von Klippen umgeben, die sich gut zum Hineinspringen eignen. Der Clutha River ist die beste Anlaufstelle zum Canyoning oder Jetboat-Fahren. Für Erholungssuchende eignet sich besonders gut der bezaubernde Lake Hāwea im Hāwea Conservation Park. Durch verantwortungslose Touristen wurden die Seeufer jedoch so stark verschmutzt, dass

Geheimtipp

IM HOLZFLUGZEUG

Um die Südlichen Alpen zu bestaunen, ist nichts besser als die Vogelperspektive. Zwischen Haast und Wanaka liegt das Wahipounamu-Weltnaturerbe. Die ersten kommerziellen Flugzeuge landeten hier 1934, hölzerne Tigermotten, die Flussbetten und Strände als Landebahnen nutzten. Die Tradition lebt alle zwei Jahre um Ostern beim Festival Warbirds over Wanaka fort. Drei Tage lang erheben sich historische Flieger zu Akrobatikmanövern in die Lüfte. Flugenthusiasten können in Wanaka selbst die klassische Art des Fliegens ausprobieren. Ausgestattet mit nostalgischer Lederjacke, Helm, Schal und Fliegerbrille wird in einer hölzernen DH82a-Tigermotte von 1940 durchgestartet. Mit Wind im Gesicht erlebt man Wanaka aus der Vogelperspektive.

Classic Flights Wanaka.
Ab $ 249/30 min, Spitfire Ln., Wanaka, Tel. 03/443 40 43, www.classicflights.co.nz

hier wie an vielen anderen Orten mittlerweile das Wildcampen verboten wurde.

Geschützte Natur

Die majestätischen Alpen sind mit 16 Gipfeln über 3000 Meter die höchste Bergregion des austroasiatischen Raums. Schon 1973 hatten sich Initiativen für eine Naturbelassung des Lake Wanaka und der Region stark gemacht. 2014 wurde der größte Conservation-Vertrag der Geschichte Neuseelands für 53 000 Hektar Hochland zwischen Arrowtown und Wanaka geschlossen. Der amerikanische Survival-Guru Bear Grylls filmte daraufhin im unberührten Matukituki Valley und Mt. Aspiring National Park seine TV-Show »Get out Alive«, die 4,2 Millionen US-Haushalte begeisterte. Eine 3,5-stündige Tour führt entlang des Matukituki River durch alpine Wildnis bis unter den Rob-Roy-Gletscher (2644 Meter).

Im weiten Cardrona Valley mit geradezu Südtiroler Flair kommen Weinkenner auf ihre Kosten. Der Mount Iron (740 Meter) bietet auf einem 90-minütigen Rundwanderweg schöne Ausblicke, auch im Gebiet um den Rocky Mountain und den Diamond Lake kann man gut wandern. Isthmus Peak ist weniger bekannt und an einem Tag zu erklimmen. Die beste Aussicht mit der Chance auf Kea-Bergpapageien hat Roy's Peak (1578 Meter), den man in fünf Stunden vom Cardrona Valley aus besteigen kann. Mountainbiker werden von der Bergwelt im Sticky Forest, dem Lismore Jump oder dem BMX-Park inspiriert. Auch Deans Bank, der Millennium Track und der Snow Farm Snow Park sind fantastisch.

Wer in Richtung Süden fährt, sollte die Route über die Crown Ranges und das rustikale Pub im »Cardrona Hotel« (1863) wählen.

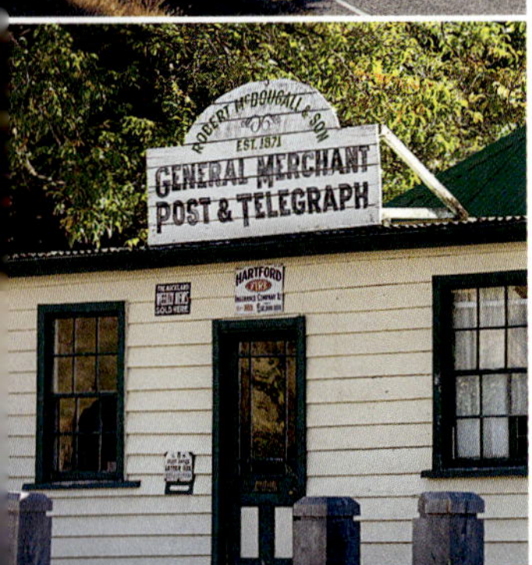

Oben: Auf dem DOC-Platz am Lake Hawea ist rustikales Camping in der Naturidylle erlaubt.
Mitte: Der Lake Hawea im Conservation Park dagegen muss als Wasserquelle geschützt werden.
Unten: Zeitreise Cardrona Valley

Infos und Adressen

SEHENSWÜRDIGKEITEN

Kunst-Studio Martin Hill. Auf Anfrage, freier Eintritt, 1 Harrier Lane, Wanaka, Tel. 03/443 40 64, www.martin-hill.com

Transport & Toy Museum. Tgl. 8.30–17 Uhr, $ 18, 891 Wanaka Luggate Hwy., Luggate, Tel. 03/443 87 65, www.wanakatransportandtoymuseum.com

Warbirds & Wheels. Tgl. 9–17 Uhr, $ 20, 11 Lloyd Dunn Ave., Wanaka Airport, Tel. 03/443 70 10, www.warbirdsandwheels.com

ESSEN UND TRINKEN

Cardrona Hotel. Restaurant in historischem Haus. Cardrona Range Rd., Wanaka, Tel. 03/443 81 53, www.cardronahotel.co.nz

Francesca's. Guter Italiener. Tgl. 12– 15 und 17–21 Uhr, 93 Ardmore St., Wanaka, Tel. 03/443 55 99, https://fransitalian.co.nz

Kai Whakapai. Café am Seeufer. Tgl. 7–22 Uhr, Ardmore St./Ecke Helmwick St., Wanaka, Tel. 03/443 77 95

ÜBERNACHTEN

Glendhu Bay Lakeside Holiday Park. Campingplatz am See. Rapid 1127, Mt Aspiring Rd., Wanaka, Tel. 03/443 72 43, www.glendhubaymotorcamp.co.nz

Whare Kea Lodge & Chalet. Luxus mit Weltklasseaussicht. 494 Mt. Aspiring Rd., Wanaka, Tel. 03/443 14 00, www.wharekealodge.com

AKTIVITÄTEN

Eco Wanaka Adventures. Wanaka-Touren. i-Site (siehe Information), Wanaka, Tel. 03/443 28 69, www.ecowanaka.co.nz

Deep Canyoning. Verschiedene Angebote auf dem Wasser. Ab $ 240/halber Tag, 100 Admore St., Wanaka, Tel. 03/433 79 22, www.deepcanyon.co.nz

Puzzling World. Illusionspark. Tgl. 8.30–18 Uhr, ab $ 16, 188 Wanaka-Luggate Hwy., Wanaka, Tel. 03/443 74 89, www.puzzlingworld.co.nz

Wanaka Lavender Farm. Farmbesichtigung. Nov.–Apr. tgl. 9–17 Uhr, ab $ 5, 36 Morris Rd., Wanaka, Tel. 03/443 63 59, www.wanakalavenderfarm.com

INFORMATION

i-Site Wanaka. Tgl. 9–17 Uhr, 103 Ardmore St., Wanaka, Tel. 03/443 12 33, www.lakewanaka.co.nz

Pub von 1863, Cardrona Ranges: Stopp auf dem Weg von Wanaka nach Queenstown

46 Queenstown
Adrenalinhauptstadt der Welt

Queenstown liegt eingebettet zwischen Bergmassiven am längsten See Neuseelands, dem Lake Wakatipu. Es wird als das Aspen des austroasiatischen Raumes gefeiert und bezeichnet sich selbst als »Adrenalinhauptstadt der Welt«. Todesmutige können sich von nahezu jeder Brücke stürzen und Extremsportarten ausprobieren. Ob im Sommer oder Winter, der quirlige Ort hat In-Status, und ein internationaler Besuchermix macht ihn attraktiv.

Mitte: »Cooles« Pub: In der »Minus 5 Ice Bar« ist alles aus echtem Eis – Hocker, Gläser, Bänke.
Unten: Das historische Dampfschiff TSS Earnslaw auf dem Lake Wakatipu ist das Wahrzeichen von Queenstown.

Das Zentrum von Queenstown ist kompakt, Sport- und Souvenirläden reihen sich aneinander, und bei den 150 Cafés, Bars und Restaurants ist für jeden etwas dabei – sei es ein Delikatessenmenü, ein gemütliches Pub mit offenem Kamin oder In-Cafés am See. In der »Minus 5 Ice Bar«, einer gänzlich aus Eisblöcken bestehenden Bar mit filigran gearbeiteten Eisstatuen, werden sogar die Cocktails aus Eisgläsern serviert. Erholungsuchende können im heißen Bad der Onsen Hot Pools unter freiem Himmel den atemberaubenden Ausblick auf den Skippers Canyon genießen.

Um das malerische Alpendorf finden für Hobbyfotografen Fotosafaris statt. Mit der eigenen oder einer geliehenen Kamera werden unter Anleitung von Profis Landschaften oder Makros vom Mooswald eingefangen. Auf den rund 200 Weingütern der Region wie um Gibbston, dem »Tal des Weines«, können Gourmets die Pinot-Gris-Trauben mit Vorspeisenplatten testen.

Das über 100 Jahre alte Dampfschiff »TSS Earnslaw« ist das Wahrzeichen von Queenstown. Die

»Old Lady of the Lake« kreuzt regelmäßig den malerischen See, um ihre Gäste zur abgelegenen Walter Peak Station zu bringen. Besucher sehen im Maschinenraum zu, wie rund eine Tonne Kohle pro Stunde ins Feuer geschaufelt wird. Familien finden in der Gondel mit angegliederter Sommerrodelbahn Unterhaltung. Von hier oben hat man bis spät in die Nacht einen tollen Ausblick.

Gold im Skippers Canyon

Wandern und Mountainbiken sind ein fester Bestandteil des Bergortes. Die 110 Kilometer angelegten Cross-Country-Strecken werden von der Gondel bedient. Doch Queenstown lockt mit Ausgefallenerem. Der Skippers Canyon zog bereits 1863 die Schafscherer Harry Redfern und Thomas Arthur an, die am Arthur's Point in nur einer Woche fünf Kilogramm Gold im Shotover und Arrow River fanden. Der Shotover River gilt nach dem kanadischen Klondyke in Yukon als der goldreichste Fluss der Welt.

Auch heute übt die Schlucht eine große Anziehungskraft aus. Mit Allradjeeps fahren Tourenanbieter die holprige, 22 Kilometer lange Strecke durch den Canyon, die von Goldschürfern mit Pickeln und Schubkarren angelegt wurde. Mit Dynamit sprengten sie überhängende Felswände. Am Hell's und Heaven's Gate wäre durch Sprengungen der Hang kollabiert, so bohrte man Löcher ins Gestein, füllte sie mit Wasser und überließ dem Winterfrost die Arbeit. Merkwürdige Formationen wie der Down Elephant Rock zeugen von den menschlichen Mühen, das Bergmassiv zu bändigen.

Heute versuchen Rafter eher die Stromschnellen zu bezwingen. Jetboats rasen nah an steilen Felswänden vorbei und vollführen 360-Grad-

Geheimtipp

UNTERWEGS AUF DEM PFERDERÜCKEN

Peter Davies war ein professioneller Jockey in England, bevor er durch seine Liebe zu Pferden in Glenorchy hängen blieb und das Reitunternehmen Dart Stables aufkaufte. Mittlerweile stehen auf den ausgedehnten Weiden neben Ziegen, Hunden und Schafen mehr als 60 Reitpferde. Ob Anfänger oder Profi, jung (ab 5 Jahren) oder alt, jeder kann sich auf dem Pferderücken versuchen. Die Touren führen zwischen den Bergrücken durch Flüsse und Wälder bis nach Paradise zu den Drehorten der Tolkien-Verfilmungen. Für diese Horse Trecks muss man kein ausgesprochener Pferdefreund sein, denn die spektakuläre Natur allein, in die man ohne Pferd nie gelangen würde, ist schon den Ausflug wert.

Dart Stables. Tgl., Erwachsene ab $ 95, Anmeldung erforderlich, Coll St., Glenorchy, Tel. 03/442 56 88, www.dartstables.com

Drehungen. Die neuseeländische Erfindung von James Hamilton aus den 1950er-Jahren kann bei nur wenigen Zentimeter Wassertiefe operieren.

Sprung von der Brücke

Gut 90 Meter über dem Kawarau River postieren sich Adrenalinjunkies zum Sprung von der Brücke. 1987 machte der Neuseeländer AJ Hackett mit seinem Sprung vom Eiffelturm weltweit auf sich aufmerksam und initiierte so den Abenteuertourismus in Neuseeland. 1988 baute er diese erste und bis heute mit 43 Metern weltweit höchste Bungeeanlage. Beim Sprung stürzt man sich mit einem Gummiseil an den Füßen gesichert in die Tiefe. Inspiriert wurde das waghalsige Manöver von den historischen »landdiving«-Ritualen in Vanuatu. Auf dem Sprungmenü des Unternehmens stehen über 70 Sprungarten. Sogar Prominente wie Katy Perry, Tiger Woods und Jack Black haben sich in den Abgrund gestürzt. Auch auf dem Dart River in Glenorchy werden Wildwassertouren per Kanu angeboten. Einen besonderen Nervenkitzel erleben Tandemspringer, die sich in 3000 bis 4500 Meter Höhe aus dem Flugzeug stürzen. Für 60 Sekunden rasen sie mit 200 Stundenkilometern in Richtung Erde, bevor der Fallschirm sich öffnet.

Goldgräberort Arrowtown

Beim Schlendern entlang der exquisiten Kunstateliers und Cafés ist die Goldgräberzeit durch die historischen Häuserfronten allgegenwärtig. Arrowtown hat Flair, ist aber nicht so überlaufen wie Queenstown. 1862 entdeckte man im Arrow River erstmals Gold, gut 7000 Siedler und Goldgräber strömten an die Ufer. 1868 wurde das Chinese Village von chinesischen Minenarbeitern erbaut

Nicht verpassen

ERLEBNISSE MIT MERINOSCHAFEN
Die traditionelle Merino-Farm liegt isoliert in der malerischen Bergwelt zwischen Queenstown und Glenorchy am türkisblauen Wasser des Lake Wakatipu. Sie ist nur über eine kilometerlange Schotterpiste, per Hubschrauber oder Boot erreichbar. Hier betreiben die Butsons die seit 1866 bestehende Mt. Nicholas Station, eine 40 400 Hektar große Schaf- und Rinderfarm. Die Wolle der 30 000 Merinoschafe wird ausnahmslos an die Outdoor-Firma Icebreaker geliefert. Urlauber finden auf der autarken Hochlandfarm Ruhe, Kajak-, Wander- und Fahrradmöglichkeiten und können am Farmleben teilnehmen. Im Frühjahr, wenn die hübschen Merinoschafe im Akkord zusammengetrieben und geschoren werden, ist ein Aufenthalt besonders reizvoll.

Mt. Nicholas Station. Mt. Nicholas Bay Rd., Lake Wakatipu, Tel. 03/409 07 12, www.mtnicholas.co.nz

Arrowtowns Historie, Läden und Lokale sind Pflichtprogramm.

Region Queenstown

A **Lake Wakatipu** – Badesee mit sehr hohem Freizeitwert

B **Arrowtown** – Idyllisches historisches Goldgräberstädtchen

C **Skippers Canyon** – Adrenalinreiche Jetboatabenteuer

D **Kawarau Bridge** – Legendäre Bungeesprunganlage

E **Skyline Gondola & Luge** – Gondel, Aussichtslokal und Sommerrodelbahn

F **Onsen Hot Pools** – Thermalbad mit Ausblick

G **Glenorchy** – Idyllischer, isolierter Seeort

H **TSS Earnslaw** – Historisches Dampfschiff, das immer noch mit Kohle betrieben wird

I **Minus 5 Ice Bar** – Bar aus Eisblöcken geschnitzt

J **Twin Peaks Bed & Breakfast** – Unterkunft am See

K **Gibbston Valley** – Schöne Weinregion mit mehr als 200 Gütern

L **Coronet Peak** – Beliebtes Skigebiet im Winter

M **Mt. Nicholas Station** – Unterkunft auf der Merino-Farm

Oben: Neuseeländische Erfindung Jetboat: Adrenalinfahrt mit 80 km/h auf dem Shotover River
Unten: Mehrtages-Naturwanderung: Great Walk Routeburn Track nördlich von Glenorchy

und ermöglicht bis heute Einblicke in das einfache Leben der Pioniere. Das Lakes District Museum stellt auf mehreren Stockwerken Relikte aus vergangenen Tagen aus.

Eine 16 Kilometer lange Tour zu Fuß oder per Fahrrad führt zum verlassenen Örtchen Macetown, damals die Heimat von 200 Menschen voller Träume, heute eine Geisterstadt. Die Gebrüder Mace errichteten zwischen Steinmauern und Obstbäumen ein Hotel und Geschäfte. Das alte Schulgebäude und das Bäckereihaus wurden wie Andersons Metallstanzanlage liebevoll restauriert.

Bergidylle in Glenorchy

46 Kilometer von Queenstown entfernt liegt abgeschieden am Ende der Uferstraße Glenorchy. Inmitten der gemütlichen Dorfgemeinschaft gibt es Ferienhäuser. Ein Ausflug zur Kinloch Lodge, eine Kajaktour oder Wanderrouten auf den Spuren der Goldgräber in die Whakaari Conservation Area bringen schöne Naturerlebnisse. Hier startet auch der beliebte Hollyford Track ins Fiordland.

Ein »paradiesischer« Drehort

Wenige Kilometer weiter, quasi im Nirgendwo, liegt Paradise, Schauplatz unzähliger Szenen der Tolkien-Verfilmungen. Sir Peter Jackson drehte hier Isengard, Lothlorien und Amon Hen für die »Herr der Ringe«-Trilogie ab. Am Mount Earnslaw nahm er die Zwergenwanderung zum Misty Mountain auf, das größte Filmset von Beorns Haus entstand auf der Acardia Station. Schneebedeckte Berggipfel, grüne Alpentäler, schlängelnde Flüsse und majestätische Wasserfälle, farbenintensive Seen und schroffe Felsen – Zuschauer weltweit hielten dieses reale Mittelerde für kitschige Computeranimationen.

Infos und Adressen

SEHENSWÜRDIGKEITEN

Lakes District Museum. Tgl. 8.30–17 Uhr, Eintritt $ 10, 49 Buckingham St., Arrowtown, Tel. 03/442 18 24, www.museumqueenstown.com

ESSEN UND TRINKEN

Bonjour Restaurant. Französische Küche. Tgl. 8.30–16 Uhr, 25 Ramshaw Ln., Arrowtown, Tel. 03/409 89 46, www.bonjour-arrowtown.com

Ferg Burger. Die beste Burgerbude der Gegend. 8.30–2 Uhr, 42 Shotover St., Queenstown, Tel. 03/441 12 32, www.fergburger.com

Minus 5 Ice Bar. Eisbar. 14 Uhr–spät, 88 Beach St., Queenstown, Tel. 03/442 60 50, www.minus5icebar.com

UNTERKUNFT

Milbrook Resort. Luxuriöse Unterkunft mit Golfplatz und Spa. Malaghans Rd., Arrowtown, Tel. 0800/80 06 04, www.millbrook.co.nz

Twin Peaks B&B. Haus am See. 661 Frankton Rd., Queenstown, Tel. 03/441 84 42, www.twinpeaks.co.nz

AKTIVITÄTEN

AJ Hackett Bungee Jump. Sprung von der Kawarau Bridge. Tgl., ab $ 195, 26 Shotover St., Queenstown, www.bungy.co.nz

Dart River Fun Yak. Kanufahrten. Ab $ 339, 47 Mull St., Glenorchy, Tel. 0800/32 78 53, www.dartriver.co.nz

Onsen Hot Pools. Spa-Bad mit Ausblick. Tgl. 10–23 Uhr, $ 46/Std., 160 Arthurs Point Rd., Arthurs Point, Tel. 03/442 57 07, www.onsen.co.nz

Photo Safaris. Ab $ 380/5 Std., Manchester Place, Queenstown, Tel. 03/409 02 72, www.photosafari.co.nz

Skippers Canyon. Jetboat- und Jeep-Touren. Ab $ 145, Skippers Rd., Queenstown, Tel. 03/442 94 34, www.skipperscanyonjet.co.nz

Skydive NZOne. Tandemsprung. Ab $ 299, 35 Shotover St., Queenstown, Tel. 0800/37 67 96, www.nzoneskydive.co.nz

TSS Earnslaw. Dampfschifffahrt. Ab $ 59, Steamer Wharf, Queentown, Tel. 0800/65 65 01, www.realjourneys.co.nz

INFORMATION

i-Site Queenstown. Tgl. 8–18.30 Uhr, 22 Shotover St., Queenstown, Tel. 03/442 41 00, www.queenstownnz.co.nz

Die Kawarau Bridge ist der Geburtsort des kommerziellen Bungeesprungs.

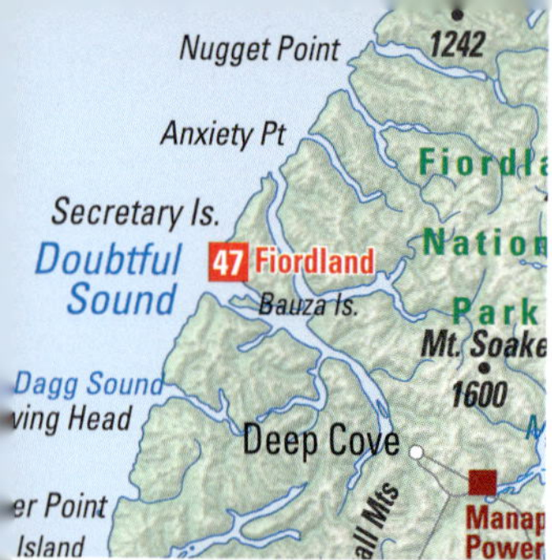

47 Fiordland
Das Ende der Welt

Das Fiordland im Südwesten ist Neuseelands unberührtester und mit 12 500 Quadratmetern größter Nationalpark – das Ende des »Endes der Welt«. Die Wildnis des Weltnaturerbes ist nahezu unerschlossen und stand als siebtes Weltwunder zur Wahl. Die 14 Fjorde, darunter der Milford und Doubtful Sound, ziehen sich entlang der 215 Kilometer Küstenlinie mit Hunderten von Wasserfällen und dichtem Bewuchs.

Die Anreise ins Fiordland über die Milford Road ist beschwerlich. Die Unberührtheit der dramatischen Sounds ist dank vieler Umweltschützer erhalten geblieben. Eine geplante verbesserte Infrastruktur wie eine Monorail-Strecke und ein 11,3 Kilometer langer Tunnel wurden abgelehnt.

Die Fjordlandschaft kann auf dem Wasser- und Landweg erkundet werden, die beiden größten Siedlungen Te Anau und Manapouri bieten sich als Basislager an. In Manapouri unterhält die Familie Murrell seit 1889 in fünfter Generation ihr historisches Gästehaus. »Thicket Burn« ist ein rustikaler, kostenloser Zeltplatz des DOC am Rande des Parks. In Te Anau gibt es Glühwürmchenhöhlen und ein Wildlife Centre des DOC, in dem seltene Takahe leben.

Mitte: Weltnaturerbe der 14 Fjorde im Fiordland National Park: Wandern oder Bootstour? **Unten:** Eine Wandertour muss gut vorbereitet werden. Hier ist alles dabei: Verpflegung, Hüttenbedarf, Notfallpack.

Fjord-Cruises

Anders als in Norwegen sind diese Fjorde unbewohnt, genau so, wie James Cook (1728–1779) sie auf seiner zweiten Weltreise 1773 vorfand. Hier, in einer der regenreichsten Gegenden der Welt, fallen nahezu sieben Meter Niederschlag pro Jahr. Die von Gletschern geformten Buchten treffen auf hohe, schroffe Klippen, Wasserfälle, Inseln, majestätische Gipfel und einen üppigen Bewuchs.

Cruises zu den Doubtful und Dusky Sounds werden häufig mit einem Besuch der unterirdischen Wasserkraftanlage Manapouri Power Station kombiniert. Im Milford Sound, dem ausgedehntesten Fjord, beeindrucken die 100 Meter hohen Sterling Falls und das Deep Underwater Observatory, ein treibendes Unterwasserobservatorium. Durch die starken Regenfälle schwimmt auf dem Salzwasser eine Süßwasserschicht, welche die Lichteinstrahlung extrem dämpft. Das Phänomen ist so ausgeprägt, dass die Unterwasserwelt der Sounds eher dem Lebensraum der Tiefsee gleicht. Bootstouren in die Fjorde können auf einem Segelschiff, Katamaran, per Jetboat vom Lake Hauroko aus oder mit Kajaks gebucht werden. Neben Robben und seltenen Pinguinen tummeln sich auch Delfine im Meer.

Wandern in den Fjorden

Te Anau bietet den besten Einstieg in die beliebteste Wanderroute der neun »Great Walks«, den Milford Track (53,5 Kilometer). Höhepunkt auf dem Weg sind die mit 580 Meter höchsten Wasserfälle des Landes, die Sutherland Falls. Doch auch der Kepler Track (62 Kilometer Rundweg), der Routeburn (32 Kilometer), der Hump Ridge (55 Kilometer Rundweg) und der weniger bekannte Hollyford Track (43 Kilometer) oder der Grand Traverse (75 Kilometer) führen durch die »walking capital of the world«. Auf der Wanderung begegnet man Fledermäusen, Keas und mit viel Glück auch den großen Kakapo-Papageien. Gegen lästige Sandflies helfen neuseeländische Insektenschutzmittel am besten.

Infos und Adressen

ESSEN UND TRINKEN

Redcliff Restaurant & Bar. Hervorragende Küche. Tgl. 15 Uhr–spät, 12 Mokonui St., Te Anau, Tel. 03/249 74 31, www.theredcliff.co.nz

ÜBERNACHTEN

Acheron Cottages. Günstig und modern. 98 Hillside Manapouri Rd., Manapouri, Tel. 03/249 66 26, www.manapouriaccommodation.co.nz

AKTIVITÄTEN

Doubtful Cruise, Manapouri Power Station, Te Anau Glowworm Caves. Unterschiedliche Touren. Lakefront Dr., Te Anau, Tel. 0800/65 65 01, www.realjourneys.co.nz

Milford Cruise, Discovery Centre & Deep Underwater Observatory. The Mall und Camp St., Queenstown, Tel. 0800/26 45 36, www.southerndiscoveries.co.nz

Te Anau Wildlife Centre. DOC-Naturschutzstation. Tgl. bei Tageslicht, Eintritt frei, Buchung unter DOC (siehe Information), Lakefront Dr., Te Anau

INFORMATION

Fiordland i-Site. Tgl. 8.30–17.30 Uhr, 85 Lakefront Dr., Te Anau, Tel. 03/249 89 00, www.itravelnz.com/listing/i-site-fjordland.html

DOC Fiordland. Tgl. 8.30–16.30 Uhr, Lakefront Dr., Te Anau, Tel. 03/249 79 24, www.doc.govt.nz

Mitte: Dunedins Prachtexemplar: Die Railway Station von 1906 dient als Markplatz und Modelaufsteg.
Unten: Seelöwen, Robben, Pinguine: Wildlife pur gibt es auf der Otago Peninsula in der Sandfly Bay.

48 Otago & Central Otago

Schotten und Goldgräber

Otago und Central Otago liegen im Zentrum der Südinsel zwischen Ostküste und Südlichen Alpen. Ihr Herzstück bildet die von Schotten gegründete Universitätsstadt Dunedin. Sie ist reich an Geschichte und heute von einer lebhaften Kunst- und Modeszene geprägt. Doch auch das Umland ist hat einiges zu bieten: Fahrradtouren in Central Otago gehören schon lang zu den beliebtesten Touristenattraktionen.

Horatio Hartley und Christopher Reilly fanden 1862 als erste Gold in Otago. In zwei Wochen schürften sie 40 Kilogramm und lösten damit den Goldrausch aus, als dessen Folge etliche Ortschaften entstanden.

Schottisches Dunedin

Dunedin, das keltische Wort für Edinburgh, wurde 1848 von schottischen Siedlern gründet. Durch Goldrausch und Schafwirtschaft wurde es zum reichsten Pflaster des Landes, zog jüdische und chinesische Siedler an, die deutliche Spuren hinterließen – die südlichste Synagoge und das Olveston House, ein 35 Räume großes Anwesen. 1910 errichtete Choi Sew Hoy das Consultancy House, das als höchstes Gebäude der südlichen Hemisphäre Furore machte. Auch die erste Universität des Landes gab es in Dunedin – und die erste Zeitung. Heute zählt die Otago University mit ihrem Glockenturm zu den 16 schönsten Campus der Welt. In der mit prachtvollen Mosaiken und Bleiglasfenstern ausgestatteten Railway Station von 1906 findet jedes Jahr die internationale iD Fashion Show statt. Dann reisen Designer aus Paris an, um auf dem einen Kilometer langen Catwalk ihre Kollektionen zu präsentieren. Wer möchte, kann Kiwi-Designern in einer Tour über die Schulter blicken.

Im Art-déco-Busbahnhof hat das Otago Settlers Museum ein Zuhause gefunden, die Public Art Gallery ist eine der bemerkenswertesten des Landes. Und noch eine Besonderheit von Dunedin: die Baldwin Street. Sie ist die steilste Straße der Welt. Nur 30 Meter sind asphaltiert, denn der obere Teil war zu steil für die Planierraupen.

Otago Peninsula

Die Halbinsel ist der Lebensraum von Robben, Seeelefanten, Pinguinen und Albatrossen. Auf der Otago Peninsula liegt auch Neuseelands einziges Schloss, das ehrwürdige Larnach Castle. An der Spitze der Halbinsel steht die 100 Jahre alte Fort Taiaroa mit ihren unterirdischen Gängen; einst sollte die Feste vor einer russischen Invasion schützen. Nördlich der Halbinsel werden am Sandy Point und der Katiki Bay die bedrohten Gelbaugenpinguine, Hoihos, mit Brutkästen gehegt.

Zug- und Radreisen

Von Taieri fährt der Taieri Gorge Train durch zehn Tunnel sowie über zwölf spektakuläre Viadukte und Brücken bis nach Middlemarch: Otago besitzt etliche Steinbrücken aus dem 19. Jahrhundert wie die Daniel O'Connell Bridge in Ophir und die »Shaky Bridge« in Alexandra. In Middlemarch startet auch der beliebte, 1060 Kilometer lange Otago Rail Trail bis nach Clyde – gereist wird allerdings ohne Zug. Es wurden Millionen in die stillgelegte Bahnstrecke investiert, um sie zum Radweg umzufunktionieren. Aus einer kleinen

Nicht verpassen

WO ALBATROSSE BRÜTEN

Am Taiaroa Head der Otago-Halbinsel liegen der historische Leuchtturm (1864) und das Royal Albatross Centre. Genau an diesem Punkt unterschrieben regionale Maori-Häuptlinge 1840 den Treaty of Waitangi. Das Royal Albatross Centre ist die weltweit einzige Albatros-Brutkolonie auf dem Festland, je nach Jahreszeit kann sie auf unterschiedlichen Touren besucht werden. Die großen Vögel brüten von September bis November, die Jungtiere schlüpfen im Januar und Februar und werden dann von ihren Eltern gefüttert, bis sie im August flügge werden. Im Informationszentrum erfährt man spannende Hintergründe und kann vom Richdale-Observatorium oder dem Café die Kolonie sogar per Videoübertragung im Auge behalten.

Royal Albatross Centre. Tgl. 11.30–Sonnenuntergang, ab $ 55, RD 2, 1260 Harington Point Rd., Dunedin, Tel. 03/478 04 99, www.albatross.org.nz

Oben: Auf stillgelegten Bahntrassen radeln, wie hier an der Daniel O'Connell Bridge von 1880
Mitte: Die 50 Moeraki Boulders haben einen Durchmesser von bis zu drei Metern.
Unten: Verlassene Goldgräberstätte Bendigo

Gemeindeinitiative entwickelte sich über die Jahre ein neuer erfolgreicher Tourismuszweig für ganz Neuseeland – Radreisen.

Moeraki Boulders

Um die 50 kreisrunde Gesteinskugeln liegen am Strand nahe Moeraki. Einige der Moeraki Boulders haben einen Durchmesser von drei Metern und wiegen mehrere Tonnen. Sie entstanden vor 60 Millionen Jahren auf dem Meeresgrund, wo Sedimentablagerungen von Gezeiten und Strömungen über den Boden gerollt wurden. Später härteten sie aus und wurden erodiert. Maori-Legenden wissen zu berichten, dass sie Überreste jener Fracht sind, die mit dem Kentern des legendären Kanus von Araiteuru vor der Küste ins Meer gespült wurden.

Goldgräberorte

Wer die Art-déco-Stadt Ranfurly hinter sich lässt und nach Nasby kommt, kann gleich in den umliegenden Flüssen auf Goldsuche gehen. Das Informationszentrum verkauft die dazu benötigten Schürfpfannen. Nasby ist das Zentrum des Eisstockschießens in Neuseeland. Der Sport hat hier lange Tradition und der Ort die größte Anlage des Landes. Cromwell wiederum gilt als Obstlieferant des Südens und als beste Weinregion. Die antike Häuserzeile von Old Cromwell Town gleicht einer Filmkulisse. Als 1993 der Clyde Damm fertiggestellt war, »zog« man den Ort kurzerhand »um« und flutete das alte Stadtzentrum. Der Lake Dunstan, der Clutha River und der Clyde Damm sind ebenso sehenswert wie die Bendigo Goldfields, steinerne Ruinen und Minentunnel. Weiter südlich in Alexandra ist ein Kuriosum anzutreffen: die Rock Clock, eine im Fels installierte, elf Meter große Uhr.

Infos und Adressen

SEHENSWÜRDIGKEITEN

Dunedin Public Art Gallery. Tgl. 10–17 Uhr, Eintritt frei, 30 The Octagon, Dunedin, Tel. 03/474 32 40, www.dunedin.art.museum

Larnach Castle & Hotel. Tgl. 9–17 Uhr, Eintritt $ 31, 145 Camp Rd., Otago Peninsula, Tel. 03/476 16 16, www.larnachcastle.co.nz

Olveston House. Tgl. 9–17 Uhr, Tour ab $ 20, 42 Royal Tce., Dunedin, Tel. 03/477 33 20, www.olveston.co.nz

Otago Settlers Museum. Tgl. 10–17 Uhr, Eintritt frei, 419 Great King St., Dunedin, Tel. 03/474 74 74, www.otagomuseum.govt.nz

Moeraki Boulders. Koekohe Beach zwischen Moeraki und Hampden, www.moerakiboulders.co.nz

ESSEN UND TRINKEN

Albar. Tapas-Bar. Mo–Sa 11–2, So 11–21.30 Uhr, 135 Stuart St., Dunedin, Tel. 03/479 24 68

Mokha Cafe. Mo–Fr 7.30–15.30 Uhr, 475 Moray Pl., Dunedin, Tel. 03/477 82 91

ÜBERNACHTEN

Chapel Apartments. Moderne Apartments in alter Kirche.81 Moray Pl.,Dunedin, Tel. 027/205 01 63, www.chapelapartments.co.nz

Dunstan House. Historisches Gästehaus. 29 Sunderland St., Clyde, Tel. 03/449 22 95, www.dunstanhouse.co.nz

Portobello Motel. Naturnahe, gemütliche Unterkunft. 10 Harington Point Rd., Portobello, Otago Peninsula, Tel. 03/478 01 55, www.portobellomotels.com

AKTIVITÄTEN

Taieri-Gorge-Eisenbahnstrecke. Dunedin Railways. Mo–Fr 8–17 Uhr, Sa/So 9–14.30 Uhr, 22 Anzac Ave., Dunedin, Tel. 03/477 44 49, www.taieri.co.nz

Otago Central Rail Trail. Beliebte Radstrecke. www.otagocentralrailtrail.co.nz

INFORMATION

i-Site Dunedin. Mo–Fr 8.30–17.30 Uhr, Sa/So ab 8.45 Uhr, 20 Princess St., Dunedin, Tel. 03/474 33 00, www.dunedinnz.com

Dunedins historische Pubs bieten stilvolles Ambiente: »Duke of Wellington«.

GENIALE ERFINDER

Number-8-Wire-Mentalität

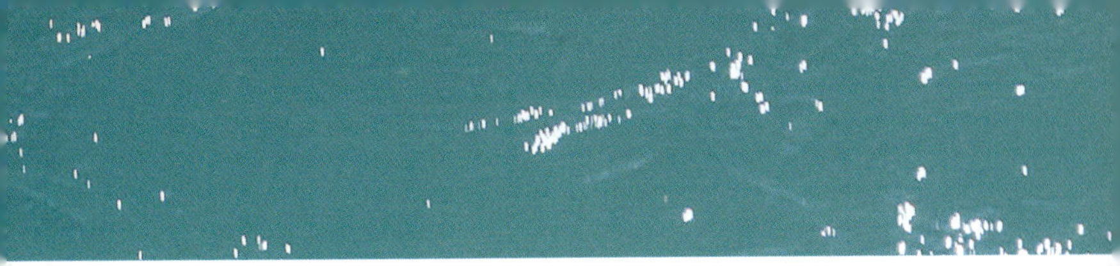

Viele Europäer schmunzeln bei ihrer Reise durch Neuseeland, denn häufig liest man die Werbeinschrift »World-famous in New Zealand«. Kiwis sind stolz auf ihre Nation – und auf deren großen Erfindungsgeist: Ein praktischer Camping-Wasserkocher, ein privates U-Boot oder ein multifunktionaler Handyschlüssel zeigen die Bandbreite der Ideen. Doch weshalb bringt eine einfache Nation derart viele Erfindungen hervor?

Ein kurzer Blick in die Geschichte des Landes verrät es und erklärt, weshalb man heute bei dieser Kreativität von der »*Number 8 wire mentality*« spricht. Die geografische Isolation des Inselstaates und seine geringe Einwohnerzahl forderten bereits von den ersten Siedlern Erfindungsreichtum, um den Alltag zu meistern und notwendige Reparaturen selbst erledigen zu können. Wenn es etwas nicht zu kaufen gab, musste man es einfach erfinden. Kiwis können aus einem konventionellen Stück Draht nahezu alles herstellen. Benutzt wird für viele Basteleien bis heute der legendäre *Number 8 Wire*. Draht dieses Typs erhielt man bereits seit 1860 als Importprodukt, vorrangig, um Farmland einzuzäunen.

Der Draht war besonders für ländliche Gegenden unabdingbar, die nur unregelmäßig mit Ausrüstung und Ersatzteilen beliefert werden konnten. *Number 8 Wire* wurde multifunktional eingesetzt und so über die Jahrzehnte ein regelrechtes Symbol für Anpassungsfähigkeit, Raffinesse und Einfallsreichtum – der *Kiwi Ingenuity*.

A.J. Hackett erfand das kommerzielle Bungeespringen – die erste Anlage ist an der Kawarau Bridge bei Queenstown.

Kleine Nation – große Errungenschaften

Schon in der Geschichte des Landes tauchen immer wieder schlaue Köpfe auf. Colin Albert Murdoch aus Timaru beispielsweise war einfacher Apotheker, Tierarzt und Erfinder. Murdoch hielt Mitte des 20. Jahrhunderts 46 registrierte Patente, erfand das Betäubungsgewehr, eine Kindersicherung für Medikamentenverpackungen und die erste Plastik-Einwegspritze. Der neuseeländische Erfinder machte jedoch wie viele seine Innovationen weder publik, noch verkaufte er sein Patent. Während heute weltweit 15 Milliarden Spritzen pro Jahr produziert werden, ging der Verdienst des Kiwis völlig unter.

Weniger bekannt ist auch, dass das lange als technologisch rückständig geltende Land so kluge und kreative Köpfe wie

Ernest Rutherford aus Nelson hervorbrachte. Er war einer der bedeutendsten Experimental- und Atomphysiker. Rutherford erhielt 1908 den Nobelpreis für Chemie für die Einführung des Begriffes »Halbwertszeit«. Ein weiterer Neuseeländer und Nobelpreisträger, der die Welt der modernen Wissenschaft revolutionierte, ist Maurice Wilkins. Seine Forschung führte 1953 zur Entdeckung der Molekularstruktur der DNS.

Traum vom Fliegen

Eigentlich ist der Kiwi Richard Pearse der Mann, der den ersten gesteuerten Motorflug unternahm. Nach Augenzeugenberichten gelang dem in Christchurch geborenen Farmer und Bastler im März 1903 der erste motorisierte Flug, das war rund neun Monate vor den berühmten Wright-Brüdern, die international als erste Flieger gelten. Da während des Erstfluges nur eine geringe Zuschauerzahl anwesend war und Pearse sich nicht um die Dokumentation seiner Flüge bemühte, verließ die Nachricht von der Sensation über Jahrzehnte noch nicht einmal die Waitohi-Ebene der Südinsel. Erst lange nach seinem Tode erhielt der Luftfahrtpionier zumindest in Neuseeland die angemessene Anerkennung und Popularität. Und erst 1980 wurde ein Nachbau einer seiner Flugapparate im Windkanal erfolgreich auf seine Flugfähigkeit getestet. Es ist heute im Museum of Transport and Technology, kurz MOTAT, in Auckland zu sehen.

Invercargills lebensgroßes Denkmal: Burt Munro hält bis heute den Speed-Rekord.

Tüftler und tollkühne Gefährte

Neben Motorrad-Enthusiast Burt Munro gibt es viele Neuseeländer, die in ihrer Garage aus Leidenschaft an verrückten Gefährten basteln. Bei vielen Touristen ist beispielsweise das Jetboat beliebt. Der neuseeländische Ingenieur Sir Charles Hamilton wollte in den 1950er-Jahren schlichtweg ein Gefährt haben, mit dem er die flachen Gewässer der Südinsel erkunden konnte. Nachdem es etwas Derartiges nicht gab, erfand er es einfach. Auch Farmer und Mechaniker Reg Reid benötigte etwas Praktisches für seinen Enkel. In seiner Garage entwarf der Tüftler aus Rasenmäherrädern, alten Turnschuhen und Metallplatten einen Off-Road-Rollschuh, mit dem man auch holprige Farmwege befahren kann. Das erste Funktionsmodell wurde später durch Hightech-Materialien ersetzt und nach den Kriterien von Stabilität und Sicherheit weiterentwickelt. Heute werden die sogenannten »Skorpion Skates« auf jeder Wiese, im Sand und

Jetboats benötigen nur geringe Wassertiefe und sind daher ideal für viele Flussläufe.

sogar auf Kopfsteinpflaster gefahren und sind in 28 Ländern erhältlich. Der neuseeländische Extremsportler A.J. Hackett entwickelte 1986 ein sehr belastbares Gummiseil, mit dem er 1987 vom Eiffelturm in Paris sprang, um ein möglichst großes Publikum zu erreichen. 1988 gründete er dann sein Unternehmen, etablierte die erste Anlage an der Kawarau Bridge bei Queenstown und kommerzialisierte schließlich das Bungee-Springen weltweit. Adrenalin-Junkie Neil Harrap erfand die Attraktion »Fly-By-Wire«. In dem Fahrgeschäft können Touristen in einer Rakete, die an einem Seil fixiert ist, über die atemberaubende Szenerie von Queenstown fliegen.

Ganz besonderes Augenmerk gilt einem neuseeländischen Flugapparat, der es sogar auf die Titelseite des »Time Magazine« schaffte und als eine der 50 besten Erfindungen der Welt beschrieben wird. Der Kiwi und Bastler Glenn Martin entwickelte über 30 Jahre lang seine Vision vom Fliegen, den futuristischen Martin-Jetpack. Der Raketenrucksack ermöglicht einen individuellen Flug mit einer Dauer von bis zu 30 Minuten und einer Geschwindigkeit von 100 km/h. Anders als ähnliche Einmannfluggeräte aus Amerika, kann die Maschine ökonomisch betrieben werden.

Ob Amphibienfahrzeug Sealegs für Rettungseinsätze bei Flutkatastrophen, Raketenauto oder Quadski – eine Mischung als Jetski und Quad –, Neuseeland ist eine Nation aus klugen Köpfen, die es fertigbringt, mit minimalem Geldeinsatz großartige Dinge zu erfinden. Ein Grundstein der Kiwi-Genialität ist, ein Problem zu lösen, indem man es praktisch angeht. Dem cleveren Völkchen fehlt jedoch eine Tugend – sich in den Vordergrund zu drängen und seine Produkte zu vermarkten: Geschätzte 90 Prozent aller Erfindungen scheitern am notorischen Tiefstapeln und werden so niemals bekannt.

Mitte: Eine echte Ikone am Nugget Point: der Leuchtturm
Unten: Invercargills historisches Zentrum beherbergt Galerien, Museen und Lokale.

49 Southland & Catlins

Wilde Natur, ruhige Menschen

Das Southland beeindruckt mit seiner langen Küstenlinie, ungezähmter Natur und Wildtieren. Am südlichsten Ende Neuseelands trifft man auf gemütliches Kleinstadtflair und offene Menschen, die nichts aus der Ruhe bringen kann. Die 640 Kilometer lange Southern Scenic Route verbindet die unterschiedlichsten Naturphänomene, Orte und Landschaften, beginnt südlich von Dunedin und führt dann bis nach Queenstown.

Zum Southland gehören offiziell der gesamte Süden des Landes sowie das westliche Fiordland und die Catlins im Osten. Hier tickt die Uhr noch ein wenig langsamer, und man trifft auf ein Neuseeland, wie es früher war.

Catlins

Die Catlins sind ungezähmt, die Bewohner Lebens- und Überlebenskünstler, die von der Einsamkeit und der Natur geformt wurden. Erster Stopp ist Nugget Point, dessen Leuchtturm von 1869 auf den 76 Meter hohen Klippen thront. Im Meer, neben einer Gelbaugenpinguin- und Robbenkolonie, liegen größere Felsen – die »Nuggets«. Auch Jack's Blowhole, ein 55 Meter tiefes Loch aus kollabierten Unterwasserhöhlen, lohnt den Besuch.

Hinter Owaka führt die Route nahe der Purakaunui-Wasserfälle vorbei, deren weißer Schaum über bemoostes schwarzes Gestein rauscht. Am Traumstrand von Papatowai befindet sich die Lost Gypsy Gallery von Blair Somerville – eine ungewöhnliche Kunstsammlung. Der Künster lebt in einem alten

Wohnwagen und stellt aus Utensilien wie Dosen, Treibholz und Muscheln skurrile Objekte her.

Der Lake Wilkie ist ein Spiegelsee, der die umliegenden Bäume perfekt reflektiert. Die spektakulären Cathedral-Caves-Höhlen können nur bei Ebbe erreicht werden. In der Nähe verbirgt sich ein altes Schiffswrack. Auch die 22 Meter hohen McLean Falls sind sehenswert. Bei Waikawa in der Porpoise Bay leben 40 Hectors, die kleinsten Delfine der Welt. In der Curio Bay watscheln nachmittags Gelbaugenpinguine über den 180 Millionen Jahre alten versteinerten Wald, um in ihre Höhlen zu gelangen. Die Felsen bestehen aus bis zu 20 Meter langen Stämmen, die nach vulkanischen Ascheexplosionen versteinert wurden und bei Ebbe aus dem Sand ragen.

Invercargill

Invercargills historische Gebäude bergen eine rege Cafészene, Galerien und Museen. Besonders schön sind der Water Tower und das Civic Theatre. Im Southland Museum lebt Henry, eine über 110 Jahre alte Tuatara-Echse. Das Museum erzählt von tollkühnen Helden, wagemutigen Goldgräbern und dem berühmtesten Bürger Burt Munro: Der Bastler schraubte über Jahrzehnte an seiner 1920er Indian Scout, um mit dem Motorrad einen Geschwindigkeitsweltrekord aufzustellen. 1961 trat er in der Salzwüste von Bonneville, Utah, in den USA an und gewann. In den Folgejahren stellte der Kiwi weitere internationale Rekorde auf – einer davon ist bis heute ungeschlagen! Die unglaubliche Geschichte des Kiwis wurde im Kinodrama »Mit Herz und Hand« mit Anthony Hopkins verfilmt. Jeden Februar findet am Oreti Beach, wo Munro seine Indian ausprobierte, die Burt Munro Speed Week statt.

Geheimtipp

EINS MIT DER NATUR

Fergus und Mary Sutherland begannen 1990 ihre Ökotouren und ökologisch-freundliche Unterkunft in den Catlins zu etablieren. Dort, wo ihr Farmland an die Wildnis des Regenwalds grenzt, leben viele subarktische Tiere wie Gelbaugenpinguine und Seelöwen. Ihre Selbstversorger-Cottages sind für Naturliebhaber genau das Richtige. Einige liegen im Mohua Park, andere am Papatowai Beach. Und wer vom großen Insiderwissen der sympathischen Besitzer profitieren will, kann auf der zweitägigen Catlins Traverse Tour einheimische Medizinpflanzen kennenlernen und die versteckten Höhlen der Wildtiere entdecken und mehr über ihren Lebensraum erfahren. Die 30 Kilometer lange Wanderung erfordert keine übermäßige Kondition, pro Tag ist man rund sechs bis sieben Stunden unterwegs.

Catlins Eco Tours und Unterkunft. RD 2, 744 Catlins Valley Rd., Tawanui, South Otago, Tel. 03/415 86 13, www.catlins-ecotours.co.nz

Oben: Straßenschild bei Bluff: Neuseelands südlichster Punkt der malerischen Southern Scenic Route
Unten: Die Cathedral Caves in Catlins sind nur bei Ebbe begehbar.

Gore

Der Highway 1 nach Norden führt in die »Bachforellenhauptstadt« Gore. Im unscheinbaren Backsteingebäude der Eastern Southland Art Gallery schlummern die Kunst der Eingeborenen aus Australien und Westafrika sowie Werke von Rita Angus, John Money und Theo Schoon. Am meisten überraschen in dem winzigen Ort jedoch 60 Exponate des größten Maori-Künstlers Neuseelands, Ralph Hotere (1931–2013).

Austernstadt Bluff

Neuseelands »Perle des Südens« liegt auf einer Halbinsel und ist die südlichste Stadt auf dem Festland. Die Bluff Oysters beliefern ganz Neuseeland, sind das Aushängeschild der Stadt und werden jährlich beim Festival im Mai zelebriert. Am Küstenweg kann man Robben, Delfine, Pinguine, Albatrosse und Muttonbirds beobachten. Neuseelands südlichstes Straßenschild deutet in alle Himmelsrichtungen und zeigt die jeweilige Entfernung zu den großen Städten der Welt an – darunter Berlin, London und New York.

Riverton

Das als »Riviera des Südens« bezeichnete Riverton ist die zweitälteste europäische Siedlung. Das prämierte Te Hikoi Museum hat interaktiv die Geschichte der chinesischen und europäischen Siedler im 19. Jahrhundert aufbereitet. Im nachgebauten Schiff werden Besucher in die Vergangenheit von Robben- und Walfängern, Goldgräbern und Holzfällern entführt. Wer am Gemstone Beach nach Schmucksteinen sucht, kann ein persönliches Souvenir finden. In der chinesischen Goldgräbersiedlung Canton entlang des drei Kilometer langen Long Hilly Track liegen immer noch Relikte aus der Goldgräberzeit.

Infos und Adressen

SEHENSWÜRDIGKEITEN

Eastern Southland Art Gallery. Mo–Fr 10–16.30 Uhr, Sa/So 13–16 Uhr, Norfolk St., Gore, Tel. 03/208 99 07, www.esgallery.co.nz

Lost Gypsy Gallery. Do–Di 10–17 Uhr, $ 5, Papatowai Hwy., Papatowai, www.thelostgypsy.com

Southland Museum & Art Gallery. Mo–Fr 9–17 Uhr, Sa/So ab 10 Uhr, Eintritt frei, 108 Gala St., Invercargill, Tel. 03/219 90 69, www.southlandmuseum.com

Te Hikoi Southern Journey Museum. Tgl. 10–17 Uhr, Eintritt $ 6, 172 Palmerston St., Riverton, Tel. 03/234 82 60, www.tehikoi.co.nz

ESSEN UND TRINKEN

Beach House Cafe. Speisen mit Ausblick. 10– 24 Uhr, 126 Rocks Hwy., Riverton, Tel. 03/234 82 74

Oyster Cove Cafe and Bar Restaurant. Seafood-Spezialitäten in nettem Ambiente. Tgl. 11–19 Uhr, 8 Ward Parade, Stirling Point, Bluff, Tel. 03/212 88 55, www.oystercove.co.nz

The Batch. Urgemütliches Café. Mo–Fr 7–16.30 Uhr, Sa/So 8–16 Uhr, 173 Spey St., Invercargill, Tel. 03/214 63 57

UNTERKUNFT

Riverton B&B. Unterkunft am Meer. 13B Shrewsbury St., Riverton, Tel. 03/234 99 09, www.rivertonbedandbreakfast.co.nz

Victoria Railway Hotel. Schönes Ambiente in historischem Haus. 3 Leven St. Ecke Esk St., Invercargill, Tel. 0800/77 75 57, www.vrhotel.co.nz

Waikava Harbour View. Lodge und Cottages in Hafenlage. 14 Larnce St., Waikawa, Tel. 03/246 88 66, www.southcatlins.co.nz

AKTIVITÄTEN

Catlins Marine Encounters. Touren ab $ 45, Niagra-Waikawa Rd., Waikawa, Tel. 03/246 84 42, www.facebook.com/catlins-marineencounters/

Southern Scenic Route. www.southernscenicroute.co.nz

INFORMATION

Cathedral Caves. Eintritt $ 5, Gezeitentabelle: www.cathedralcaves.co.nz

i-Site Invercargill. Mo–Fr 8–17 Uhr, Sa/So bis 16 Uhr, 108 Gala St., Tel. 03/211 08 95, www.southlandnz.com und www.catlins.org.nz

Felsen genau ansehen – es sind 180 Millionen Jahre alte versteinerte Baumstämme.

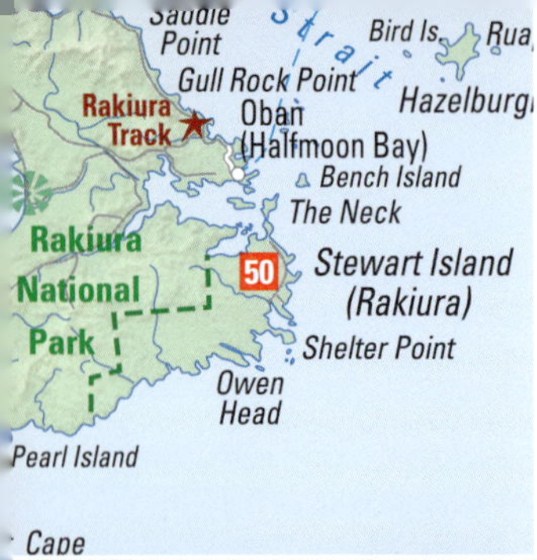

Mitte: Auf Wanderungen kann man die atemberaubende Natur am besten erleben.
Unten: Der Albatros ist der Gigant der Seevögel: 12 Kilogramm Gewicht und eine Flügelspannweite von 3,5 Metern.

50 Stewart Island

Prähistorisches Vogelparadies

Stewart Island ist die drittgrößte Hauptinsel Neuseelands und hat eine Fläche von gut 1700 Quadratkilometern. Bei nur 381 Bewohnern, den meisten davon in Oban, ist der Nationalpark tatsächlich in fester Hand von Vögeln. Man findet Tier- und Pflanzenarten, die noch immer von vergangenen Tagen der Evolutionsgeschichte erzählen. Wer genug Zeit hat, sollte für den Besuch ein paar Tage einplanen.

Die 30 Kilometer Entfernung über die Foveaux Strait bis nach Stewart Island können mit der Fähre von Bluff oder im Flugzeug von Invercargill zurückgelegt werden – Ankunft ist in der Half Moon Bay. Cafés, Restaurants und Unterkünfte fangen die Urlauber auf, von hier starten viele Touren. Erste Einblicke in die Maori- und Walfängergeschichte liefert das Rakiura Museum.

Das gefiederte Paradies entdecken

Rund 85 Prozent der Insel sind Nationalpark. Viele Feinde der heimischen Vogelwelt wurden eliminiert, dadurch schuf man einen sicheren Lebensraum für bedrohte Arten, die auf dem Festland bereits ausgestorben sind. Albatrosse fliegen um die Fähre, Kaka-Papageien suchen neugierig nach Futter. Wer eine Village-and-Bay-Tour bucht, erfährt mehr über die beeindruckende Vogelvielfalt. Kotuku, weiße Reiher, staken durch das Flussbett. Auch die Paterson Inlet Cruise nach Ulva Island ist empfehlenswert. Bereits auf der kurzen Überfahrt von Oban sehen die Gäste Gelbaugenpinguine und

Little Blue Penguins. Kakariki-Papageien, Tomtits, Tuis, Grey Warblers, Bellbirds und Waldtauben sind auf Ulva ebenso gut zu beobachten wie freche Wekas, Little Robins und Fernbirds.

Auf der Hauptinsel leben 20000 Stewart Island Brown Kiwis. Im Gegensatz zu ihren nachtaktiven Verwandten auf dem Festland stochern sie am Ocean Beach auch tagsüber im Schlick nach Sandflöhen und Krebsen. In der sandigen Felsnische des Price's Point nisten Tausende von Seevögeln, Prions, Mollymawks, Oystercatcher, Kormoranen, Tölpeln oder Sturmtauchern.

Weiße Haie

In Australien und Neuseeland leben die meisten Weißen Haie der Welt, wie hier um die Robbenkolonie von Edwards Island. In einem Eisenkäfig kommen Taucher hautnah an die bedrohten »Great Whites« heran. Ruhiger ist eine Kajaktour oder die gemütliche Marine Nature Cruise, eine Unterwasserbootstour, welche die Half Moon Bay und Titi Islands ansteuert.

Land des glühenden Himmels

Der 32 Kilometer lange Rakiura Track gehört zu den neun »Great Walks« und kann in zwei bis drei Tagen gelaufen werden. Auch der Southern Circuit und der North West Circuit führen durch den Nationalpark mit seinen felsigen Landzungen und dem urtümlichen Buschwald. Die atemberaubende Landschaft hat für viele eine heilende Wirkung auf Körper und Seele. Maori nennen Stewart Island »Rakiura«, das »Land des glühenden Himmels«. Wenn nach Sonnenuntergang am klaren Sternenhimmel die bunten Polarlichter tanzen, zeigt die Insel den Besuchern einmal mehr ihre Magie.

Infos und Adressen

ESSEN UND TRINKEN

Church Hill. Meeresspezialitäten, Lodge. Tgl. 10.30 Uhr–spät, 36 Kamahi Rd., Tel 03/2191123, www.churchhill.co.nz

Kiwi-French Café. 6 Main Rd., Oban, Mo–So 8–20 Uhr, Tel. 027/3146192

ÜBERNACHTEN

Kaka Retreat. Vier-Sterne-Motel. 7–9 Miro Cres, Halfmoon Bay, Tel. 03/2191252, www.kakaretreat.co.nz

Rakiura Lodge. Selbstversorgerzimmer. 8 Miro Cres, Halfmoon Bay, Tel. 03/2191003, www.rakiuralodge.co.nz

Stewart Island Backpackers. Zeltplatz und Luxus-Cabins im Nationalpark. 18 Ayr St., Tel. 03/2191114, www.stewartislandbackpackers.com

TRANSPORT

Stewart Island Experience Ferry. Bluff Visitor Terminal, Tel. 0800/000511, www.stewartislandexperience.co.nz

Stewart Island Flights. 106 Airport Ave., Invercargill, Tel. 03/2189129, www.stewartislandflights.com

INFORMATION

Stewart Island Visitor Terminal. Wharf Halfmoon Bay, Tel. 03/2190034, www.stewartislandexperience.co.nz oder www.stewartisland.co.nz

REISEINFOS

Rundreise-Start: Die Millionenmetropolregion Auckland ist Neuseeland im Kleinen.

Neue Campingregeln! Wildes Campen verboten, Ausnahme: Fahrzeuge mit eigenem WC

Anreise

Die meisten Touristen legen die 18300 Kilometer Luftlinie von Deutschland nach Neuseeland mit dem Flugzeug zurück. Weil es keine Direktverbindungen gibt, muss mindestens einmal in den USA oder Asien umgestiegen werden. Je nach Verbindung variiert die Gesamtflugzeit zwischen 27 und 45 Stunden.

Ausrüstung und Kleidung

Grundsätzlich gilt für Neuseeland das Sprichwort: »Vier Jahreszeiten an einem Tag«. Die Wetterlagen wechseln schnell, sodass man stets mit mehreren Schichten gerüstet sein sollte. Regenschutz gehört zu jeder Jahreszeit in den Rucksack. Auch festes Schuhwerk für Wanderungen ist dringend zu empfehlen. Im Sommer sind eine Kopfbedeckung und permanenter Sonnenschutz ein Muss. Die intensive Strahlung kann binnen weniger Minuten Sonnenbrände verursachen. Im Herbst und Winter sowie für Wanderungen in höhere Regionen sollten Mütze und Handschuhe im Gepäck sein.

Autofahren

In Neuseeland herrscht Linksverkehr. Da dies für viele Europäer ungewohnt ist, gilt besondere Vorsicht an Kreuzungen, beim Einfahren in den Kreisverkehr und auf Autobahnen, wo links und rechts überholt werden darf. Die Höchstgeschwindigkeit im Ort liegt bei 50 km/h, auf Landstraßen und Autobahnen darf maximal 100 km/h gefahren werden.

Busse

In Neuseeland gibt es zwei große nationale Busunternehmen. Tickets sind oft flexibel, gelten an mehreren Tagen,

sodass man an verschiedenen Stationen zu- und aussteigen kann.
InterCity Coachlines. Tel. 04/385 05 20, www.intercity.co.nz
Nakedbus. Tel. kostenpflichtig ($ 1,99 aus dem Festnetz in NZ) 0900/62 533, www.nakedbus.com
Innerhalb der größeren Städte gibt es dichte Busnetze. Viele Haltestellen sind mit digitalen Realzeit-Anzeigen der Abfahrtzeiten ausgestattet. Die Tickets können im Bus beim Fahrer mit Bargeld gelöst werden.

Camping

In Neuseeland war lange »wildes« Campen überall erlaubt. Mittlerweile wurden jedoch die Richtlinien durch verantwortungslose Camper nachgebessert. Das freie Campen ist so in einigen Gebieten wie in den Nationalparks untersagt. Wer sich ein Wohnmobil mit eingebauter Toilette mietet, ist häufig von den Regelungen ausgenommen. Alle wichtigen Richtlinien und eine Beschreibung der Warnschilder gibt es beim Wohnmobilverleiher und unter www.camping.org.nz.

24/7-Minimärkte haben häufig 24 Stunden 7 Tage die Woche geöffnet.

Diplomatische Vertretungen

Deutsche Botschaft
90–92 Hobson St., Thorndon
6011 Wellington, Tel. 04/473 60 63
www.wellington.diplo.de

Österreichisches Honorargeneralkonsulat Level 4, 75 Ghuznee St. Wellington
Tel. 04/384 14 02

Schweizer Botschaft
10 Customhouse Quay, Level 12
6140 Wellington
Tel. 04/44 72 15 93
www.eda.admin.ch/wellington

Einkaufen

In Neuseeland kann man wunderbar bummeln und shoppen gehen. Neben den typischen Souvenirs findet man handgearbeitete Schmuckstücke aus Muscheln, Jade oder Walknochen. Es gibt Kauri-Holz und Manuka-Honig-Produkte sowie Merino- und Possum-Waren wie Handschuhe, Mützen oder kuschelige Pullover. Ein schönes Mitbringsel ist auch die oft handflächengroße Paua Shell, die in den schönsten Blautönen schillert. Die bis zu 50 000 Jahre alten Sumpf-Kauri-Hölzer und von Maori gewebte Flachstaschen werden als Accessoires angeboten.

Essen und Trinken

In Neuseeland hat man eine große Auswahl an Restaurants, Bars und Cafés in jeder Preisklasse. Die multikulturelle Gesellschaft spiegelt sich deutlich in der Küche des Landes wider. Fast jedes Lokal bietet vegetarische Gerichte und glutenfreie Speisen sowie Kaffee mit Sojamilch an.

Fähren

Es gibt zwei Fährgesellschaften, die regelmäßig Personen und Fahrzeuge zwischen Wellington auf der Nordinsel und Picton auf der Südinsel befördern und rund 3,5 Stunden für die Querung der Cook Strait benötigen. Bucht man rechtzeitig, bekommt man oft günstigere Preiskategorien.
Interislander. Aotea Quay, Wellington, Tel. 0800/80 28 02, www.interislander.co.nz
Bluebridge. 50 Waterloo Quay, Wellington, Tel. 04/471 61 88, www.bluebridge.co.nz.
In vielen Städten Neuseelands operieren zudem kleine Hafenfähren, die vorgelagerte Inseln und Vororte anfahren.

Fremdenverkehrsämter

Die beste Adresse für Auskünfte aller Art sind die landesweit über 80 Touristeninformationen, genannt i-Sites. In fast jedem Ort hilft das meist gut geschulte und freundliche Fachpersonal individuell weiter. Hier bekommt man von der Unterkunftsbuchung über Touren,

Auch an staatlichen Feiertagen haben vor allem die größeren Geschäfte nicht zwingend geschlossen.

JANUAR

Neujahrstag. Nationaler Feiertag. Ebenso der erste Werktag danach, der »Day after New Year's Day«.

FEBRUAR

Waitangi Day. Vielerorts wird mit lebendiger Maori-Kultur der Treaty of Waitangi gefeiert.

Art Deco Festival Napier. Mit Musik, Verkleidung und viel Nostalgie wird die Art-déco-Kunstepoche zelebriert.

New Zealand International Arts Festival. Mitte Februar bis Mitte März findet alle zwei Jahre in den großen Städten Neuseelands das Festival mit mehr als 300 Events in den unterschiedlichsten Veranstaltungshäusern und Parks statt – die größte Kunstveranstaltung des Landes. www.festival.co.nz

Rugby Sevens in Wellington. Am ersten Wochenende, nicht nur für die verkleideten Sportfans ein Spektakel, die Hauptstadt verwandelt sich in eine riesige Partymeile ähnlich wie an Karneval.

Chinese New Year Festival. Am letzten Wochenende, multikulturelle Veranstaltung für jedermann in vielen großen Städten, z. B. Lantern Festival in Auckland. www.chinese-newyear.org.nz

Burt Munro Challenge. Motorrad-Event um die gleichnamige Bikerlegende in Invercargill, Oreti Beach.

MÄRZ

New Zealand International Arts Festival. Mitte Februar bis Mitte März, s.o.

Hokitika Wildfoods Festival. Mitte März, Open-Air-Event, von Maden bis Wildschwein werden außergewöhnliche Produkte zum musikalischen Rahmenprogramm angeboten.

Pasifika Festival. Zweite Märzwoche, in Auckland, Western Springs Park: Essen, Kunsthandwerk und Bands aus dem Südpazifik, www.aucklandnz.com/pasifika/pasifika

APRIL

Anzac Day. 25. April, Gedenken an australische und neuseeländische Soldaten, die in den Weltkriegen an der Seite Englands gekämpft haben.

JUNI

Queen's Birthday. Erster Montag, viele günstige Angebote in Läden und Kaufhäusern

Matariki. 10. Juni bis 7. Juli: Im ganzen Land finden Sonderveranstaltungen zum Neujahrsfest der Maori statt.

Winter Festival. In Queenstown. Jedes Jahr Mitte Juni zelebriert das Ski-Eldorado auf der Südinsel vier Tage lang das Fest mit Spaßrennen, Schlittenhunden, Party und Feuerwerk, um die Skisaison zu eröffnen.

SEPTEMBER

WOW, World of Wearable Arts Shows. Ende September bis Anfang Oktober in Wellington in der TSB-Areana. Bei diesem Kunstspektakel zeigen internationale Designer ihre »Kunst zum Anziehen«, inszeniert mit Lichtshows, Tanz- und Theatereinlagen. www.worldofwearableart.com

OKTOBER

WOW, World of Wearable Arts Shows. Ende September bis Anfang Oktober, s. o.

Labour Day. Tag der Arbeit, am vierten Montag im Oktober.

Taranaki Fringe Garden Festival. Ende Oktober/Anfang November. Parks und mehr als 50 Gärten zum Bestaunen und ein tolles Rahmenprogramm rund um Pflanzen.

NOVEMBER

Guy Fawkes Day. Am 5. November wird an vielen Orten mit Feuerwerk des britischen Widerstandskämpfers gedacht.

Toast Martinborough. Mitte November Gourmet-Weinfestival in der Wairarapa-Region nördlich von Wellington.

DEZEMBER

Christmas Parades. Es ist die »silly season«, und in vielen Städten finden Anfang des Monats die legendären Paraden statt, www.santaparade.co.nz.

Weihnachten. 25. Dezember: Weihnachtstag für Neuseeländer, Geschäfte und viele Museen haben geschlossen. 26. Dezember: Boxing Day, nachmittags werden Geschäfte und viele Einrichtungen meist wieder geöffnet. In der Weihnachtszeit ist Neuseeland teurer als sonst (Flüge, Hotels, Mietwagen)

Silvester. Der Jahreswechsel wird oft ruhig und ohne Feuerwerk gefeiert.

Radio, Musik und Livebands gehören fest zur großen neuseeländischen Musikszene.

Beanie, kurze Hose, barfuß – so laufen viele Neuseeländer auch im Winter herum.

Fahrplanauskunft und Tickets auch kostenloses Info- und Kartenmaterial und Rabattgutscheine.

Geld

Landeswährung ist der Neuseeland-Dollar. Er wird in vielen Publikationen mit NZD, NZ$ oder als »Kiwi-Dollar« angegeben, um sich vom amerikanischen Dollar zu unterscheiden. Seit der Abschaffung der kleinen Cent-Geldstücke tritt bei der Barzahlung das Rundungssystem in Kraft – bis $ 0.05 wird abgerundet, ab 0.06 aufgerundet. Die einfachste und günstigste Art, nach der Ankunft an Bargeld zu gelangen, sind Geldautomaten (ATM = Automatic Teller Machine), die es überall gibt. Gültig sind EC-Karten mit Maestro-Logo und Kreditkarten. In Neuseeland ist das bargeldlose Bezahlen gang und gäbe.

Gepäck

Vor der Reise sollte das Hand- und Reisegepäcklimit bei der Airline überprüft werden. Bestimmte Produkte sind bei der Einreise nicht erlaubt, um die fragile Tier- und Pflanzenwelt der Inseln vor schädlichen Einflüssen zu schützen. Pflanzensamen oder Algen können die Ökosysteme immens schädigen. MAF (Ministry of Agriculture and Forestry) spielt bei der Kontrolle von Passagieren und Fracht eine tragende Rolle. Alle kritischen Waren sollten jedoch auf der Arrival Card (siehe auch Zoll) deklariert werden, z. B. Campingausrüstung.

Gesundheit

Alle handelsüblichen Medikamente bekommt man in Apotheken (Pharmacy), Schmerzmittel und Erkältungsmedizin sogar im Supermarkt. Wer ärztliche Hilfe benötigt, sollte einen Allgemeinmediziner (GP, General Practitioner) in einem Medical Centre aufsuchen. Außerhalb der Geschäftszeiten (Mo–Fr 8–17.30 Uhr) oder bei schlimmeren Erkrankungen gibt es in größeren Städten die Notaufnahmen der Krankenhäuser, denen zum Teil auch zahnmedizinische Abteilungen angegliedert sind.

Eine Alternative sind sogenannte After Hour Medical Centres, in denen ein GP Nachtdienst hat und denen eine Nachtapotheke angeschlossen ist. Handelt es sich um einen Unfall, wird ein Großteil der Kosten auch für Touristen über die staatliche neuseeländische Unfallversicherung ACC abgedeckt. Bei einer Neuseelandreise empfiehlt sich dennoch stets der Abschluss einer Zusatzkrankenversicherung fürs Ausland.

Inlandsflüge

Wer Inlandsflüge rechtzeitig bucht, bekommt günstige Tarife. Air New Zealand und Jetstar sind die größeren Airlines innerhalb des Landes, Sunair fliegt mit Mini-Propellermaschinen auch kleinere Ziele an.

Internet

In Neuseeland bieten viele Hotels, Backpackers und private Ferienhäuschen einen kostenfreien Zugang zum Internet. In den großen Städten gibt es öffentliche Hot-Spots im Innenstadtbereich, auch etliche i-Sites sowie Cafés und Restaurants verfügen über Wi-Fi. Wer kein Smartphone, Tablet oder keinen Laptop dabeihat, für den gibt es in Büchereien kostenfreie Computer mit Internetzugang und Netzwerke zum Einklinken.

Klima und Reisezeit

Neuseeland befindet sich auf der Südhalbkugel, die Jahreszeiten sind genau entgegengesetzt zu denen in Europa. Durch Neuseelands geografische Lage über mehrere Klimazonen variieren die Durchschnittstemperaturen des wärmeren Northlands bis hinunter ins kühlere Southland im Sommer zwischen 18 und 26 Grad. Die schönste Reisezeit ist Februar, dann ist Hochsommer, die neuseeländischen Schulferien sind vorbei und viele Attraktionen sind nicht mehr überfüllt. Um die Weihnachtszeit verlangen die Fluggesellschaften sowie viele Unterkünfte höhere Preise. Wer eine Reisealternative sucht, sollte Neuseeland im Herbst von März bis Mai besuchen.

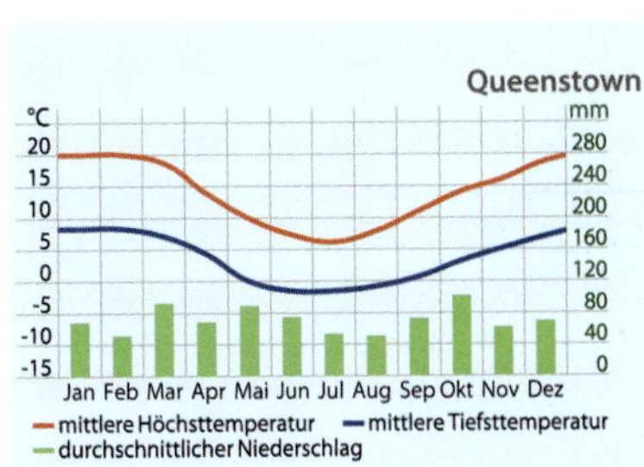

Mietwagen

In Neuseeland rentiert sich ein Mietwagen, mit dem man bei flexibler Planung an die abgelegenen und schönsten Flecken kommt. Bei der Anmietung von Fahrzeugen gilt jedoch ein Mindestalter von 21 Jahren. Vorsicht, bei einigen Firmen verbergen sich einige Zusatzkosten für Endreinigung, Flughafentransfer oder Dieselsteuer. Wer ein älteres Modell wählt, erhält oft günstigere Konditionen, es empfiehlt sich jedoch, auf einen 24-Stunden-Pannennotruf zu achten, denn die Fahrzeuge sind entsprechend anfälliger.

Nicht auf allen Strecken, wie beispielsweise am Ninety Mile Beach, darf mit Leihfahrzeugen gefahren werden. Eine Zusatzversicherung für Glasschäden ist sinnvoll, denn viele Strecken ins Hinterland sind nur geschottert, und es kann leicht zu Steinschlag kommen.

Notrufnummern

In Neuseeland gibt es nur eine einzige Notrufnummer für Feuerwehr, Polizei und Krankenwagen: 111. Der Seenotruf lautet 0508/47 22 69 oder über das deutsche Handynetz +64/4/577 80 30. Bei Verlust der Bankkarte hilft der Deutsche Sperrnotruf: 0049/116 116.

Öffnungszeiten

Die Kerngeschäftszeiten in Neuseeland sind Montag bis Samstag 9.30–17.30 Uhr, Freitag ist Shoppingtag, viele Läden haben bis 20 Uhr geöffnet. Zahlreiche Cafés stellen gegen 16 Uhr bereits die Stühle hoch, schließen morgens aber gegen 6 Uhr auf. Große Kaufhausketten und alle Supermärkte haben sonntags

Angebote in jeder Preisklasse: Unterkunft, Mietauto, Tour, Equipmentverleih

geöffnet. Die Bezeichnung »24/7« bedeutet »rund um die Uhr an sieben Tagen der Woche«. Nur am 25. Dezember haben alle Geschäfte und Museen geschlossen. Häufig reduzieren sich die Öffnungszeiten während der Wintermonate!

Post

Die New Zealand Post ist überall zu finden, auch als Mini-Filiale in Supermärkten oder Banken. Die Kernöffnungszeiten sind Mo–Fr 8.30–17.30 Uhr. Briefmarken gibt es in vielen Souvenirläden und Supermärkten. Eine Postkarte nach Europa kostet $ 1,90, ein Standardbrief $ 2,40.

Telefonieren

Neuseelands Landesvorwahl lautet 0064. Jede größere Region besitzt ihre eigene Vorwahl, nur die gesamte Südinsel hat die Vorwahl 03. Telefonieren auf Handys ist teurer als in Europa. Viele Tourismusunternehmen bieten innerhalb Neuseelands kostenlose 0800-Nummern an. Wer günstig ins Ausland telefonieren möchte, sollte sich eine *prepaid phone card*, eine Telefonkarte zulegen. Bei längeren Aufenthalten lohnt sich eine neuseeländische Prepaid-Handykarte von Vodafone, Telecom, Skinny oder 2degrees.

Trinkgeld

Trinkgelder (tips) sind in Neuseeland unüblich, gelten zum Teil sogar als unhöflich. In wenigen Lokalen steht an der Kasse ein Schild, dann freuen sich die Angestellten über kleine Extras.

In dieser alten Post werden heute nur noch Delikatessen und Kaffee verkauft.

Unterkünfte

Neuseeland bietet jede Art von Unterkunft – Luxus-Lodges, Boutiquehotels, Motels oder günstigere Backpackers und Hostels. Für Selbstversorger stehen Ferienhäuser (Baches) oder Bed & Breakfasts bereit. Wer ein Studio oder eine Unit bucht, bekommt ein Zimmer mit Küche und eigenem Bad. Fantastische private Ferienhäuser gibt es unter www.bookabach.co.nz, www.holiday-homes.co.nz und www.holiday-houses.co.nz.

Zoll

Deutsche, Schweizer und Österreicher erhalten mit der Einreise automatisch ein Dreimonatsvisum. Jeder Passagier muss eine Arrival Card ausfüllen, auf der persönliche Angaben und Zollformalitäten abgefragt werden.

NEUSEELAND

für Kinder und Familien

In den Streichelzoos können Kinder viel über neuseeländische Farmtiere lernen.

Neuseeland ist ausgesprochen kinderfreundlich, und da kinderreiche Kiwi-Familien keine Seltenheit sind, dreht sich vieles um die Bedürfnisse der Kleinsten. Es gibt Doppelsitze im Einkaufswagen, Play Areas und Kindermenüs in Cafés und Restaurants. Museen bieten interaktive Entdeckungsabteilungen an, Hochstühle oder Wickeltische gehören zur Grundausstattung, und Familientarife sind selbstverständlich.

Neuseelands fabelhafte Natur- und Tierwelt ist auch für den Nachwuchs spektakulär und unterhaltsam, die nächste Badegelegenheit nie weit. Viele Tipps für Kids und Teens finden sich direkt bei den einzelnen Regionen, z. B. S. 36, 121, 145. Spezielle Kinderveranstaltungen findet man unter www.kidzgo.co.nz.

Spielplätze

In allen größeren Städten gibt es Spielplätze wie Chip Munks, Junglerama, auch Lollipops Playland oder Rumpus Room. www.chipmunks.co.nz, www.lolliepops playland.co.nz, www.junglerama.co.nz, www.rumpus-room.co.nz

Whanganui Kowhai Park. Das fantasievollste Kinderland Neuseelands. Rutschen oder Schaukeln sind Schildkröten, Raketen und Spinnen. Ein überdimensionales Segelschiff und ein Schloss laden zu Rollenspielen ein. Gas-BBQs sowie eine Wasserspiellandschaft und ein Skatepark – kostenlos! Tgl. 24 Stunden, Whanganui River, Anzac Pde., Whanganui, www.whanganuinz.com/item/kowhai-park/

Picton Kinderland. Der kostenlose Park direkt im Hafen hat einen tollen Spielplatz mit Wasserplanschanlage. Gleich nebenan kann Karussell gefahren oder Minigolf gespielt werden. Tgl. 24 Std., Waitohi Recreational Reserve, Picton

Tiere

Kiwi Valley Farm Park. In dem idyllisch gelegenen Streichelzoo in West Auckland darf gefüttert, geritten und gespielt werden. Ob Hufeisenwerfen oder Traktorfahren, für jedes Alter ist etwas dabei. Mi–So 10–16 Uhr, 308 Henderson Valley Rd., Henderson, West Auckland, Tel. 09/837 29 52, www.kiwivalley.co.nz

Staglands Wildlife Reserve. Das Tal eine Stunde nördlich von Wellington bietet neben Streichel- und Farmtieren auch Kutschenfahrten, Ponyreiten und heimische Keas und Kakas. Ein Abenteuerspielplatz, der Fluss und eine verfallene Goldgräbersiedlung machen den Ausflug perfekt. Tgl. 9.30–17 Uhr, 2362 Akatarawa Rd., Akatarawa Valley, Upper Hutt, Tel. 04/526 75 29, www.staglands.co.nz

Klettern & Wassersport

Adrenalin Forest. Der Klettergarten in der Bay of Plenty führt in schwindelerregender Höhe in die Baumwipfel. In Wellington und Christchurch. Im Sommer 10–14.30 Uhr, TECT All Terrain Park, 18 Whataroa Rd., Upper Pyes Pa, Tauranga, Tel. 07/929 87 24, www.adrenalin-forest.co.nz

Splash Planet. Der In- und Outdoor-Wasserpark ist der einzige seiner Art und Größe. Wasserrutschen, Piratenpool, Boots- und Reifentouren auf dem Fluss, Minigolf, Eisenbahn und mehr. Nov.–Feb. tgl. 10–17.30, Feb.–Apr. Sa/So 10–17.30 Uhr, 1001 Grove Rd., Hastings, Tel. 06/873 80 33, www.splashplanet.co.nz

Minigolf

Pirate's Island Adventure Mini Golf. Auf dieser Anlage muss man nicht nur den Ball einlochen, hier wird durch Wasserfälle, Höhlen und über Piratenschiffe gespielt. In Auckland und Wellington. Mo–Do 9–17, Fr/Sa 9–21, So 9–19 Uhr, Tom Pearce Drive, Auckland, Tel. 09/275 53 70, www.adventuregolf.co.nz

Kleiner Sprachführer Kiwi-Englisch und Maori

Die englische Sprache hat viele Akzente. In Neuseeland spricht man Kiwi-Englisch. Viele der Spezialausdrücke stehen in keinem Wörterbuch, man muss sich erst in den »Slang« einhören. Hier die wichtigsten Kiwi-Begriffe und nützliche englische Spezialausdrücke für den Touristenalltag:

ALLGEMEIN

a couple of days zwei Tage
ANZAC Australian New Zealand Army Corps, Nationalfeiertag
auntie Tante
aussie Australier
beanie Mütze
bloke Mann
buddy guter Freund
bro Kurzform von brother, Bruder, Kumpel
brolly Regenschirm
buck Dollar
CBD Central business district, Innenstadt
Cheers! Danke!
cuzzie Cousin/Cousine
dairy Tante-Emma-Laden
DIY Do it yourself, selber machen
G'day/Gidday! Guten Tag!
Godzone Neuseeland
good as gold wunderbar, einverstanden
jandals Flip-Flops
Kiwi Neuseeländer
OE overseas experience, Auslandsaufenthalt
Oz Australien
loo Toilette
Matariki Maori-Neujahr
mate Kumpel
No worries! Keine Ursache, gern geschehen!
PM prime minister, Premierminister
sunnies Sonnenbrille
sweet as alles klar/wunderbar
ta Danke
togs Badebekleidung

UNTERWEGS

access Selbstbeteiligung (Versicherung)
baby capsule Babyschale für das Auto
booster seat Autositz für Kleinkinder
boot Kofferraum
peoplemover Van
station wagon Pkw-Kombi
toll Mautgebühr
tramping wandern

ESSEN UND TRINKEN

BBQ, barbie Grillen, Grill
bickie Keks
book a table einen Tisch reservieren
BYO Bring your own, Lokale, in denen man alkoholische Getränke gegen Korkgeld mitbringen kann
chippies/chips Pommes frites
corkage fee Korkgeld (für mitgebrachte Getränke)
cuppa eine Tasse
decaf entkoffeiniert
hokey pokey Vanilleeis mit Karamellstückchen
lollies Süßigkeiten
mince Hackfleisch
pav(lova) Baiser-Kuchen mit Früchten
pie deftiges Blätterteiggebäck mit Füllung
sammie Sandwich
savory deftig/salzig gebacken
scone süßes oder deftiges Gebäck
silver beet Mangold
stew Gulasch
tea Abendessen
trim milk halbfette Milch

ÜBERNACHTEN

apartment kleine Ferienwohnung mit Bad, meist mit Kochgelegenheit

bach Ferienhaus
bedrooms Anzahl der Schlafzimmer
boutique accommodation Luxusunterkunft
crockery Geschirr
cutlery Besteck
deck Terrasse, meist erhöht und aus Holz
linen Bettwäsche
lodge Gästehaus mit Mehrbettzimmern und Gemeinschaftsküche
luxury lodge Luxusunterkunft mit Einzelzimmern/Gästebereich, aber Gemeinschaftsspeiseraum – meist wohnen die Eigentümer in einem eigenen Flügel mit im Haus
motel – motor lodge Selbstversorgerzimmer meist mit ebenem Zugang und Parkplatz vor der Tür
ranchslider Glasschiebetür zur Terrasse
self-contained für Selbstversorger (mit Kochgelegenheit)
self-contained camper Wohnmobil mit Wassertank und Toilette
spa heißes Erholungsbad mit massierenden Wasserdüsen
tea towel Geschirrtuch
unit Selbstversorgerzimmer

EINKAUFEN

GST Goods and Services Tax, Mehrwertsteuer
trolley Einkaufswagen, Rollkoffer, Gepäckwagen

ZAHLEN

prepaid bereits bezahlt/Guthaben
receipt Beleg/Quittung
tip Trinkgeld

KLEINER SPRACHFÜHRER TE REO MAORI

Aotearoa Neuseeland (Land der langen weißen Wolke)
hongi Begrüßung der Maori durch Nasenberührung
powhiri Maori-Begrüßungszeremonie
Kia Ora! Hallo, guten Tag!
Haere mai! Willkommen, trete ein!
Haere ra! Auf Wiedersehen!
iwi Maori-Stamm
pākehā Weiße/Siedler
Te Reo Maori Maori-Sprache
marae Maori-Versammlungshaus
pa historische Verteidigungsanlage/Siedlung
waka geschnitztes Holzkanu
haka Kriegstanz der Maori
whānau [Fanau] Familie
koha Geschenk/Spende
poi Stoffball an Schnüren
pounamu [Punamu] grüner Jadestein
kai Essen
kai moana Meeresfrüchte und Fisch
hangi Gericht der Maori, im Erdofen gegart (Gemüse, Fisch, Fleisch)
pipi neuseeländische/r Schellfisch, Muschel
paua neuseeländische/r Schellfisch, Muschel

Impressum

Verantwortlich: Claudia Hohdorf
Lektorat: Dr. Juliane Braun
Layout: graphitecture book & edition
Umschlaggestaltung: Frank Duffek, Nina Andritzky
Repro: Repro Ludwig
Kartografie: Kartographie Huber, Heike Block
Herstellung: Stefanie König
Printed in Slovenia by Florjancic

★★★★★

Sind Sie mit diesem Titel zufrieden? Dann würden wir uns über Ihre Weiterempfehlung freuen.
Erzählen Sie es im Freundeskreis, berichten Sie Ihrem Buchhändler, oder bewerten Sie bei Onlinekauf. Und wenn Sie Kritik, Korrekturen oder Aktualisierungen haben, freuen wir uns über Ihre Nachricht an Bruckmann Verlag, Postfach 40 02 09, D-80702 München oder per E-Mail an lektorat@verlagshaus.de.

Unser komplettes Programm finden Sie unter

www.bruckmann.de

Alle Bilder des Innenteils und des Umschlag stammen von Sönke Dwenger, außer: Auckland Tourism: 34 o., 35, 37, 38 o., 46 (2), 47, 48, 49 (2), 50 (3), 51, 272; Awaroa Lodge: S. 195; Campbell, Stuart: S. 161; Christchurch & Canterbury Tourism S. 208 u., S. 209, 218; Destination Coromandel: S. 123 Mi.; Destination Northland: S. 63, 69, 82 u.; Destination Waitomo Inc.: S. 96 Mi.; Discover Waitomo: S. 94; Hanmer Springs Thermal Pools and Spa: S. 212 u.; Huber Images (Picture Finder): S. 66; Kapiti Island Nature Tours: S. 114; Kauri Museum Katakohe: S. 16; Nelson Tasman Tourism: S. 189 o., 194 u.; New Zealand Historic Places Trust : S. 173; Opunake Lions Club: S. 98 u.; Peppers Awaroa-Lodge: S. 195; Positively Wellington Tourism: S. 162, 168 Mi. (Nick Servian), 171 o.; privat: S. 174; Schönborn, Anja: S. 88 Mi., 108 u., 135, 171 u., 220 o., 230 o., 251, 282; Shutterstock: S. 123 u. (Shaun Jeffers), 126 Mi. (patjo), 137 u. (Marc van Vuren), 142 u. (ChameleonsEye), 196 o. (Thomas Pavelka), 210 Mi. (Living Art), 210 o. (NigelSpiers), 220 u. (MBoe), 236 o. (SUPACHART); The Flying Fox: S. 105; Tourism Eastland: 132 Mi., 132 u., 133; Tourism New Zealand: S. 106 Mi.; Tourism West Coast: S. 235; Treetop Media Ltd.: S. 21, 36 Mi., 38 u., 52 (2), 53, 54, 56 (3), 57 (2), 96 u., 110 u., 113 o., 114 Mi., 114 u., 158, 159, 160 o., 160 Mi., 176 (2), 178 (2), 210 u.; Waitomo Adventures: S. 97 o.; Wiese, Frauke: S. 200 (2); Wikimedia Commons: 128 u., 219; Wikipedia/Ulrich Lange: S. 186 o.; Wildlife Centre Pukaha: S. 160 u.: www.canopycamping.co.nz.: S. 89; www.capekidnappers.com.: S. 138 o.; www.pihasurfschool.com: S. 36 Mi.; www.southwardcarmuseum.com.nz: S. 111; www.taiamaitours.co.zt: S. 58, 70; Zimmer, Peter: S. 154 (2), 155

Umschlag:
Vorderseite:
Oben: Aufgeschnittene Kiwi (Shutterstock/ Baucho)
Mitte links: Kiwi-Straßenschild (Shutterstock/ Jiri Foltyn)
Mitte rechts: Kampfgesicht der Maori
Unten: Lake Mangamahoe mit Mount Taranaki (Huber images/Damm Stefan)
Rückseite:
Oben: Cable Car in Wellington
Mitte: Seelöwen am Strand
Unten: Hot water Beach Kawhia (Destination Waitomo Inc.)
Klappe vorne: Auckland vom Mount Eden aus (Picture alliance/Robert Harding)

Die Deutsche Nationalbibliothek verzeichnet diese Publikation in der Deutschen Nationalbibliografie; detaillierte bibliografische Daten sind im Internet über http://dnb.d-nb.de abrufbar.

2. überarbeitete Auflage

ISBN 978-3-7343-1121-5